W0208436

Caffè Italia 1

Das Intensiv-Lehrwerk

Nazzarena Cozzi
Francesco Federico
Adriana Tancorre

Langenscheidt

Berlin · München · Wien · Zürich · New York

Caffè Italia 1
Das Intensiv-Lehrwerk
von Nazzarena Cozzi, Francesco Federico, Adriana Tancorre, Bologna

unter Mitarbeit von Antonia M. Esposito (Grammatikübersicht), München

Deutsche Bearbeitung von Nicoletta Grandi, München (Grammatikübersicht)
und Maria Anna Söllner, München (Glossare)

Verlag und Autoren danken Massimo Maracci und dem Lehrerteam von *Cultura Italiana* in Bologna, die das Lehrwerk erprobt, begutachtet und mit wertvollen Anregungen zu seiner Entwicklung beigetragen haben.

Layout und Umschlag: Lorenzo Domizioli, Studio Fridom – Florenz
Zeichnungen/Grafik: Laura Bresciani, Letizia Geminiani, Angelo Maria Ricci
Umschlagfoto: Franca Speranza
Fotos: Marcella Fierro, Franca Speranza

Weitere Materialien zu diesem Band:

2 Audio-CDs	3-468-48273-6
Guida per l'insegnante	3-468-48272-8

www.langenscheidt.de/caffe-italia

Das Werk und seine Teile sind urheberrechtlich geschützt. Jede Verwertung in anderen als den gesetzlich zugelassenen Fällen bedarf deshalb der vorherigen schriftlichen Einwilligung des Verlages.

Internationale Ausgabe © 2005 ELI
Für diese Ausgabe (deutschsprachige Länder) © 2005 Langenscheidt KG, Berlin und München
Printed in Italy - ISBN 3-468-48271-X

1. 2. 3. 4. 5. * 09 08 07 06 05

Inhaltsübersicht

	Kommunikative Inhalte	Grammatische Inhalte	
Willkommen! Seite 8	Buongiorno, mi chiamo... Piacere, io sono...	Das Alphabet	Italien: Klänge, Worte, Bilder ...
Unità 1 ***Al bar*** Seite 12 Übungen Seite 121	Grüßen Fragen, wie es geht: Come va? Come stai? Ho mal di testa. In der Bar etwas bestellen Sich/Jemanden vorstellen Nationalität und Herkunft angeben Zahlen von 0 - 20 Che cosa significa? Non lo so. Grazie, ora ho capito. Idiomatische Ausdrücke: Sei in gran forma!	Bestimmter und unbestimmter Artikel: un/il, lo, l', una/la, l' Substantive im Sing. auf -o, -a, -e Substantive mit Akzent (tè, caffè) Angleichung von Adjektiv und Substantiv im Sing. Gebrauch des Artikels: Signor Rossi / il signor Rossi Gebrauch der Pronomen Präsens von essere, avere, chiamarsi, prendere Verneinung mit non Aussprache: /k/, /tʃ/, /g/, /dʒ/ Intonation in Frage- und Aussagesatz	*L'angolo dei messaggi* **Italia Oggi** *L'Italia dell'Euro*
Unità 2 ***In classe*** Seite 22 Übungen Seite 127	Im Unterricht um etw. bitten: Posso aprire la finestra? Posso avere una penna? Come si dice „fare questo"? Persönliche Informationen erfragen und geben: Familie, Beruf, Alter, Adresse, Aussehen (Haare) Zahlen von 21 – 1 Milliarde Idiomatische Ausdrücke: Ti va di...?, Ma dai..., Senti ma...	Best. Artikel im Plur.: i, gli, le Plur. der Substantive und Adjektive auf -o, -a, -e Plur. der Substantive und Adjektive auf -sta, -co, -go, -io Angleichung von Adjektiv und Substantiv Präsens der regelmäßigen Verben auf -are, -ere, -ire Verben mit -isco: finire fare Präpositionen: a Roma, in Italia, di Vienna, per lavorare, con le sorelle Aussprache und Schreibung: -sc-, /sk/, /ʃ/ Frage- und Aussagesatz	*L'angolo dei giornali* **Italia Oggi** *Gli indirizzi degli italiani*
Intervallo 1 Seite 32	Spielen und Wiederholen		

Inhaltsübersicht

	Kommunikative Inhalte	Grammatische Inhalte	
Unità 3 ***Per strada*** Seite 34 Übungen Seite 133	Orientierung in der Stadt: Eine Wegbeschreibung erbitten und geben: *Mi sa dire come posso arrivare a…* Ortsangaben machen: *a destra, a sinistra, dritto,* etc. Geschäfte: *edicola, tabaccaio, gioielleria,* etc. Einkäufe machen: nach dem Preis fragen, Rabatt, Zahlungsmittel Danken und auf Dank reagieren Die Uhrzeit erfragen und angeben (1) Um Wiederholung bitten: *Scusi, può ripetere, per favore? Scusa, puoi ripetere?* Über Verkehrsmittel sprechen Idiomatische Ausdrücke: *Andare a mani vuote… Figurati/ Si figuri. Di niente. Non c'è di che. Che ne dici di…*	*C'è / ci sono?* *Che cosa c'è?/ Dov'è…?* Verben: *sapere, andare, venire, potere, dovere* Personalpronomen + Präposition: *con me, per te, a lui/lei/Lei, con voi, con loro* Präposition + Artikel: *al, alla* etc. Demonstrativpronomen: *questo e quello* Erweiterung: Verben im Präsens, Adjektive, Artikel Aussprache und Schreibung: -qu- > /kw/ è > /ɛ/ e> /e/ ho > /ɔ/ o > /o/	*L'angolo del viaggio* **Italia Oggi** *I mezzi di trasporto pubblico*
Unità 4 ***Al ristorante*** Seite 44 Übungen Seite 139 Test Niveau A1 Seite 192	Vorlieben ausdrücken (1) Im Restaurant etw. bestellen Einen Rat erbitten Kritik äußern Um Klärung eines Problems bitten: *C'è un errore nel conto. Dunque, vediamo…* Die Uhrzeit erfragen und angeben (2): *A che ora? Alle 6, a mezzogiorno, etc.* Sich entschuldigen: *Mi dispiace, mi scusi…* Idiomatische Ausdrücke: *Accidenti! Non è colpa mia. Per niente…Restare leggero/a. Scappo fuori.*	*Mi piace / Mi piacciono* Verben: *preferire, fare, mangiare* *buono / bene* Indirekte unbetonte Objektpronomen (1): *lo, la, li, le* Präposition da + Artikel (1): *Viene dalla Cina* (Herkunft) da + Substantiv: *Vado dal medico.* Erweiterung: Angleichung von Adjektiv und Substantiv Aussprache: Betonung im Satz	*L'angolo del conto* **Italia Oggi** *Italia DOC*
Intervallo 2 Seite 54	Spielen und Wiederholen		

Inhaltsübersicht

	Kommunikative Inhalte	Grammatische Inhalte	
Unità 5 ***A casa*** Seite 56 Übungen Seite 145	Eine Wohnung beschreiben: *grande, comodo, luminoso*, etc. Am Telefon: Kontaktaufnahme und Begrüßung (informell) Über Gewohnheiten und Freizeitbeschäftigungen sprechen (1) Wochentage, Monate Datum (Geburtstag) Die Wohnung: Haustyp, Zimmer, Möbel Informationen über eine Wohnung erfragen Erweiterung: Familie, Berufe Idiomatische Ausdrücke: *bisogna* + Verb, *avere bisogno di* + Objekt	Possessivpronomen mit/ohne Artikel: *la mia amica, mia sorella*, etc. Direkte unbetonte Objektpronomen (2): *mi, ti, ci vi* Reflexive Verben (Präsens) *uscire* Erweiterung: die Präpositionen *a* und *in* bei Orts- und Richtungsangaben Betonte Personalpronomen *C'è / ci sono* Aussprache und Schreibung: -gli-, /ʎ/, -gn- /ɲ/	*L'angolo degli annunci* **Italia Oggi** *Gli italiani e la casa*
Unità 6 ***All'agenzia viaggi*** Seite 66 Übungen Seite 151	Ferienpläne machen Die Jahreszeiten Ferien- und Freizeitbeschäftigungen Erlebnisse der Vergangenheit erzählen: *Che cosa hai fatto? Che cosa è successo?* Erweiterung: Geschmack und Vorlieben ausdrücken, Verkehrsmittel Idiomatische Ausdrücke: *Oddio..., Non c'è male!*	Adverbien der Häufigkeit: *tutti i giorni, sempre, spesso, qualche volta, raramente, non... mai* Zeitadverbien: *la settimana scorsa, due giorni fa, ieri, oggi, domani, fra due giorni, la prossima settimana* Indefinitpronomen: *qualche, alcuni/e* *Ci* als Ortsangabe Passato prossimo (1) und (2): die Hilfsverben *essere* und *avere*. Die regelmäßigen und einige unregelmäßige Partizipien. Angleichung des Partizips Aussprache: Wortbetonung (1)	*L'angolo della cartolina* **Italia Oggi** *Dove vanno in vacanza gli italiani?*
Intervallo 3 Seite 76	Spielen und Wiederholen		

Inhaltsübersicht

	Kommunikative Inhalte	Grammatische Inhalte	
Unità 7 ***In albergo*** Seite 78 Übungen Seite 157	Ein Hotelzimmer reservieren Ein Fax schreiben Über Geschenke und Feste sprechen Das Wetter Kleidung: Farben und Stoffe Erweiterung: Über Geschmack und Vorlieben sprechen Idiomatische Ausdrücke: Beato/a te. / A proposito... Non vedo l'ora di...	Ordnungszahlen: 1° - 10°, -esimo Passato prossimo (3) und (4): reflexive Verben mit dem Hilfsverb essere Direkte Objektpronomen: Angleichung des Partizips Unregelmäßige Partizipien Präpositionen: per + Zeitangaben, a Natale, di cotone, a righe, etc. Aussprache: /r/	*L'angolo degli annunci* **Italia Oggi** *Vacanze alternative*
Unità 8 ***In visita dai nonni*** Seite 88 Übungen Seite 163	Am Bahnhof: eine Fahrkarte kaufen, Informationen über Fahrplan und Züge erfragen Über Kindheitserinnerungen sprechen Über Veränderungen sprechen: prima..., ora... Erweiterung: Freizeitbeschäftigungen Idiomatische Ausdrücke: da bambino..., andare a trovare qualcuno; boh?, ehi!, eh?	Imperfekt (1); Gewohnheiten in der Vergangenheit; regelmäßige Formen und essere, fare, stare da + Zeitangabe Indirekte unbetonte Objektpronomen: mi, ti, gli, ci, vi, gli anche / neanche Erweiterung: Häufigkeitsadverbien: ogni due mesi, una volta al mese, mai, non... mai Gebrauch des Passato prossimo dare, piacere Aussprache: Wortbetonung (2)	*L'angolo dei giornali* **Italia Oggi** *Italiani oltre i sessanta*
Intervallo 4 Seite 98	Spielen und Wiederholen		

Inhaltsübersicht

	Kommunikative Inhalte	Grammatische Inhalte	
Unità 9 ***A una festa*** Seite 100 Übungen Seite 169	Einen Vorschlag machen/annehmen/ablehnen, einen Gegenvorschlag machen Ein Fest organisieren Über Probleme bei gemeinsamem Wohnen sprechen und über Lösungen diskutieren Den Charakter von Personen beschreiben Über Erfahrungen in der Schule sprechen Erweiterung: Aussehen von Personen Idiomatische Ausdrücke: ...*da morire*, *fare il bello e il cattivo tempo*	*stare* + Gerundium Imperfekt (2): Gleichzeitigkeit in der Vergangenheit; *mentre* Präpositionen: ... *a venti anni*, ... *di venti anni* Erweiterung: Imperfekt und Passato prossimo Reflexive Verben im Passato prossimo Aussprache: Doppelkonsonanten	*L'angolo degli inviti* **Italia Oggi** *Università: nuove tendenze*
Unità 10 ***Nei negozi*** Seite 110 Übungen Seite 175 Test Niveau A2 Seite 194	Produkte und Geschäfte Einkaufen Mengen und Maße In einer Buchhandlung Lesegewohnheiten: über ein Buch sprechen, das man gelesen hat SMS-Abkürzungen Radio-Werbung verstehen Erweiterung: Preisangaben Idiomatische Ausdrücke: *i libri gialli*, *tipo*...	Teilungsartikel: *di* + Artikel Pronomen *ne* Adverbien: *già*, *non... ancora* Präpositionen: *dal farmacista*, *un pezzo di pane* Erweiterung: Direkte unbetonte Pronomen Aussprache: Laut Lesen	*L'angolo della pubblicità* **Italia Oggi** *Un libro, un film*

	Seite
Lösungen zum Übungsteil	181
Test Niveau A1 (Unità 1-4)	192
Test Niveau A2 (Unità 5-10)	194
Transkription der Hörtexte	198
Anleitungen für die Spiele und Rollenspiele	208
Grammatikregister	210
Aussprache und Schreibung	211
Grammatik nach Lektionen	212
Lektionsvokabular Italienisch-Deutsch	236
Italienisch im Unterricht (Glossar)	256

Willkommen!

Willkommen im Italienischkurs!
Caffè Italia lädt Sie zu einer Begegnung mit Sprache, Land und Leuten und der italienischen Kultur ein.

Sie wollen zum ersten Mal Italienisch lernen oder Ihre Italienischkenntnisse auffrischen? Und Sie möchten zügig lernen?
Caffè Italia wurde für Sie konzipiert. Es begleitet Sie vom Anfängerkurs bis zur Mittelstufe, also von Niveau A1 bis B2 des Gemeinsamen europäischen Referenzrahmens für Sprachen.
Caffè Italia umfasst drei Bände mit zusätzlichem Begleitmaterial und bietet Ihnen eine Vielfalt an Hilfen.

Sie finden in **Caffè Italia 1**

- 10 Lektionen
- 4 Intervalli: Spielangebote zur gezielten Wiederholung in Gruppenarbeit
- 10 Übungseinheiten zu den jeweiligen Lektionen, für Ihre Eigenarbeit zu Hause oder für die Verwendung im Unterricht
- 10 Grammatikkapitel, die den Stoff der Lektionen auf Deutsch erklären
- 2 Tests zur Kontrolle: Test 1 (Niveau A1), einsetzbar nach Lektion 4, Test 2 (Niveau A2) nach Lektion 10.
- die Lösungen der Übungen, die Transkription der Hörtexte, Anleitungen zu den Spielen, das Lektionsvokabular Italienisch-Deutsch und ein Glossar Italienisch-Deutsch zu den Arbeitsanweisungen.

Das beigefügte Caffè Italia Extra ist speziell für diejenigen unter Ihnen gedacht, die z.B. beim Busfahren die Zeit nutzen und wichtigen Lernstoff wiederholen möchten. Es bietet eine Übersicht und Tests zu den wichtigsten Redemitteln sowie ein italienisch-deutsches Mini-Wörterbuch. Dieses kostenlose Beiheft wird Ihnen bereits bei Ihrer nächsten Italienreise ein nützlicher Helfer sein.

Caffè Italia 1 wird Sie zu einer effizienten Kommunikation – mündlich und schriftlich – in Alltagssituationen befähigen. Es führt Sie zum Entdecken und persönlichen Anwenden des Wortschatzes und der grammatischen Strukturen, die Sie zuvor in kommunikativen Zusammenhängen kennen gelernt haben. Die Sprache der Texte und der Dialoge ist ein lebendiges, authentisches Italienisch. Es enthält von Anfang an auch typische Redewendungen der Italiener.

Die Hauptabschnitte der Lektionen sind folgende:

1.24 **Ascoltate** (Hören Sie): Hörverstehens-Aufgaben, die vom Globalverstehen bis zum Detailverstehen reichen. Die Zahl beim Symbol gibt den CD-Track an.

Mettiamo a fuoco (Im Brennpunkt): Entdeckungsaktivitäten zur Grammatik und zu den Redemitteln.

Grammatica attiva — Grammatik aktiv: Diese Tabelle erleichtert das Entdecken der Strukturen.

Tabella delle frasi — Diese Tabelle hilft beim Zusammenstellen von Sprechintentionen und Redemitteln.

Un'idea! — Ab der 5. Lektion werden hier praktische Lerntipps gegeben.

La storia (Die Geschichte): Italiener unterschliedlichen Alters, miteinander verwandt oder befreundet, sind die Hauptdarsteller in einem oder zwei Dialogen pro Lektion. Dadurch entstehen spannende Fortsetzungsgeschichten.

La pronuncia (Aussprache): Aufgaben, die die Unterscheidung und Wiedergabe italienischer Laute und typischer Intonationen schulen.

L'Angolo... (Die ...-Ecke): Eine Sammlung authentischer oder quasi-authentischer Materialien, die ein Gefühl für die italienische Alltags-Realität und Lebensweise entwickeln helfen.

Italia Oggi (Italien heute): Einfache informative Texte über kulturelle Themen und landeskundliche Informationen mit dazugehörigen Lesestrategien.

Und nun beginnen wir. Gute Unterhaltung und viel Erfolg!

1 🎧 1.2 **Kennen Sie diese Wörter?**

Ascoltate. Quali parole conoscete? — Hören Sie zu. Welche Wörter kennen Sie?

2 🎧 1.3 **Kennen Sie diese Personen und diese Dinge?**

Ascoltate e associate — Hören Sie zu und ordnen Sie jeden Begriff dem entsprechenden Bild zu.

3 🎧 1.3 Und hier sind die Wörter.

Ascoltate di nuovo, leggete e ripetete. — Hören Sie noch einmal, lesen Sie und sprechen Sie nach.

Lasagne alla bolognese	Mosè di Michelangelo	Gianna Nannini
Torre di Pisa	Gondola nel Canal Grande	Cappuccino
Spaghetti al pomodoro	Golfo di Napoli	La dolce vita
Colosseo	Calciatori	Gelato
Chianti classico	Luciano Pavarotti	

4 🎧 1.4 Was hören Sie?

Ascoltate e leggete. Indicate le parole che sentite e ripetete. — Hören und lesen Sie. Markieren Sie die Wörter, die Sie hören, und sprechen Sie sie nach.

- ☐ Buongiorno
- ☐ Ciao
- ☐ Chianti
- ☐ Caffè
- ☐ Arrivederci
- ☐ Gelato
- ☐ Spaghetti
- ☐ Zucchero
- ☐ Grazie

5 🎧 1.5 Und hier die übrigen Wörter.

Ascoltate e ripetete ora le altre parole dell'attività 4. — Hören Sie und wiederholen Sie die anderen Wörter von Übung 4.

6 🎧 1.6 Sich vorstellen

Presentatevi. — Hören Sie und sprechen Sie nach. Dann stellen Sie sich den anderen Kursteilnehmern vor.

7 1.7 Das Alphabet

Fate lo spelling... — Hören Sie und sprechen Sie nach. Üben Sie dann paarweise und buchstabieren Sie Ihre Namen.

- **A a** – /a/ come **Ancona**
- **B b** – /bi/ come **Bologna**
- **C c** – /tʃi/ come **Como**
- **D d** – /di/ come **Domodossola**
- **E e** – /e/ come **Empoli**
- **F f** – /effe/ come **Firenze**
- **G g** – /dʒi/ come **Genova**
- **H h** – /akka/ come **hotel**
- **I i** – /i/ come **Imola**
- **J j** – /i/ lunga come **Jesolo**
- **K k** – /kappa/ come **karatè**
- **L l** – /elle/ come **Livorno**
- **M m** – /emme/ come **Milano**
- **N n** – /enne/ come **Napoli**
- **O o** – /o/ come **Otranto**
- **P p** – /pi/ come **Palermo**
- **Q q** – /ku/ come **quadro**
- **R r** – /erre/ come **Roma**
- **S s** – /esse/ come **Savona**
- **T t** – /ti/ come **Torino**
- **U u** – /u/ come **Udine**
- **V v** – /vu/ come **Venezia**
- **W w** – /vu/ doppia come **Walter**
- **X x** – /iks/ come **xilofono**
- **Y y** – /i greca/ come **yogurt**
- **Z z** – /dzeta/ come **zebra**

Gioco — Spiel: **Es beginnt mit dem Buchstaben ...**

A coppie — Zu zweit: Wählen Sie einen Buchstaben des Alphabets. Schreiben Sie in jede Spalte der Tabelle ein italienisches Wort mit diesem Buchstaben. Das Paar, das als erstes alle drei Spalten ausgefüllt hat, bekommt einen Punkt. Dann wird der nächste Buchstabe ,gezogen'.

Città	Personaggi	Mangiare e bere

....	....	....
....	....	....
....	....	....
....	....	....

Unità 1

Al bar

a

b

c

d

A

1 Wo befinden sich die Personen? Was sagen sie?

Guardate le foto e fate delle ipotesi. — Betrachten Sie die Fotos und stellen Sie Vermutungen an.

2 1.8 Wer spricht hier?

Ascoltate i dialoghi e associateli alle foto. — Hören Sie die Dialoge. Zu welchen Fotos passen sie?

Dialogo 1 ☐ Dialogo 2 ☐ Dialogo 3 ☐ Dialogo 4 ☐

3 1.8 Was hören Sie?

Indicate le parole che sentite. — Welche dieser Wörter hören Sie? Hören Sie und kreuzen Sie an.

☐ cappuccino
☐ pizza al rosmarino
☐ spremuta d'arancia
☐ succo di frutta
☐ caffè
☐ pasta
☐ Come va?
☐ Buongiorno, Dottor Rossi.
☐ un amico
☐ un'amica
☐ Non c'è male.
☐ gelato

4 1.8 Mettiamo a fuoco — Im Brennpunkt

Ascoltate. — *Hören Sie die Dialoge noch einmal und lesen Sie sie. Wenn Sie nicht gleich alles verstehen, sehen Sie sich die untenstehenden Sätze an und ordnen Sie sie in die Tabelle ein. Sie helfen Ihnen, den Kursleiter um Hilfe zu bitten.*

1.
- Ciao Luca.
- Ciao. Vorrei una spremuta d'arancia e una pizza al rosmarino.

2.
- Buongiorno, Signora. Cappuccino?
- Buongiorno. Sì, un cappuccino e oggi prendo anche una pasta.

3.
- Lisa! Come va? Come mai qui?
- Ciao Giovanna. Abbastanza bene. Sono qui con Marina. Marina, questa è Giovanna, un'amica.
- Ciao. Piacere.

4.
- Buongiorno, Dottoressa Pieri. Tutto bene?
- Salve. Bene, grazie. E lei? Come va?
- Insomma, oggi non c'è male.

Frasi utili — Wichtige Sätze:

- Che cosa significa... ?
- Non lo so.
- Significa...
- Grazie, ora ho capito.
- Non parlo bene l'italiano.
- Non capisco. Più lentamente, per favore.

Es ist klar. Ich verstehe es!	Ich verstehe es nicht!

B

1 1.9 Salve, come va?

Osservate le immagini e ascoltate i dialoghi. — Betrachten Sie die Bilder und hören Sie die Dialoge.

1. ● Buongiorno, Signor Girelli. Come va?
   ● Bene grazie. E Lei, come sta?
   ● Anch'io sto bene! Grazie!

2. ● Ehi, Carlo! Come va?
   ● Bene, benissimo. E tu?
   Sei in gran forma!
   ● Sì, sto molto bene. Grazie!

3. ● Ciao, Luisa, come va?
   ● Non c'è male.
   E tu, come stai?
   ● Eh insomma, non troppo bene oggi. Ho mal di testa.
   ● Oh, mi dispiace!

4. ● Giovanni, ciao!
   Come stai?
   ● Salve, Signora Chelli.
   Sto abbastanza bene, grazie. E Lei?
   ● Anch'io.

2 1.9 Mettiamo a fuoco

Completate le tabelle. — Hören Sie noch einmal und lesen Sie die Dialoge in A2 und B1. Vervollständigen Sie die Tabelle.

Formell und informell	**Come va?**
(io)	**Sto** bene.
(tu, *informell*)	Come **stai**?
(Lei, *formell*)	Come **sta**?

Idiomatische Wendungen

In gran forma!

Und in Ihrer Sprache?

....

3 Ora tocca a voi! — Und jetzt Sie!

Begrüßen Sie alle Kursteilnehmer und fragen Sie sie nach dem Befinden.

Begrüßen und nach dem Befinden fragen: „Come va"?

formell: Lei	formell und informell
....	Buongiorno.
informell: tu	Salve.
Ciao. Come stai?	....
E tu? Sei in gran forma!	....

Antworten auf die Frage „Come va?"

:-)	:-|	:-(
E tu? E Lei?	E tu? E Lei?	E tu? E Lei?
Bene grazie.	....	....
Sto molto bene.	Non c'è male.	Non troppo bene.
Sono in gran forma.		Ho mal di testa.

C

1 1.10 **Che cosa prendi?**

Ascoltate e completate i dialoghi.

2 **Ora tocca a voi!**

Fate il dialogo al bar. — Sie sind in der Bar. Machen Sie einen Dialog.

Che cosa prendi?	un cappuccino	un cornetto
Prendo...	un caffè	un succo di frutta
Vorrei...	una spremuta d'arancia	un bicchier d'acqua
Anch'io prendo...	una pasta	un tramezzino
Basta così.	un tè	uno spumante
	una pizzetta	un latte macchiato
	un aperitivo analcolico	un po' di salatini
	un'aranciata	un toast

un bicchier d'acqua

un latte macchiato

un'aranciata

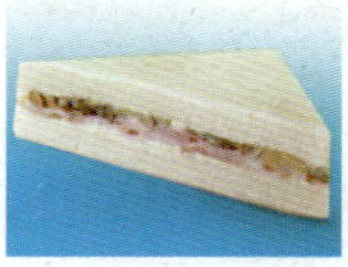

un tramezzino

Der unbestimmte Artikel

männlich	*weiblich*
un cappuccino	una pasta
un aperitivo	un'aranciata
uno spumante	una spremuta

D

1 Vorstellen

Associate i dialoghi ai disegni. — Verbinden Sie die Dialoge mit den passenden Bildern.

a ☐

b ☐

c ☐

d ☐

e ☐

1. ● Ciao Carla. Questa è la signora Richter.
● Molto piacere. Signora Richter, Lei non è italiana, vero?
● No, sono di Berlino. Sono tedesca.

2. ● Tu sei inglese, vero?
● Sì, sono di Londra. E tu?
● Sono di Atene. Sono greco.

3. ● Di dove sei?
● Sono americana, di New York.
● Io mi chiamo Grazia e tu?
● Mi chiamo Sally.

4. ● Lei è di Tokio, signora Sakamoto?
● Sono giapponese, ma non sono di Tokio, sono di Osaka.

5. ● Buongiorno, Lei è il signor...?
● Buongiorno, sono Mohamed Kalifa. Sono egiziano, di Alessandria d'Egitto.
● Io sono Michele Scarpa. Sono italiano, di Roma.

2 Mettiamo a fuoco

Leggete di nuovo i dialoghi e completate la tabella. — Lesen Sie die Dialoge erneut und vervollständigen Sie die Tabelle.

Auskunft erbitten		**Auskunft geben**
	... über den Namen	
informale TU Io mi chiamo Grazia, e tu? Come ti chiami?	formale LEI .... Come si chiama?	.... Michele Scarpa. Mi chiamo Sally.
	... über Nationalität und Herkunft	
informale TU .... Tu sei inglese, vero?	formale LEI Di dov'è? .... Lei è di Tokio?	Sono di Berlino. Sono tedesca. Sono americana, di New York.

3 Ora tocca a voi!

Salutate e presentatevi. — Begrüßen Sie sich und stellen Sie sich gegenseitig vor. Arbeiten Sie zu zweit.

-o → männlich / **-a** → weiblich:		**-e** → männlich und weiblich	
arabo/a	egiziano/a	canadese	irlandese
americano/a	greco/a	cinese	norvegese
argentino/a	spagnolo/a	danese	olandese
austriaco/a	messicano/a	giapponese	scozzese
australiano/a	tedesco/a	finlandese	senegalese
brasiliano/a	svizzero/a	francese	svedese
coreano/a	....	inglese	....

männlich
Quest**o** è Michele Scarpa.
È **un** amic**o**.
Lui è italian**o**.

weiblich
Quest**a** è Marina.
È **un'**amic**a**.
Lei è brasilian**a**.

Beachten Sie den Gebrauch des Artikels:
vor **signora/signor...**

Questa è **la** signora Richter.
Lei è **il** signor... ?

Salve, signora Chelli.
Buongiorno, signor Girelli.

Grammatik aktiv

Das Verb essere*. Vervollständigen Sie:*

(io)	sono
(tu)	....
(lui/lei/Lei)	è
(noi)	....
(voi)	siete
(loro)	....

4 Noi, voi, loro...

Leggete e completate la tabella „Grammatik aktiv".

E

1 1.11 **Avete voglia di prendere qualcosa?**

Ascoltate, leggete e poi rispondete.— Hören Sie, lesen Sie und beantworten dann die Fragen.

Luca: Ciao, mamma. Questo è il mio amico Carlo.
Giovanna: Ciao Carlo. Molto piacere. Ragazzi, avete voglia di prendere qualcosa al bar?
Carlo e Luca: Va bene. D'accordo.

Subito dopo, al bar…

Giovanna: Carlo, che cosa prendi?
Carlo: Ho sete. Vorrei un succo di frutta.
Luca: Io non ho sete, ma ho fame: prendo una pizzetta e un caffè.
Giovanna: E tu Carlo, non hai fame?
Carlo: No, signora. Grazie, basta così.
Giovanna: Bene, io invece prendo…
Barista: Signora, abbiamo l'aperitivo della casa. A base di frutta, molto buono.
Giovanna: Mmh… avete il tè freddo?
Barista: No, mi dispiace, oggi no.
Giovanna: Allora prendo l'aperitivo della casa, ma poco alcolico per favore.

	Sì	No
1. Giovanna è la madre di Luca?	☐	☐
2. Carlo e Luca hanno fame?	☐	☐
3. L'aperitivo della casa è a base di frutta?	☐	☐
4. Luca prende la pizzetta?	☐	☐
5. Giovanna prende il tè caldo?	☐	☐

Grammatik aktiv

Das Verb avere. *Vervollständigen Sie:*

(io)	....
(tu)	....
(lui/lei/Lei)	ha
(noi)	abbiamo
(voi)	....
(loro)	....

Der bestimmte Artikel

männlich	*weiblich*
il cappuccino	la pasta
l'aperitivo	l'aranciata
lo spumante	la spremuta
lo zucchero	

Die Verneinung

Non è chiaro.
Non sono di Tokio.
Io **non** ho sete.

Esercizio 1 *Ergänzen Sie den bestimmten Artikel.*

- .... caffè non è caldo,
  ma .... pasta è molto buona.
- Com'è .... aranciata?
- È fredda. Prendi .... zucchero?
- No, grazie.

Esercizio 2 *Lesen Sie die Dialoge auf S. 15 noch einmal und finden Sie den bestimmten Artikel, der zu den Wörtern gehört. Beispiele:*
un cappuccino → il cappuccino, un panino → il panino, un'aranciata → l'aranciata, ...

Gioco:

In gruppo, a catena. — In der Gruppe, als Kettenübung.
Frage: Hai un amico / un'amica spagnolo/a, tedesco/a, inglese...?
Der/die erste Spieler/in stellt eine Frage und der/die nächste beantwortet sie. Ist die Antwort positiv, so darf er/sie noch eine weitere Frage stellen. Fällt die Antwort negativ aus, muss die Person, die geantwortet hat, eine Frage stellen. Es werden immer neue Fragen gestellt, bis alle einmal dran waren. Für jede positive Antwort gibt es einen Punkt. Die Person mit den meisten Punkten – bzw. Informationen - gewinnt

F

1 1.12 I numeri

Scrivete i numeri. — Schreiben Sie die Zahlwörter, die Sie schon kennen. Hören Sie dann und vervollständigen Sie.

2 1.13 Che confusione!

Scrivete. — Hören Sie die Zahlen von 11 bis 20 in der richtigen Reihenfolge. Schreiben Sie die Ziffern neben die ausgeschriebenen Zahlen.

diciassette: .... sedici: .... dodici: .... quindici: .... diciotto: ....

venti: .... undici: 11 .... diciánnove: .... tredici: .... quattordici: ....

Gioco:

Scrivete. — Schreiben Sie hier eine Zahl von 1 bis 20, ohne sie anderen zu zeigen: ....
Versuchen Sie die Zahl Ihres Nachbarn / Ihrer Nachbarin zu erraten. Wer der Zahl am nächsten war, gewinnt das Spiel.

G

1 1.14 Come si chiama?

Ascoltate. — Welche Namen hören Sie? Hören Sie erneut und sprechen Sie nach. Versuchen Sie am Ende auch, die nicht genannten Namen vorzulesen.

☐ Gianni Primavera	☐ Giulia Mantovani	☐ Stefano Carta	☐ Chiara Peppi
☐ Nicola Prati	☐ Paola Donati	☐ Andrea Meneghini	☐ Michele Nanni

So wird es ausgesprochen und so wird es geschrieben:

/tʃ/	CE - CI - CIA - CIO - CIU	/dʒ/	GE - GI - GIA - GIO - GIU
/k/	CA - CO - CU - CHE - CHI	/g/	GA - GO - GU - GHE - GHI

2 Avete un amico italiano o un'amica? Come si chiama?

Scrivete. — Schreiben Sie den Namen einer italienischen Freundin oder eines Freundes auf und diktieren Sie ihn der Gruppe.

....

3 1.15 È una domanda?

Domanda o affermazione? — Frage oder Aussage? Hören Sie und kreuzen Sie an.

	Frage	Aussage		Frage	Aussage
1. Sono Gianni Rossi	☐	☐	4. Prende un cornetto	☐	☐
2. Lei non è italiana	☐	☐	5. È un amico	☐	☐
3. Lei è la signora Verdi	☐	☐	6. Ma non sono di Tokio	☐	☐

L'angolo dei messaggi

Cercate... — Die Info-Ecke: Suchen Sie in den drei Nachrichten alle Begrüßungsformeln.

L'Italia dell'Euro

Wie sehen die Euro-Münzen aus? Auf der einen Seite haben alle das Symbol der Europäischen Union, auf der anderen für jedes Land eigene Abbildungen. Lesen Sie die Informationen über die italienischen Münzen und verbinden Sie die dargestellten Persönlichkeiten oder Monumente mit dem entsprechenden Wert. Das Pfeil verbindet jedes Kunstwerk mit der Sadt, in der es sich befindet.

Statue von Marc Aurel	....	Umberto Boccioni	....
Friedrich II.	....	Das Kolosseum	....
Die „Mole Antonelliana"	....	Dante Aligheri	....
Sandro Botticelli	....	Leonardo da Vinci	....

20 Centesimi

Forma unica della continuità nello spazio, di Umberto Boccioni (1882-1916)

1 Euro

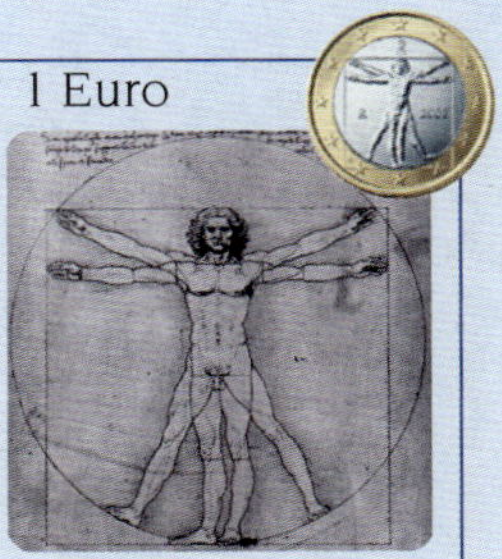

L'Uomo vitruviano di Leonardo da Vinci (1452-1519)

2 Centesimi

La Mole Antonelliana, Torino 1863

10 Centesimi

La Nascita di Venere, di Sandro Botticelli (1445-1510)

2 Euro

Dante Alighieri, poeta e scrittore (1265 –1321)

5 Centesimi

Il Colosseo, o Anfiteatro Flavio 75 d.C.

50 Centesimi

La statua in bronzo di Marco Aurelio, nella piazza del Campidoglio a Roma (1538)

1 Centesimo

Castel del Monte, fatto costruire dall'imperatore Federico II di Svevia

In classe

a

b

c

A

1 Dove sono le persone? Di che nazionalità sono?

Guardate le immagini e fate delle ipotesi.

2 1.16 Chi parla?

Ascoltate il dialogo e trovate nelle immagini le due persone che parlano.

3 1.16 Di chi parlano?

Ascoltate di nuovo e rispondete.

Come si chiamano? Scrivete i nomi che sentite:

....

Di che nazionalità sono? Scrivete gli aggettivi di nazionalità che sentite:

....

4 1.16 **Keiko, Tobias o Ryan?**

Ascoltate di nuovo e segnate con una crocetta.

		Keiko	Tobias	Ryan
1. Ha un figlio.		☐	☐	☐
2. È ingegnere.		☐	☐	☐
3. È commesso/a in un negozio d'abbigliamento.		☐	☐	☐
4. Ha sorelle.		☐	☐	☐
5. È sposato/a.		☐	☐	☐

5 **Ora tocca a voi!**

Parlate della vostra famiglia. Se non trovate qui sotto l'espressione che cercate, chiedete all'insegnante e scrivetela voi.

la famiglia		
sono figlio/a unico/a	ho un fratello/una sorella	ho due fratelli/due sorelle
sono sposato/a	ho un figlio/una figlia	ho due figli/due figlie
sono nonno/a	ho un nipote/una nipote	ho due nipoti
....	....	....

6 **Come sono i capelli?**

Guardate le immagini e leggete le frasi. Poi trovate nella classe persone che hanno i capelli come questi studenti. Fate delle frasi come nell'esempio.

Il signor Smith ha i capelli biondi come Ryan.

Tobias è castano e ha i capelli lunghi.

Ryan ha i capelli biondi.

Keiko è bruna e ha i capelli corti.

Mary è bionda e ha i capelli ricci.

7 1.16 Mettiamo a fuoco

Ascoltate di nuovo il dialogo e leggete. Poi completate la tabella.

- Ciao Lisa, hai nuovi studenti in classe?
- Sì, c'è Keiko: una ragazza molto carina, giapponese. So che è di Tokyo ha 27 anni. Fa la commessa, lavora nel negozio d'abbigliamento del marito.
- Ah, è sposata?
- Sì e ha anche un figlio.
- E chi è quello castano con i capelli lunghi?
- Ah, quello è Tobias.
- Tobias? È tedesco?
- No, è austriaco ma vive in Germania, è ingegnere e lavora a Colonia, credo.
- E quel ragazzo biondo?
- È Ryan, un americano. È qui in Italia con le sorelle perché ha parenti italiani.

Chiedere informazioni su una persona:
Ah, è sposata?
E chi è quello castano con i capelli lunghi?
....

Dare informazioni sulla professione:
.... lavora nel negozio d'abbigliamento del marito.
....

Dare informazioni sull'età:
.... 27 anni.

8 Ora tocca a voi!

Parlate della vostra occupazione. Se non trovate qui sotto l'espressione che cercate, chiedete all'insegnante e scrivetela voi.

l'occupazione, la professione, il lavoro	
il commesso / la commessa	il / la farmacista
l'impiegato / l'impiegata	l'insegnante (m. e f.)
lo studente / la studentessa	l'ingegnere (m. e f.)
....	....
....	....
....	....

È commessa.
(*essere + nome*)
Fa la commessa.
(*fare + articolo + nome*)

	fare
(io)	faccio
(tu)	fai
(lui/lei/Lei)	fa

B

1 In classe

Leggete i dialoghi e associate a ognuno un'immagine di pagina 22. Poi completate la tabella.

1. ☐
- Scusa, come si chiama questo in italiano?
- Finestra. La finestra.
- E come si dice "fare questo" in italiano?
- "aprire"
- Grazie. Allora, posso aprire la finestra?
- Sì, certo.

Chiedere una parola in italiano:
Come si chiama questo in italiano?
....

Chiedere di fare qualcosa in classe:
.... la finestra?

Chiedere per avere qualcosa:
....

2. ☐
- Posso avere una penna, per favore?
- Vediamo… ho sempre molte cose nella borsa. Ecco la penna! No, le penne.

2 Mettiamo a fuoco

Guardate l'immagine e leggete le frasi. Poi completate la tabella.

Ecco il giornale. No, i giornali.
Ecco lo specchietto. No, gli specchietti.
Ecco l'orologio. No, gli orologi.

Ecco la penna. No, le penne.
Ecco la spazzola. No, le spazzole.
Ecco l'agendina. No, le agendine.

Grammatica attiva

Mettete nella colonna giusta gli oggetti.

Articolo singolare: maschile	Articolo singolare: femminile	Articolo plurale: maschile	Articolo plurale: femminile
il telefonino	la chiave	i telefonini	le chiavi
....	la	i	le ....
....	la	i	le ....
....	la	i	le ....
	la		le ....
lo	la	gli	le ....
l'	l'	gli	le ....

Eccezione: gli occhiali *non hanno il singolare.*

Gioco:

E voi che cosa avete nella borsa?

In gruppo: a turno prendete un oggetto dalla vostra borsa e mostratelo ai compagni. Dite il nome e trasformatelo subito al plurale come nell'esempio. Chi fa due errori non gioca più.

Ecco il portafoglio. Plurale: i portafogli.

C

1 1.17 Oggi arriva Marta

Leggete le domande, ascoltate il dialogo al telefono e rispondete.

	Sì	No
1. Carlo è il fratello di Luca?	☐	☐
2. Luca è a San Paolo del Brasile?	☐	☐
3. Marta arriva in Italia per studiare l'italiano?	☐	☐
4. Carlo e Luca hanno un appuntamento all'aeroporto?	☐	☐
5. Carlo è uno studente?	☐	☐

2 1.17 Mettiamo a fuoco

Ascoltate di nuovo il dialogo e leggete. Poi controllate le vostre risposte in C1 e confrontatevi con i compagni.

Carlo: Pronto?
Luca: Ciao Carlo, come va?
Carlo: Ehi, Luca! Bene grazie.
Luca: Senti, oggi arriva quella mia amica di San Paolo del Brasile. Ti va di venire con me alla stazione?
Carlo: Certo, volentieri. Ma chi è la tua amica?
Luca: Marta, ma dai! Non ricordi la mia e-mail?
Carlo: Ah sì, Marta è la figlia dell'amica di tua madre. Senti ma com'è?
Luca: Non lo so. Sono curioso anch'io di vedere com'è.
Carlo: Come mai è in Italia?
Luca: Perché frequenta un corso di italiano. Il corso inizia domani e abbiamo un appuntamento alla scuola per completare l'iscrizione.
Carlo: Ah, se è carina posso venire anch'io?
Luca: Tu non cambi mai, eh? Ci vediamo oggi pomeriggio alle 3 davanti alla stazione.
Carlo: OK, finisco di studiare matematica e arrivo.

Espressioni idiomatiche

Ti va di...?
... ma dai!
Senti ma...

Capite che cosa significano queste espressioni?
Come si dice nella vostra lingua?

....
....
....
....
....

3 1.17 Verbi, verbi, verbi

Ascoltate e leggete di nuovo il dialogo al telefono fra Luca e Carlo. Cercate le forme dei verbi e completate le frasi. Qui trovate le forme all'infinito dei verbi.

ricordare	arrivare	cambiare	vedere
frequentare	~~iniziare~~	arrivare	finire

1. Il corso ....inizia.... domani.
2. Oggi .... quella mia amica.
3. (io) .... di studiare.
4. (io) ....
5. Tu non .... mai.
6. (tu) Non .... la mia e-mail?
7. (lei) .... un corso.
8. (noi) Ci .... oggi pomeriggio.

Grammatica attiva

Completate la tabella dei verbi regolari al presente.

	arrivare	vedere	sentire	finire
(io)	....	vedo	....	....
(tu)	arrivi	....	....	....
(lui/lei)	....	....	sente	finisce
(noi)	....	....	....	finiamo
(voi)	arrivate	vedete	....	finite
(loro)	....	....	sentono	finiscono

4 Ora tocca a voi!

Lavorate a coppie: scegliete una di queste persone e scrivete un dialogo al telefono sul modello di quello fra Luca e Carlo. Poi fate il dialogo.

Maria - Atene - insegnante

Pierre - Bruxelles - cuoco

Peter - Sidney - medico

Karin - Berlino - bibliotecaria

Domande utili:
Come si chiama?
Chi è?
Di che nazionalità è?
Di dov'è?
Che cosa fa?
Come mai…?
Perché…?

- Pronto?
- Ciao! Come va?
- Senti, domani arriva...

....

....

D

1 1.18 **Quanti anni ha?**

Ascoltate e associate i numeri come nell'esempio.

- Dottor Rossi, quanti anni ha?
- Ho 33 anni.

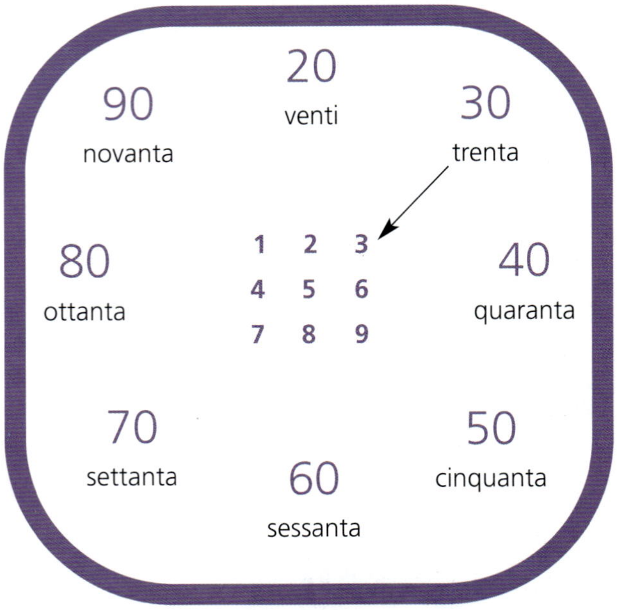

Numeri

I numeri delle decine davanti a uno e otto perdono la vocale finale:
21 ventuno, 28 ventotto
31 trentuno, 38 trentotto, ecc.
I numeri che finiscono con tre hanno l'accento sulla e finale:
23 ventitré, 33 trentatré, ecc.

2 1.19 **Ancora numeri**

Ascoltate e leggete.

100 cento	600 seicento	2000 duemila	123 centoventitré
200 duecento	700 settecento	3000 tremila	1234 milleduecentotrentaquattro
300 trecento	800 ottocento	...	1 000 000 un milione
400 quattrocento	900 novecento		1 000 000 000 un miliardo
500 cinquecento	1000 mille		

Gioco:

A squadre: uno studente di ogni squadra ascolta i numeri dettati dall'insegnante e li scrive alla lavagna. Vince 1 punto per la propria squadra il più veloce a scriverli. Ogni 5 numeri si cambia studente alla lavagna.

E

1 **Un modulo da compilare**

Ecco il modulo che Luca compila con la segretaria della scuola di italiano per iniziare l'iscrizione di Marta.

Lavorate a coppie: uno di voi sceglie il ruolo A e l'altro il ruolo B (descrizione a pag. 208).

Ruolo A: *sei la segretaria della scuola di italiano e fai domande per avere tutte le informazioni richieste in questo modulo di iscrizione.*

CULTURA ITALIANA

Modulo di iscrizione ai corsi

Cognome ....

Nome ....

Età .... Professione ....

Nazionalità ....

Lingua madre ....

Indirizzo ....

Telefono ....

e-mail ....

Conosce altre lingue? .... Quali? ....

2 1.20 Dove vive? Dove lavora?

Luca e Carlo vanno alla stazione e parlano degli amici della scuola di italiano. Ascoltate il dialogo e completate con le indicazioni di luogo.

- Dove vive Marta?
- ....
- Dove esattamente?
- ....
- Tobias è tedesco?
- No, è austriaco ma vive ....
- È ingegnere, vero?
- Sì, lavora ....
- Maria è greca, no?
- Sì, è di Atene, ma ora vive e lavora ....

Grammatica attiva

Completate voi la regola.

Le preposizioni a e in *nelle indicazioni di luogo:*

Con i nomi di città (Roma) la preposizione è ....

Con i nomi di nazione (Italia) o regione (Toscana) la preposizione è ....

Esercizio:

Completate con le preposizioni.

Keyko vive .... Giappone. Lavora .... Tokyo. Ora è .... Italia per studiare l'italiano.

Tobias è austriaco ma vive .... Germania, è ingegnere e lavora .... Colonia.

Marta vive .... Brasile, ... San Paolo. È .... Italia per frequentare un corso di italiano.

Ryan è americano, vive .... San Francisco. È .... Italia perché ha dei parenti italiani .... Sicilia.

Gioco:

Divisi in due squadre, avete 5 minuti di tempo per formare più frasi possibili con questi elementi.

sono	in	lavorare
lavori	per	Roma
vive	a	Giappone
studiano italiano	con	Milano
lavoriamo	di	Luca

....

....

....

....

....

F

1 1.21 Pronuncia e grafia

Leggete, ascoltate e ripetete.

/sk/ tedesco tedesca scuola finisco capisco

/ʃ/ finisci finisce capisci capisce

Il plurale: pronuncia e grafia

Singolare	Plurale
medico	medici
amico	amici
amica	amiche
cuoco	cuochi
tedesco	tedeschi
tedesca	tedesche

2 1.22 Pronuncia

Ascoltate i dialoghi e ripetete. Attenzione all'intonazione!

1. ● Luca ↑ tu parli inglese? ↑
   ● No, → parlo giapponese ↑ e un po' lo spagnolo. ↓
   ● Bene. ↓

2. ● Posso avere un giornale? ↑
   ● Ho due giornali, → prendi questo. ↓

3. ● Che cos'è questa? ↑
   ● È una penna. ↓
   ● Ha una penna → anche per me? ↑
   ● Ecco, → usa queste penne. ↓
   ● Grazie mille! ↓

Gioco:

Scrivete 6 frasi: 3 domande e 3 affermazioni. Poi leggete le frasi alla classe: i compagni devono dare la risposta solo alle domande. Vince un punto chi reagisce correttamente.

● Hai una penna? ● Sì. / No, mi dispiace. ● È caldo.

Domande:

....

....

....

Affermazioni:

....

....

....

L'angolo dei giornali

Uno di questi titoli parla di un argomento diverso dagli altri. Qual è?

Studenti italiani un po' somari
più bravi alle elementari, un disastro gli istituti professionali
Tratto da: La Repubblica, 24.09.2003

Al Palazzo della Cultura e dei Congressi dal 6 al 14 dicembre
Motorshow, tutto lo spettacolo dei motori
Tratto da: Il Corriere della Sera, 08.12.2003

Scuola, per cinque regioni mercoledì il primo giorno
Tratto da: La Repubblica, 07.09.2003

Università, boom di iscrizioni
Architettura fra le preferite
Tratto da: La Repubblica, 16 dicembre 2003

Gli indirizzi degli italiani

Davanti al nome negli indirizzi ci sono spesso delle abbreviazioni. Collegate quelle che leggete alla forma lunga corretta.

Gentilissimo Signor Gentilissima Ingegner Signora Professor Dottoressa

Prof. Roberto Fratini
Corso Mazzini, 15
50014 Fiesole (FI)

Dott.ssa Silvia Esposito
via Giovanni XXIII, 9
80045 Pompei (NA)

Gent.mo Ing.
Paolo Trevisan
Piazza XXIV Maggio, 61
38066 Riva del Garda (TN)

Sig. Claudio Romagnoli
via Manzoni, 24
20052 Monza (MI)

Qui sotto trovate due informazioni sugli altri elementi negli indirizzi italiani.
A coppie: leggete e sottolineate nei testi le parole conoscete. Poi scrivete, qui le due informazioni dei testi A e B.

Testo A: ....

Testo B: ....

A: Il CAP

Il numero davanti al nome della città è il CAP: il Codice di Avviamento Postale.
Su Internet avete alcuni siti che danno informazioni sul CAP delle città italiane, per esempio:
www.paginebianche.it
www.nonsolocap.it.

B: La sigla della provincia

Le città italiane più grandi sono a capo di una unità amministrativa che si chiama provincia. Dopo le città più piccole che non sono "province", scriviamo la sigla della loro provincia.

Le sigle principali:

AN = Ancona	FI = Firenze	PA = Palermo
BA = Bari	GE = Genova	PG = Perugia
BO = Bologna	MI = Milano	TN = Trento
CA = Cagliari	NA = Napoli	VE = Venezia

I numeri romani

I nomi di strade e piazze italiane hanno spesso un numero romano, cioè secondo il sistema degli antichi romani, con lettere maiuscole. Per leggerli bisogna fare somme e sottrazioni.

I = 1	CI = 100 + 1 = 101
V = 5	VI = 5 + 1 = 6
X = 10	IC = 100 – 1 = 99
L = 50	IV = 5 – 1 = 4
C = 100	MDCLVII = 1657
D = 500	MCDLXI = 1961
M = 1000	

Intervallo 1

Caccia al saluto!

Trovate nella griglia il nome di 14 numeri, le lettere che restano danno un saluto.

D	I	C	I	A	S	S	E	T	T	E	V	B
U	N	O	T	R	E	U	S	E	T	T	E	D
E	O	S	E	I	D	O	D	I	C	I	N	I
U	N	D	I	C	I	N	O	T	T	O	T	E
A	N	O	V	E	C	I	N	Q	U	E	I	C
S	E	Q	U	I	N	D	I	C	I	R	A	I

___ ___ ___ ___ ___ ___   ___ ___ ___ ___

1.23 **L'immagine nascosta**

Ascoltate i numeri e unite i puntini seguendo l'ordine. Che cosa appare?

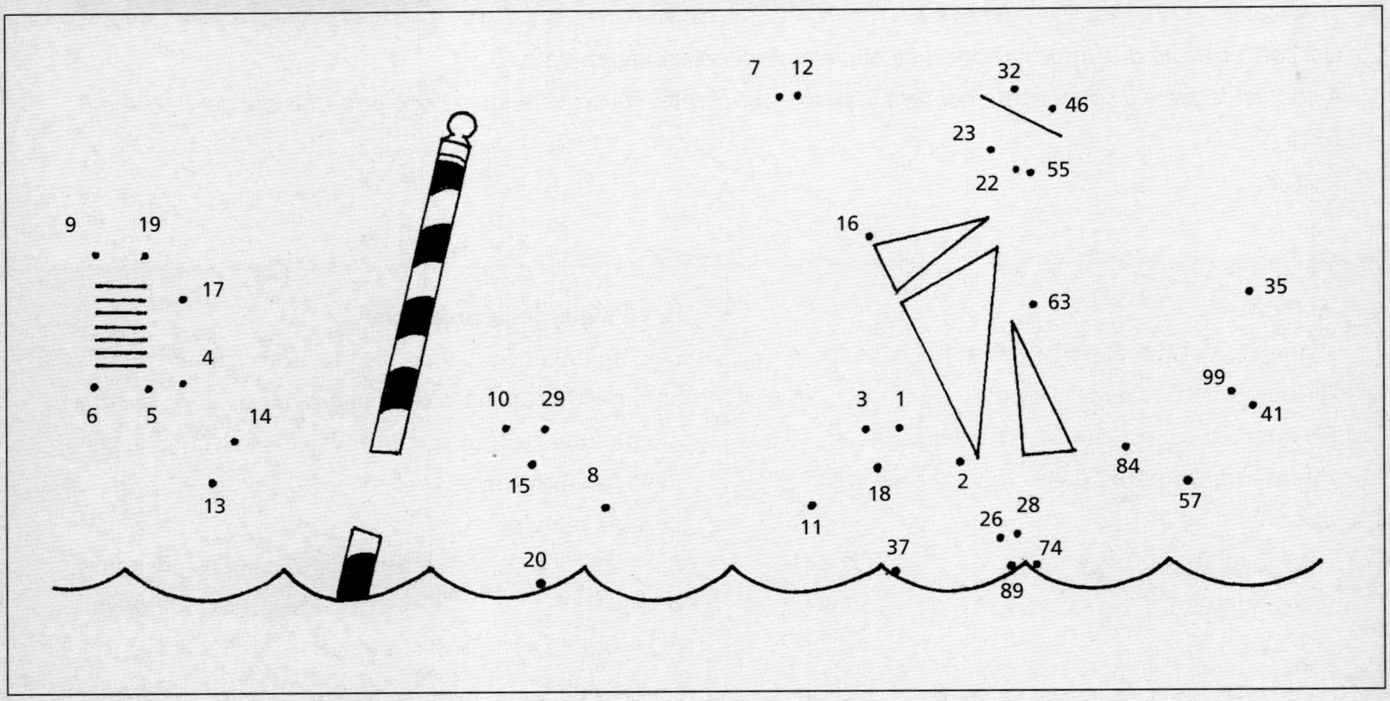

La storia:

Chi è? *Scrivete il nome del personaggio giusto accanto all'informazione.*

È il figlio di Giovanna. ....

Studia matematica. ....

È di San Paolo del Brasile. ....

È un "Don Giovanni". ....

Leggete le istruzioni per giocare a pagina 209.

LA CORSA AL RIPASSO

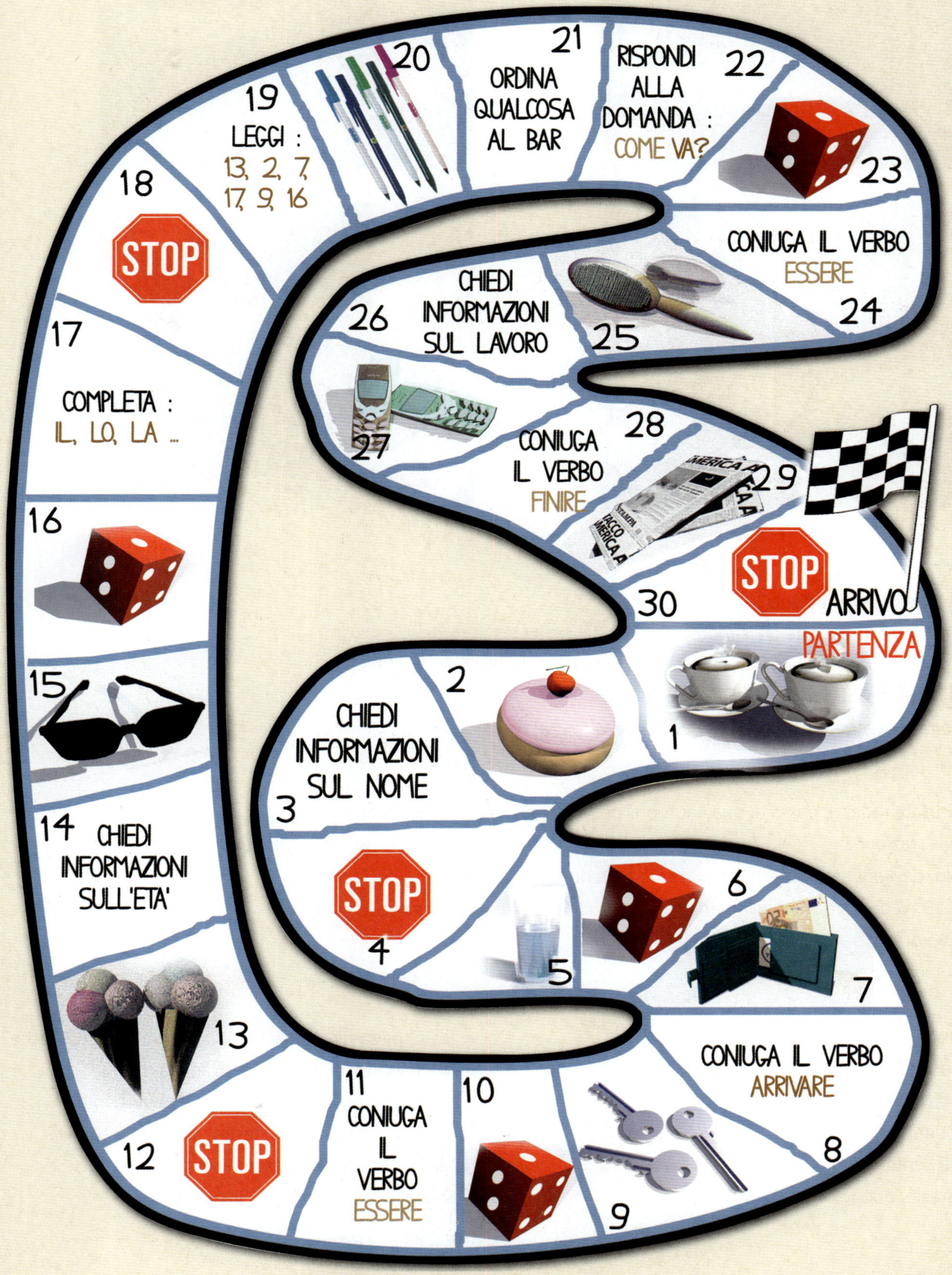

Per strada

a

b

c

d

A

1 Che cosa chiedono?

Guardate le foto e fate delle ipotesi.

2 1.24 **Chi parla?**

Ascoltate e leggete i dialoghi. Poi associate le foto ai dialoghi.

1. ☐

- Scusate ragazzi, passa di qua l'autobus per andare alla stazione?
- No, devi andare alla fermata di fronte e prendere il 19. Vedi? Là davanti alla farmacia.
- OK, grazie.

2. ☐

- Buongiorno.
- Salve, Il Corriere della Sera.
- Ecco a Lei.
- Quant'è?
- 90 centesimi.
- Grazie, buongiorno.

3. ☐

- Buongiorno signora.
- Buongiorno, un caffè macchiato.
- Basta così?
- Sì, grazie.

4. ☐

- Scusi, mi sa dire dov'è l'ufficio informazioni turistiche?
- Ah, è vicino: in fondo alla strada, a destra.
- Scusi, non ho capito. Può ripetere per favore?
- In fondo alla strada, a destra. All'angolo con via Mazzini. Vede il semaforo là in fondo?
- Sì, sì ora è tutto chiaro. Grazie mille.
- Si figuri.

3 1.24 **Mettiamo a fuoco**

Ascoltate e leggete di nuovo i dialoghi dell'attività A2. Evidenziate le espressioni nuove come nell'esempio. Poi chiedete aiuto ai compagni o all'insegnante.

Scusate, ragazzi. Passa di qua l'autobus...

B

1 1.25 **Scusi, dov'è...?**

Guardate la pianta di questa città. Poi ascoltate i dialoghi, leggete e completate.

1
- Buongiorno, ... come posso arrivare alla stazione?
- Non è lontano; dopo la piazza a sinistra poi sempre dritto fino all'incrocio e ancora a sinistra.
- Grazie mille.
- Si figuri, arrivederci.

2
- Scusa, sai dirmi dov'è una farmacia?
- In piazza San Matteo, prendi la prima strada a destra e poi dopo circa 100 metri gira ....
La farmacia è vicino all'ufficio postale.
- Grazie, ciao.
- Di niente, ciao.

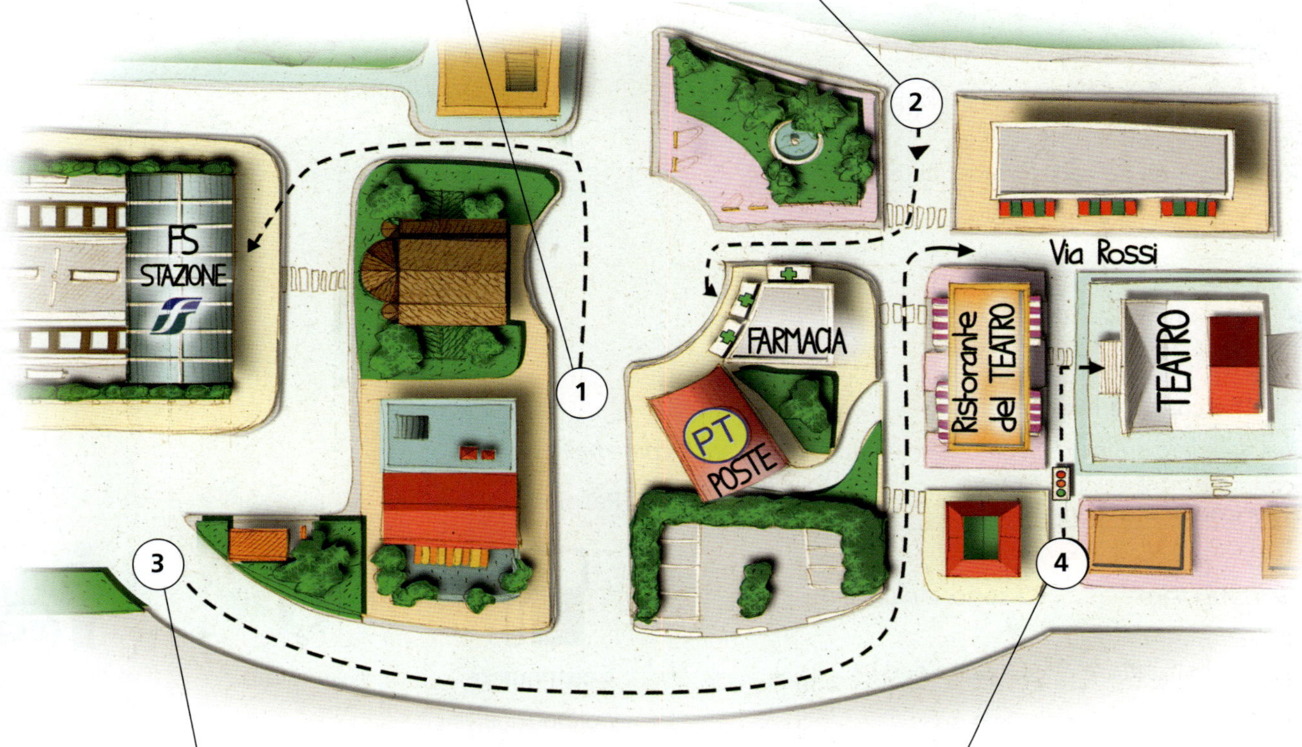

3
- Scusa, un'informazione: per arrivare in via Rossi?
- Ah, è un po' .... a piedi. Comunque... sempre dritto per questa strada, poi la seconda a sinistra e dopo 5 minuti arrivi in via Rossi.
- OK, ...
- Prego, figurati.

4
- Scusi, dov'è il teatro comunale?
- Subito dopo l'incrocio ....
Di fronte al Ristorante del Teatro.
- Grazie tante.
- Non c'è di che.

2 1.24 e 1.25 **Mettiamo a fuoco**

Ascoltate di nuovo tutti i dialoghi in A e B. Poi completate le tabelle.

Chiedere informazioni stradali:
Passa di qua l'autobus per andare alla stazione?

....

....

Dare informazioni stradali:
Ah, è vicino. In fondo alla strada, a destra.

....

....

Grammatica attiva

	potere	dovere
(io)	....	devo
(tu)	....	devi
(lui/lei/Lei)	può	....
(noi)	possiamo	dobbiamo
(voi)	....	dovete
(loro)	possono	devono

Introdurre una domanda:
(Lei) Scusi, mi sa dire…
(tu) ....
(voi) Scusate, mi sapete dire…

Chiedere di ripetere:
(Lei) ....
....
(Tu) Scusa, non ho capito. Puoi ripetere per favore?

Espressioni idiomatiche

Per rispondere a un ringraziamento:

Di niente.	Non c'è di che.
Si figuri. (Lei)	Figurati. (tu)

E nella vostra lingua?

....

....

C

1 **Che cosa c'è in città?**

Guardate la piantina di pagina 37 e completate l'elenco come nell'esempio.

Grammatica attiva

C'è + *singolare*	Ci sono + *plurale*
C'è un distributore.	Ci sono due bar.
....	....
....	....
....	....
....	....
....	....

Parole utili:

il distributore di benzina

il semaforo

il meccanico per auto

il negozio di abbigliamento

la gioielleria

la chiesa

2 **Che altro c'è in una città?**

Chiedete all'insegnante il nome di due cose per voi molto importanti in una città.
Scrivete i nomi qui sotto e posizionate queste cose nella piantina della città a pagina 37.

....

3 1.26 **Che cosa cercano?**

Seguite le istruzioni sulla piantina per capire dove desiderano andare le persone che chiedono al vigile urbano in Corso Italia.

1. .... 3. ....

2. .... 4. ....

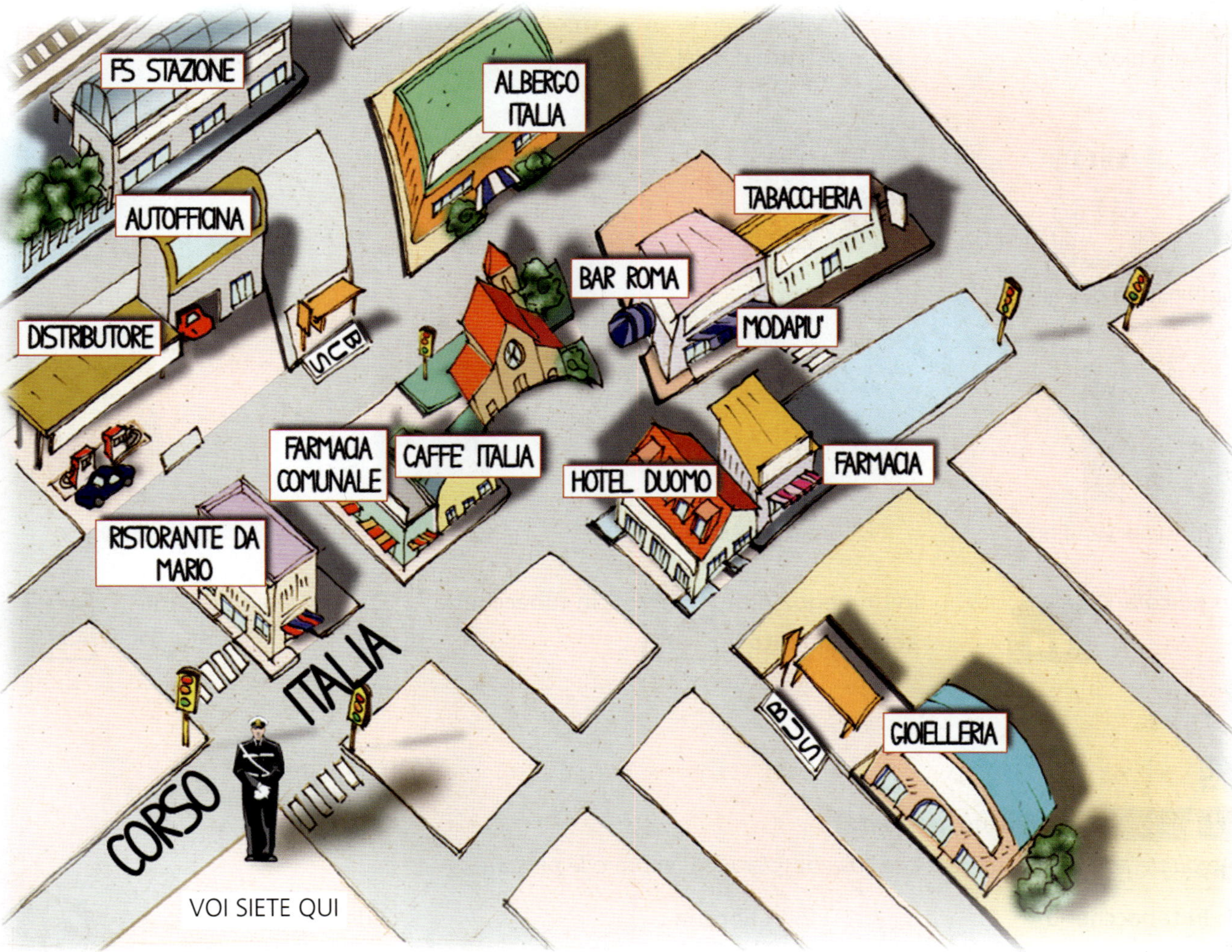

4 **Ora tocca a voi!**

A coppie: ognuno guarda nel suo libro. A turno, fate domande come nell'esempio e rispondete. Poi confrontate le vostre piantine.

Che cosa c'è? Dov'è?

di fronte			
davanti	**a** Piazza Grande	**a** sinistra	**di**… / **del**…/
dietro	**al** Bar Roma	**a** destra	**della** … / **dell'**…
accanto	**alla** farmacia		
vicino	**all'**Albergo Italia	**all'**angolo	**con**… / **con il**…
in fondo			**con la**… / **con l'**…
fino			

D

1 Dove compro? Che cosa compro?

Sapete che cosa vendono questi negozi? Fate le vostre ipotesi. Attenzione! Ci sono due cose che vanno bene per due negozi. Quali sono?

un giornale

un pacchetto di sale

una gonna

un orologio

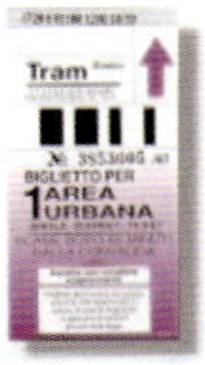

un biglietto dell'autobus

una cartolina

una borsa

una collana

un accendino

un francobollo

una giacca

un anello

In edicola 

....

....

....

In un negozio di abbigliamento 

....

....

....

In tabaccheria 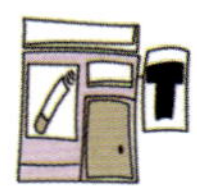

....

....

....

In gioielleria 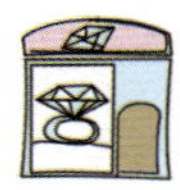

....

....

....

2 1.27 Buongiorno, desidera?

Ascoltate i dialoghi e scrivete che cosa desiderano comprare le persone.

1. In tabaccheria ....
2. In libreria ....
3. In pasticceria ....

3 1.27 Mettiamo a fuoco

Ascoltate di nuovo e leggete i dialoghi. Poi completate la tabella a pagina 39.

1.
- Buonasera. Desidera?
- Un francobollo per lettera.
- Posta ordinaria o prioritaria?
- Prioritaria.
- Per l'Europa?
- Sì, per la Germania. Quant'è?
- 62 centesimi.
- Ecco. Sono 62 esatti.
- Grazie. Arrivederci.

2.
- Buongiorno, vorrei vedere un vocabolario inglese – italiano.
- Va bene questo?
- Sì, quanto viene?
- Sono 30 euro.
- Posso pagare con il bancomat?
- Sì, non c'è problema. Ecco a Lei il vocabolario.
- Grazie. Buongiorno.

3.
- Quanto costa quella scatola di cioccolatini in vetrina?
- 40 euro.
- È un po' troppo cara.
- Se prende questa c'è lo sconto del 20%. Costa 25 euro.
- Sì, questa è perfetta. Posso pagare con la carta di credito?
- Sì, certamente.

Chiedere il prezzo: ....

Chiedere come pagare: ....

4 Comprare un regalo

A coppie: uno di voi sceglie il ruolo A e l'altro il ruolo B (descrizione a pag. 208).

Ruolo A: *sei un/una commesso/a di un negozio dell'aeroporto. Un/a cliente desidera comprare un regalo. Ci sono queste possibilità: 1) una borsa, prezzo 89 euro; 2) un orologio, prezzo 100 euro; 3) un profumo, prezzo 75 euro, ma c'è lo sconto del 10%; 4) una collana, prezzo 85 euro.*

E

1 1.28 In autobus

Guardate, ascoltate e associate le frasi alle persone.

1. [ ] Suono io!
2. [ ] Permesso, posso passare? Devo scendere.
3. [ ] Scusi che ore sono?
4. [ ] Lei non ha il biglietto. La multa è di 30 euro.

2 1.29 Che ora è? Che ore sono?

Ascoltate i dialoghi e collegateli agli orologi giusti.

a [ ] È mezzogiorno.

b [1] È l'una.

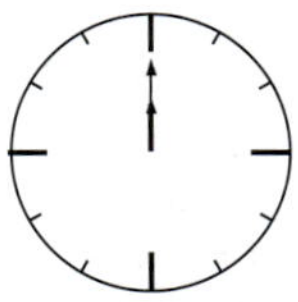
c [ ] È mezzanotte.

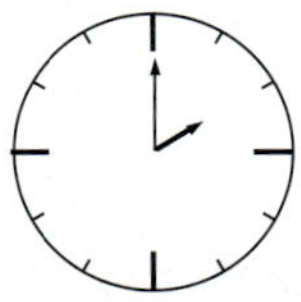
d [ ] Sono le due.

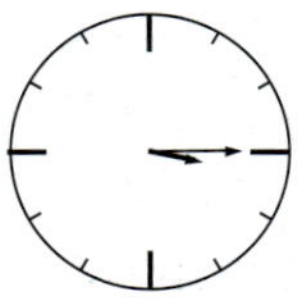
e [ ] Sono le tre e un quarto.

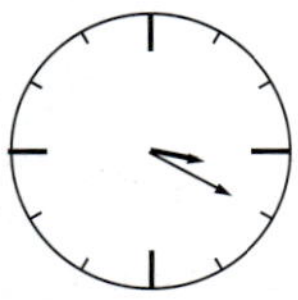
f [ ] Sono le tre e venti.

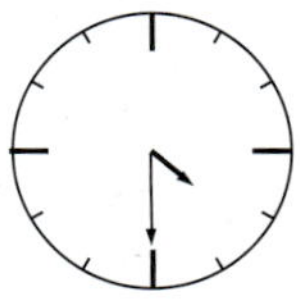
g [ ] Sono le quattro e mezza.

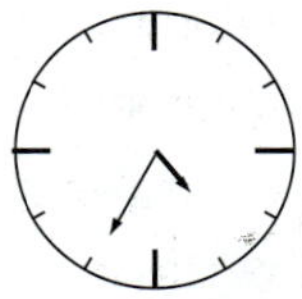
h [ ] Sono le cinque meno venti.

F

1 1.30 **Tu sai dove abita Tobias?**

Leggete le domande, ascoltate il dialogo e rispondete.

	Sì	No
1. L'autobus è in ritardo?	☐	☐
2. Carlo e Luca vanno a una festa?	☐	☐
3. Luca sa bene dove abita Tobias?	☐	☐
4. Tobias abita dietro alla stazione?	☐	☐
5. Carlo e Luca prima comprano il vino poi prendono l'autobus?	☐	☐

2 1.30 **Mettiamo a fuoco**

Ascoltate di nuovo il dialogo e leggete. Trovate le espressioni nuove e controllate le risposte in F1. Poi completate le tabelle.

Grammatica attiva

Completate con le forme del verbo sapere.

(io) ....

(tu) ....

(lui/lei) ....

(noi) ....sappiamo........

(voi) ....sapete........

loro) ....sanno........

Espressioni idiomatiche

andare a mani vuote

che ne dici di...

Come si dice nella vostra lingua?

....

....

Carlo: Questo autobus è sempre in ritardo!
Luca: Beh, dai, solo 5 minuti... c'è un po' di traffico.
Carlo: Tu sai dove abita Tobias?
Luca: Non lo so bene, so che abita vicino alla stazione, poi telefoniamo e chiediamo indicazioni.
Carlo: Senti, ma chi viene a questa festa?
Luca: Mah... i compagni del corso, credo. Non viene molta gente, comunque.
Carlo: Senti, io non vorrei andare a mani vuote, che ne dici di comprare del vino?
Luca: Mi sembra una buona idea, dove lo compriamo?
Carlo: C'è un'enoteca qui vicino, dietro alla tabaccheria in via Rossi.
Luca: OK, andiamo a comprare il vino e poi prendiamo l'autobus.

Luca e Carlo vanno a comprare il vino.

3 1.31 **Vieni anche tu con noi?**

Poco dopo Carlo e Luca sono di nuovo alla fermata dell'autobus. Ascoltate e completate.

4 1.31 **Mettiamo a fuoco**

Ascoltate di nuovo il dialogo in F3 e leggete questi fumetti. Poi completate le tabelle di grammatica e fate l'esercizio.

Grammatica attiva

Rimettete in ordine le forme dei verbi.

andare				venire			
vanno – vai – andiamo				vengono – vieni – veniamo			
vado – andate – va				vengo – venite – viene			
(io)	....	(noi)	....	(io)	....	(noi)	....
(tu)	....	(voi)	....	(tu)	....	(voi)	....
(lui/lei/Lei)	....	(loro)	....	(lui/lei/Lei)	....	(loro)	....

Esercizio: andare o venire?

Completate.

- Ciao, Maria .... con noi stasera?
- Dove .... ?
- .... a mangiare una pizza con Claudio e poi, forse, in discoteca.
- .... anche Claudio con voi? Allora io non .... con voi. Claudio non è simpatico!
- Ma dai!

I pronomi personali con le preposizioni:

con **me**
per **te**
da **lui** / a **lei** / con **Lei**
per **noi**
da **voi**
con **loro**

5 **Mettiamo a fuoco**

Guardate come cambiano le preposizioni **in**, **di** *e* **a** *quando incontrano un articolo e completate.*

1. **in** + **il** e **di** + **il**: Lavora **nel** negozio d'abbigliamento **del** marito.
2. **a** + **l'**: Carlo e Luca hanno un appuntamento **all'**aeroporto?
3. **di** + **l'**: La figlia **dell'**amica di tua madre.
4. **a** + **la**: Arrivederci **alla** prossima volta.
5. **di** + **il**: Di fronte al Ristorante .... Teatro.
6. **a** + **l'**: .... angolo con via Mazzini.
7. **a** + **la**: È vicina, in fondo .... strada a destra.
8. **in** + **la**: Ho sempre molte penne .... borsa.

G

1 1.32 **Le vocali**

Per le vocali in italiano ci sono 7 suoni perché la lettera -e- *e la lettera* -o- *possono avere pronuncia "aperta" /ɛ/ /ɔ/ oppure chiusa /e/ /o/. Leggete, ascoltate e ripetete.*

casa	È mezzogiorno	Anna **e** Sandra	Sì	Ho fame.	Destra **o** sinistra.	uno
/a/	/ɛ/	/e/	/i/	/ɔ/	/o/	/u/

2 1.33 **Quale? Questo o quello? Quanto costa? Quant'è?**

Ascolta e ripeti. Poi completa.

3 **Ora tocca a voi!**

A coppie: fate due mini dialoghi con queste espressioni interrogative: Quale… ? Quanto… ? … questo o quello?

L'angolo del viaggio

Guardate questo biglietto di treno. Sapete rispondere alle domande?
Da dove parte la persona che ha il biglietto? Dove va? Quanto costa il biglietto?

P.IVA 05403151003 1/1
N° 0884182
CSIC 1
01 Adulti ** Ragazzi
09/02/04
Il presente biglietto e' utilizzabile fino al 24 ORE
Validita' dalla convalida:
Classe 2 VIA FI.SMN*CHIUSI*ROMA TE* PR.FOSS*
Da BOLOGNA CENTRALE
A NAPOLI CENTRALE Km 627
Tar IC
Classe
Da
A
Tar Km
Prezzo E. ***38,84*
Bigl.Fs **38,84 C.Servizio ******* Serv.spec. *******
000104 10/12/03 17.25 0861
2077 1 cod. 2077
0753EN0884182
FORATURA ANDATA 100|200|300|500|700|800|1200|1500|
FORATURA RITORNO 100|200|300|500|700|900|120
CONVALIDA
CONVALIDA

I mezzi di trasporto pubblico

Spostarsi in città

in auto | in bici | in moto | in tram | in metro

A coppie: leggete che cosa dicono questi italiani sui mezzi di trasporto in città. Poi raccontate come andate al lavoro o all'università voi.

Silvia, 44 anni, segretaria: "Abito in centro a Milano. Per andare al lavoro prendo la metropolitana. È un po' cara, ma è comoda e veloce."

Mario, 68 anni, pensionato: "Normalmente vado a piedi e per andare lontano prendo la Vespa."

Luca, 26 anni, studente: "Vado all'università a piedi oppure in bicicletta. Non prendo l'autobus perché è sempre in ritardo e c'è troppa gente."

Laura, 32 anni, infermiera: "Abito lontano dalla fermata dell'autobus e poi ho due figli che devo portare a scuola. Prendo l'automobile per organizzare il tempo in modo flessibile."

Mario, 50 anni, medico: "A Roma il traffico è un disastro! Io vado sempre in moto".

Viaggiare in treno

1. *Leggete il testo qui accanto e sottolineate i nomi dei diversi tipi di treni.*

2. *Leggete di nuovo e scrivete il nome del tipo di treno accanto alla descrizione giusta.*
- Caro ma molto veloce: ....
- Collega città vicine: ....
- Il supplemento è obbligatorio: ....
- Meno caro ma anche più lento: ....

3. *Nel testo ci sono due informazioni molto utili per organizzare bene il viaggio in treno. Completate.*
a) Prima di salire in treno devo ....
b) Per l'Eurostar è obbligatoria la ....

4. **www.trenitalia.it**
Andate sul sito delle ferrovie italiane e cercate gli orari e il prezzo di un viaggio in treno, per esempio da Roma a Milano.

Ci sono quattro tipi di treni, con diverse caratteristiche e prezzi. L'Eurostar è il più caro, fa poche fermate ed è molto veloce. La prenotazione del posto è obbligatoria e si deve fare prima di salire sul treno. L'Intercity fa poche fermate in più, è abbastanza veloce e collega anche città molto lontane. Per l'Intercity c'è un supplemento obbligatorio. L'Interregionale è abbastanza lento perché fa molte fermate, ma collega città abbastanza lontane e non è troppo caro. Il Regionale è il più economico ma anche il più lento e collega solo città vicine tra loro. Per evitare una multa dovete sapere due cose: su tutti i treni è vietato fumare e prima di salire in treno dovete convalidare il biglietto nella macchinetta gialla.

Unità 4

Al ristorante

In pizzeria

Al ristorante

In trattoria

In osteria

A

1 Quale di questi locali vi piace di più?

Guardate le immagini e rispondete come nell'esempio.

Mi piace di più l'osteria.

2 1.34 Dove sono?

Ascoltate i dialoghi e collegateli alle immagini.

1: Al ristorante .... 2: .... 3: .... 4: ....

3 1.34 Chi parla?

Ascoltate di nuovo i dialoghi e indicate chi parla.

1: - Vorrei prenotare un tavolo per quattro, è possibile?	☐ cliente	☐ cameriere
2: - Andiamo là in fondo, c'è un altro tavolo libero.	☐ ragazza	☐ ragazzo
3: - Potete accomodarvi qui.	☐ cameriere	☐ clienti
4: - Lei che cosa mi consiglia?	☐ cliente	☐ cameriera
- Certo. E per secondo?	☐ cliente	☐ cameriera
- Da bere?	☐ cliente	☐ cameriera

4 1.34 **Mettiamo a fuoco**

Ascoltate di nuovo i quattro dialoghi e leggete. Cercate le espressioni nuove e controllate le vostre risposte in A3. Poi completate la tabella.

1.
- Ristorante "Da Mario", buongiorno.
- Buongiorno, mi chiamo Freddi. Vorrei prenotare un tavolo per quattro, è possibile?
- Un tavolo per quattro... Per quando?
- Ah, sì... mi scusi, per questa sera alle nove circa.
- Per quattro persone... questa sera alle nove... sì c'è ancora posto. Può ripetere il Suo nome per favore?
- Freddi. D'accordo allora? A più tardi, grazie.
- Grazie a Lei. A stasera Signor Freddi.

2.
- Questo tavolo all'angolo è libero, ci mettiamo qui?
- No, dai. Questa è la zona fumatori. Andiamo là in fondo, c'è un altro tavolo libero.
- Sì, hai ragione. È meglio là.

3.
- Buonasera.
- Buonasera.
- Due persone? Prego, potete accomodarvi qui.

4.
- Scusi, posso avere il menù per favore?
- Ecco a Lei signora.
- Posso ordinare subito?
- Certo.
- Grazie. Lei che cosa mi consiglia?
- Posso consigliare le tagliatelle della casa per primo.
- Come sono?
- Con zucchine e panna.
- Ah no grazie, sono allergica alla panna. Che cosa sono i garganelli al ragù?
- Sono pasta fatta in casa, sono molto buoni.
- Sì, mi piace la pasta fatta in casa, è possibile al pomodoro? Preferisco non mangiare il ragù.
- Certo. E per secondo?
- Una scaloppina al limone va bene.
- Perfetto. Altro?
- Va bene così, grazie.
- Da bere?
- Acqua gassata.
- Vino?
- No, no. Non bevo vino, grazie.

Unità 4

Chiedere il menù:	....
Discutere sul tavolo da scegliere:	.... No, dai. Questa è la zona fumatori. ....
Chiedere un consiglio sul menù:	....
Chiedere informazioni su un piatto:	Come sono? ....
Prenotare un tavolo al ristorante:	.... Per questa sera alle nove.

B

1 Conoscete questi piatti tipici italiani?

Mettete l'articolo determinativo. Poi associate le foto ai nomi.

- ☐ 1. ..la... crostata di frutta
- ☐ 2. .... risotto alla pescatora
- ☐ 3. .... penne all'arrabbiata
- ☐ 4. .... tagliatelle al radicchio
- ☐ 5. .... cotoletta alla milanese
- ☐ 6. .... zuppa inglese
- ☐ 7. .... garganelli al sugo
- ☐ 8. .... scaloppine al limone

a

b

c

d

e

f

g

h

2 🎧 1.35 Avete già scelto?

Guardate il menù, ascoltate il dialogo e sottolineate i piatti che ordinano i clienti.
Poi, a coppie: confrontate le soluzioni.

Menù

ANTIPASTI
Antipasto misto di affettati € 6,00
Prosciutto e melone € 5,00
Caprese € 4.00
Antipasto misto di mare € 7.00

PRIMI
Spaghetti al pomodoro € 6.50
Penne all'arrabbiata € 7.00
Tortellini panna e prosciutto € 8.00
Tagliatelle ai funghi € 8.00
Lasagne € 8.00
Risotto alla pescatora € 9.00

SECONDI
Pollo alla diavola € 8.00
Cotoletta alla milanese € 8.00
Scaloppine al vino bianco € 10.00
Pesce alla griglia € 12.00

CONTORNI
Insalata mista € 3.00
Verdure di stagione € 3.00

DOLCI E DESSERT *(produzione propria)*
Tiramisù € 3.50
Zuppa inglese € 3.50
Crostata di frutta € 3.50
Macedonia di frutta € 3.00

Pane e coperto € 1.00

3 🎧 1.36 Come sono le lasagne?

Provate a associare a ogni domanda la risposta giusta. Poi ascoltate i mini dialoghi e verificate le vostre ipotesi.

1. Come sono **le** lasagne?
2. Com'è **la** cotoletta?
3. Come sono **gli** spaghetti al pomodoro?
4. Com'è **il** risotto alla pescatora?

- ☐ È speciale. **La** fa il nostro cuoco milanese.
- ☐ Molto buono. **Lo** faccio io.
- ☐ Eccellenti. **Li** fa il nostro cuoco napoletano.
- ☐ Buonissime. **Le** fa la nostra cuoca bolognese.

4 Mettiamo a fuoco

Completate gli aggettivi nella tabella con le finali corrette e mettete al posto giusto i pronomi.

Grammatica attiva

li – la – le – lo

Il ragù è buon..........	→	.... fai tu.
La pasta è buon..........	→	.... fa lei.
I tortellini sono buon..........	→	.... fanno loro.
Le scaloppine sono buon..........	→	.... faccio io.

Esercizio: *A coppie, scegliete i piatti dall'attività B1 e dal menù in B2 e fate alcuni mini dialoghi secondo l'esempio:*

- Com'è il risotto alla pescatora? - È buonissimo, lo fa il cuoco siciliano.

5 Ora tocca a voi!

In gruppi di tre o quattro: guardate la tabella, cercate altre frasi utili al ristorante nei dialoghi in A e B e scrivetele sotto. Poi fate un dialogo al ristorante. Uno di voi è il cameriere.

Cameriere:	Cliente:
Desiderate?	Che cosa c'è nel menù del giorno?
Posso consigliare...	Come sono le tagliatelle?
Avete già scelto?	Le fate voi?
E come secondo?	No, sono allergico/a a...
Che cosa posso portare ora?	....
....	....
....	....

fare

(io)	faccio
(tu)	fai
(lui/lei/Lei)	fa
(noi)	facciamo
(voi)	fate
(loro)	fanno

C

1 Dov'è? A che ora mangia?

Leggete le frasi. Poi guardate le immagini e associatele alle frasi.

☐ **1.** A pranzo mangia in mensa, a mezzogiorno e mezza.
☐ **2.** A cena cucina lui a casa, alle otto.
☐ **3.** A colazione non mangia. Beve solo un cappuccino al bar, verso le sette.

a

b

c

2 1.37 **Dove mangiano Maria e Carlo? A che ora?**

Ascoltate il dialogo fra Maria e Carlo e completate con le informazioni che sentite sulle loro abitudini alimentari. Attenzione: alcune informazioni nel dialogo non ci sono. Mettete un punto interrogativo: ?.

	Maria: Dove?	A che ora?	Carlo: Dove?	A che ora?
A colazione	....	....	....	....
A pranzo	....	....	....	....
A cena	....	....	....	....

3 1.37 **Maria o Carlo?**

Ascoltate di nuovo il dialogo e indicate chi dice le frasi seguenti. Attenzione: le frasi non sono in ordine.

1. Normalmente ceno alle 7, 7 e mezza, perché non mi piace mangiare tardi. ......Maria......
2. Io invece faccio una buona colazione a casa. ....
3. Poi a cena cucino io e mangio bene. ....
4. E poi a cena mangio poco: preferisco restare leggera. ....
5. Io la mattina prendo solo un caffè e poi scappo fuori per andare a lezione. ....

4 1.37 **Mettiamo a fuoco**

Ascoltate di nuovo e chiedete all'insegnante di fermare l'audio se qualcosa non è chiaro. Poi completate le tabelle.

Grammatica attiva

Completate.

	preferire	mangiare
(io)	....	....
(tu)	....	....
(lui, lei, Lei)	....	....
(noi)	preferiamo	mangiamo
(voi)	....	mangiate
(loro)	preferiscono	....

Espressioni idiomatiche

restare leggero/a

scappo fuori

Come si dice nella vostra lingua?

....

....

A che ora?

A mezzogiorno. **All'**una. **Alle** sette.

5 Ora tocca a voi!

Chiedete informazioni al vostro compagno o alla vostra compagna sulle sue abitudini alimentari. Poi riferite alla classe.

Dove fai / fa colazione? ....

E a pranzo / a cena, dove mangi / mangia? ....

A che ora? ....

Cucini tu / cucina Lei per mangiare bene? ....

D

1 Mi piace... mi piacciono...

Leggete i fumetti e poi rispondete alla domanda.

Domanda:

Tortellini, risotto, tagliatelle, penne, spaghetti? Qual è il tipo di pasta che tutti e quattro i ragazzi mangiano senza problemi?

....

Grammatica attiva

Completate.

mi piace + *verbo all'infinito*: mi piace mangiare al ristorante

mi piace + *sostantivo singolare*: mi piace ....

mi piacciono + *sostantivo plurale*: mi piac ....

2 Ora tocca a voi!

Parlate dei vostri gusti alimentari.

mi piace / mi piacciono

....

....

....

....

....

non mi piace / non mi piacciono

....

....

....

....

....

E

1 Il tavolo è pronto!

Guardate questo tavolo del ristorante "Da Mario" e completate l'elenco delle cose che ci sono.

C'è…

una tovaglia

....

Ci sono…

due cucchiai

....

....

....

....

....

C'è anche un vaso con una bellissima rosa!

2 1.38 La bruschetta è bruciata!

Ascoltate il dialogo fra Giorgio, l'amico di Carlo, e il cameriere del ristorante "Da Mario" e rispondete alle domande.

1. Perché Giorgio protesta con il cameriere?

....

2. Com'è Giorgio, secondo Carlo?

....

3. Secondo voi chi ha ragione?

....

3 1.38 Mettiamo a fuoco

Ascoltate di nuovo e leggete il dialogo. Cercate le espressioni nuove e controllate se è tutto chiaro, poi completate le tabelle a pagina 51.

Giorgio: Scusi, posso avere un'altra forchetta? Questa è sporca.
Cameriere: Mi dispiace, la cambio subito… Ecco a Lei.
Giorgio: Grazie. Senta, come antipasto vorrei avere subito una bruschetta.
Cameriere: Certo. La porto immediatamente.
…
Giorgio: Cameriere! Questa bruschetta non è buona, è troppo… cotta, è bruciata!
Cameriere: Mi scusi, non è colpa mia. In cucina c'è un po' di confusione.
Giorgio: Accidenti! Ma non è possibile! Questo ristorante non mi piace per niente! Non cucinano bene e il cameriere non lavora bene. Non è professionale.
Carlo: Ma Giorgio, basta! Il locale è così accogliente, la mia insalata di mare è buona e tu sei proprio snob!

Grammatica attiva

Completate con **buono** *o* **bene**.

Nome + **essere** *+ aggettivo*	*(Soggetto) + verbo + avverbio*
La pizza è	Carlo cucina ....

Espressioni idiomatiche

Accidenti!

... per niente

Non è colpa mia.

Come si dice nella vostra lingua?

....

....

....

....

Esercizio: buono o bene?

1. Questo dizionario tedesco-italiano è ....

2. L'aperitivo della casa è molto ....

3. Marta parla .... l'italiano.

4. Le tagliatelle al ragù sono ....

5. Il corso di italiano è ....

6. Gli insegnanti della scuola lavorano ....

Unità 4

4 1.39 **Il conto o lo scontrino?**

Ascoltate i dialoghi e completate.

F

1 **Dove? Da dove?**

Scegliete la risposta corretta tra le tre alternative. Poi confrontate le risposte a coppie.

1. Da dove viene la Nutella?
- ☐ dalla Germania
- ☐ dall'Italia
- ☐ dal Giappone

2. La mia auto non funziona. Dove vado?
- ☐ dal medico
- ☐ dall'architetto
- ☐ dal meccanico

3. Da dove vengono gli spaghetti?
- ☐ dalla Cina
- ☐ dall'Italia
- ☐ dagli Stati Uniti

4. Devo pagare il corso di italiano. Dove vado?
- ☐ dall'insegnante
- ☐ dalla segretaria
- ☐ dall'architetto

2 Mettiamo a fuoco

Completate con la risposta corretta dall'esercizio E1.

1. La Nutella viene ....
2. Gli spaghetti vengono ....
3. Se l'auto non funziona, vado ....
4. Per pagare il corso vado ....

Due usi della preposizione da:

- provenienza:
venire + da + *articolo* + *regione o nazione*
- direzione o stato:
andare/essere + da + *articolo* + *persona*

G

1 1.40 Gruppi di parole

Ascoltate più volte il dialogo al ristorante e segnate, nei gruppi evidenziati, la parola che ha l'accento più forte. Poi provate a leggere in forma di dialogo. Fate attenzione a collegare le parole a gruppi.

- Scusi, cameriere...
- Come dice?
- Vorrei un caffè macchiato!
- E per la signora?
- Anche per me, grazie.
- Ah. Per me anche un bicchiere di grappa.
- Basta così?
- E poi il conto, per favore.
- Ecco a Lei il resto: un euro e cinquanta.
- No, no, va già bene così. Il resto è mancia.
- Grazie mille.

L'angolo del conto

A coppie: leggete il conto del ristorante "Da Mario" e guardate il menù con i prezzi a pagina 46.
Per quante persone è il conto?
Quali sono i piatti ordinati da queste persone?
Attenzione: ci sono più soluzioni possibili.

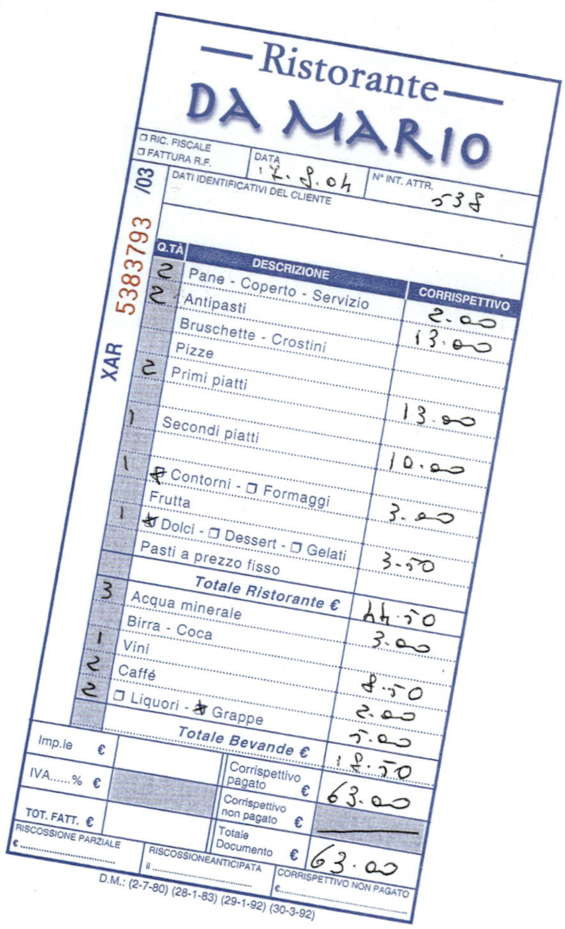

Ristorante DA MARIO

☐ RIC. FISCALE ☐ FATTURA R.F. — DATA 17.8.04 — N° INT. ATTR. 538

DATI IDENTIFICATIVI DEL CLIENTE

XAR 5383793 /03

Q.TÀ	DESCRIZIONE	CORRISPETTIVO
2	Pane - Coperto - Servizio	2.00
2	Antipasti	13.00
	Bruschette - Crostini	
	Pizze	
2	Primi piatti	13.00
1	Secondi piatti	10.00
1	Contorni - ☐ Formaggi	3.00
	Frutta	
1	Dolci - ☐ Dessert - ☐ Gelati	3.50
	Pasti a prezzo fisso	
	Totale Ristorante €	44.50
3	Acqua minerale	3.00
	Birra - Coca	
1	Vini	8.50
2	Caffè	2.00
2	☐ Liquori - Grappe	5.00
	Totale Bevande €	18.50

Imp.le € — IVA......% € — TOT. FATT. € — RISCOSSIONE PARZIALE €

Corrispettivo pagato € 63.00

Corrispettivo non pagato €

Totale Documento € 63.00

RISCOSSIONE ANTICIPATA il — CORRISPETTIVO NON PAGATO €

D.M.: (2-7-80) (28-1-83) (29-1-92) (30-3-92)

Italia DOC

Ricca colazione e pranzo fuori casa con panini, pizze, tramezzini, toast al posto dei classici spaghetti

Negli ultimi quarant'anni, in Italia, è cambiato il modo di mangiare. Perché? È cambiato il ritmo del lavoro e il modo di vivere. Sempre meno persone pranzano a casa, in famiglia. Se il pranzo è più veloce, la colazione diventa sempre più ricca. Anche se per molti è ancora il caffè l'unica cosa che si prende la mattina. E più tardi, al bar, un altro caffè o un cappuccino e una pasta. Ma dove vanno a pranzo molti italiani? Al bar o in altri luoghi dove è possibile mangiare in poco tempo. Ci sono locali nuovi come paninoteche, tavole calde*, mense* aziendali che permettono a studenti e lavoratori un pasto veloce, in una pausa pranzo di circa un'ora.

E la buona cucina? La tradizione del mangiar bene resta.

La sera o nei fine settimana agli italiani piace andare fuori a mangiare, in diversi tipi di locali. L'osteria è, secondo la tradizione, il luogo dove bere vino genuino* e stare in compagnia fino a tardi senza spendere molto. Ma, attenzione! Oggi ci sono molte "osterie" piuttosto costose, che offrono una vasta scelta di piatti e vini di alta qualità in un ambiente elegante. Anche la trattoria è cambiata: la cucina casalinga povera ora è spesso cucina tradizionale e ricercata.
Il ristorante italiano, famoso in tutto il mondo, è sempre un luogo di relax, dove scoprire o ritrovare le migliori specialità gastronomiche.
Per i più giovani infine c'è la pizzeria, il locale meno caro. Anche in pizzeria, spesso, c'è una scelta di primi piatti, contorni e dolci.
(Tratto da "Ragazzi" anno XXI – n. 5 Marzo – © ELI 2002)

1. *A coppie: leggete il testo e rispondete alle domande.*
- Dove vanno a pranzo molti italiani?

....

- Che cosa mangiano?

....

2. *Che cosa offrono i diversi tipi di locali? Completate la tabella con le informazioni del testo.*

L'osteria vini genuini	La trattoria
Il ristorante	La pizzeria pizza

Due curiosità

Come funziona la mancia?

In un caffè o al ristorante, se il servizio al tavolo ci piace, lasciamo al cameriere il resto*, e da qui l'espressione "Il resto mancia". Non è normale lasciare la mancia al bar, dove il proprietario è spesso il barista. Se il bar vi piace, tornate.

Gli italiani bevono molti cappuccini?

Sì, ma li bevono la mattina, non alla fine del pranzo o della cena!

Vocabolario: genuino: buono e naturale; mensa aziendale: ristorante di fabbriche e uffici; resto: per esempio 60 cent, se il conto è 19.40 euro e noi diamo 20 euro; tavola calda: ristorante popolare, "self-service".

Intervallo 2

Il labirinto

Trovate la strada che porta da una parte all'altra del labirinto e descrivetela qui accanto.

Voi siete qui↑

Positivo o negativo?

Completate il cruciverba con gli opposti di questi aggettivi e avverbi. Nelle caselle colorate trovate le lettere che danno l'opposto dell'ultimo aggettivo.

1. Il contrario di pulito è…
2. Il contrario di vicino è…
3. Il contrario di caldo è…
4. Il contrario di facile è…
5. Il contrario di subito è…
6. Il contrario di presto è…
7. Il contrario di buono è…
8. Il contrario di bene è…

Il contrario di simpatico è

La storia:

Perché? *Ricordate perché i personaggi fanno queste cose? Rispondete.*

Perché Carlo e Luca vanno da Tobias? ……

Perché Maria non va alla festa con loro? ……

Perché Giorgio protesta con il cameriere? ……

Perché Maria a cena mangia poco? ……

Leggete le istruzioni per giocare a pagina 209.

IN GIRO PER L'ITALIA

A casa

In soggiorno

In sala

In cucina

In camera

In bagno

A

1 Come sono le stanze? Come sono le persone?

Guardate le foto e rispondete. Ecco alcuni aggettivi utili. Aggiungete voi altri aggettivi che conoscete oppure chiedete aiuto all'insegnante.

bello	tranquillo	allegro	scomodo	grande	luminoso	....
brutto	rumoroso	triste	comodo	piccolo	buio	....

2 Scrivete una frase

Ora scrivete qui una frase per descrivere una delle foto.

....

3 2.2 Un invito a casa

Paola telefona a Maria. Con l'aiuto delle domande prendete appunti sulla telefonata.

Che cosa? ....

....

Quando? ....

....

Dove? ....

....

Che cosa portare?..

....

4 2.2 Le parti della telefonata

Queste sono alcune frasi di Maria e Paola. Ascoltate di nuovo e completate la tabella.

~~Pronto?~~ | Invito anche il tuo ragazzo. | Dimmi. | Organizzo una festa per sabato. | A partire dalle 7 e mezza, 8 di sera. | No, per niente! | Allora a sabato. | Andiamo dalla mia amica Giulia. | Io vengo molto volentieri. | Allora sabato da te? | Pietro purtroppo non può. | Ti disturbo? | Ciao e grazie dell'invito. | Sei libera?

Primo contatto:	Pronto?
Formulare un invito:	....
Reagire all'invito:	....
Precisare dove e quando:	....
Saluti:	....

5 2.2 Chi parla?

Ascoltate di nuovo la telefonata e scrivete per ogni frase il nome della ragazza che parla.

Paola : Oggi è il mio compleanno.
.... : Auguri! Bisogna festeggiare.
.... : Sai, prepara il suo ultimo esame.
.... : La festa non è a casa mia.
.... : Il mio appartamento è troppo piccolo.
.... : Andiamo dalla mia amica Giulia.
.... : Sai che mi piace preparare i dolci.

Grammatica attiva

Completate con gli aggettivi possessivi al singolare.

il .... compleanno	la .... amica
il .... ragazzo	la .... torta
il .... esame	la .... casa
il nostro compleanno	la nostra festa
il vostro compagno	la vostra insegnante
il loro esame	la loro casa

Eccezione: a casa mia, a casa tua, ecc.

Unità 5

6 2.2 **Mettiamo a fuoco**

Ascoltate di nuovo il dialogo, chiedete all'insegnante di fermare l'audio se qualcosa per voi non è ancora chiaro. Poi scrivete qui le frasi nuove.

....

....

....

....

....

La preposizione da

con essere, stare, andare, venire
da + *nome proprio*: Ristorante "Da Mario"
da + *pronome*: Sabato da te?
da + *nome di professione e nome comune*:
Vado dal meccanico. La festa è dalla mia amica.

7 **Quando è il suo compleanno?**

Chiedete al vostro compagno quando è il suo compleanno e poi riferite alla classe.

- Quando è il tuo / Suo compleanno? - È in maggio, il 25 maggio.

gennaio febbraio marzo aprile maggio giugno
luglio agosto settembre ottobre novembre dicembre

B

1 **Che cosa fate domani?**

A coppie: guardate i disegni, leggete le frasi e dite che cosa fate voi domani.

Vado a fare la spesa.

Resto a casa a guardare la TV.

Vado al cinema a vedere un film.

Esco a mangiare qualcosa con gli amici.

Torno a casa a dormire.

Vado a fare una passeggiata in centro.

Sto a casa a fare i compiti di italiano.

Vado in piscina a nuotare.

	uscire
(io)	esco
(tu)	esci
(lui/lei)	esce
(noi)	usciamo
(voi)	uscite
(loro)	escono

Grammatica attiva

Le preposizioni a *e* in *con i verbi* essere, stare, andare, venire.
Completate con la preposizione corretta.
Vado / sono…

.... pizzeria	.... fare la spesa	.... aeroporto	.... nuotare
.... casa mia	.... libreria	.... stazione	.... piscina
.... ristorante	.... centro	.... bar	.... classe

2 2.3 L'agenda di Carlo

Guardate che cosa ha già in programma Carlo questa settimana. Poi ascoltate la telefonata e scrivete nell'agenda il nuovo appuntamento.

	Lunedì	Martedì	Mercoledì	Giovedì	Venerdì	Sabato	Domenica
9	9-13: Univ. lezioni	9-13: Univ. lezioni		Univ. lezioni: 9-16	Univ. Esame di statistica (9.00)		
11							
13			dal dentista (13.00)				
15		in biblioteca con Luca			Sera: a ballare in discoteca		partita della Juve
17	allenamento			17.00: allenamento		ca. 19.30 Festa compl. di Paola	
19						19,30	

3 2.3 Mettiamo a fuoco

Ascoltate di nuovo Carlo e completate il dialogo. Poi completate le tabelle.

Carlo: Pronto?
Marta: Ciao Carlo, sono Marta.
Carlo: Ciao Marta! Che sorpresa! Come va? Tutto bene?
Marta: Sì, grazie. Ho bisogno di un favore. Vorrei andare all'agenzia immobiliare per cercare un nuovo appartamento. Il mio è troppo buio e piccolo. Forse ho bisogno di aiuto. Mi accompagni?
Carlo: Certo. .... accompagno volentieri. Allora, vediamo quando posso: martedì purtroppo ho lezione .... 9 .... una. Nel pomeriggio studio statistica con Luca .... 19. Mercoledì all'una devo andare dal dentista, ma alle 3 sono libero. Va bene per te?
Marta: Sì, benissimo. Vieni da me e poi andiamo insieme all'agenzia?
Carlo: OK, bene. Mercoledì, alle 3 da Marta. Senti, tu vieni alla festa di Paola?
Marta: Sì, sabato alle 7 e mezzo.
Carlo: .... accompagno io.
Marta: No, mi dispiace, mi accompagna Stefano con la macchina.
Carlo: Ma con la mia moto è più bello. Dai, ... porto io.
Marta: Ma no, non sono sola. Ci sono anche Keiko e Tobias. Ci accompagna tutti Stefano.
Carlo: Ma no, insisto. Prendo io la macchina e .... porto tutti io.

Grammatica attiva

Completate con i pronomi personali diretti.

(io) Chi........... accompagna?
(tu) .... accompagno io!
(lei) Maria **la** accompagna lui.
(lui) Luca **lo** porto io in moto.
(noi) E noi? Chi **ci** accompagna?
(voi) .... porto io.
(loro) E loro? **li / le** accompagna Mario.

Strutture idiomatiche

Confrontate le due strutture.
Come si dice nella vostra lingua?

bisogna + *verbo all'infinito*.
Bisogna festeggiare.

....

....

avere + bisogno di + *oggetto*
Ho bisogno di un favore.

....

....

4 Ora tocca a voi!

A coppie: scrivete su un foglio che cosa avete in programma questa settimana. Poi fissate un appuntamento per fare una cosa insieme.

Mi accompagni/a	al cinema?	Ti/La accompagno volentieri, quando?
	a vedere un appartamento?	Vediamo: martedì putroppo non posso.
	a comprare un computer?	Dalle … alle….
Quando sei/è libero?		Fino…

Unità 5

C

1 Il giovedì mattina di Simona

Guardate i disegni e dite qual è la prima azione di Simona il giovedì mattina.

☐ Simona è in bagno con Lorenzino: lo lava (lavare)

☐ lo veste (vestire)

☐ lo sveglia (svegliare)

☐ lo pettina (pettinare)

☐ Simona è in bagno, sotto la doccia, si lava (lavarsi)

☐ si veste (vestirsi)

☐ si sveglia (svegliarsi)

☐ si pettina (pettinarsi)

2 2.4 Simona racconta

Ascoltate Simona che racconta come comincia di solito la sua giornata il giovedì. Poi mettete in ordine le immagini di C1.

3 2.4 Mettiamo a fuoco

Ascoltate di nuovo e leggete che cosa dice Simona. Controllate se è tutto chiaro per voi e completate lo schema.

Mi sveglio alle otto: è tardissimo! Mi alzo e corro in bagno. Vado sotto la doccia e mi lavo in fretta, poi torno in camera da letto, apro l'armadio, prendo i primi vestiti che trovo e mi vesto. Torno in bagno, mi pettino e mi trucco un po'.
Alle 8 e 30 vado nella camera del bambino e dolcemente lo sveglio, lo porto in bagno e lo lavo, poi lo vesto e lo pettino. Dopo una veloce colazione usciamo di casa. Accompagno il bambino da nonna Giulia e sono pronta per andare al lavoro.

Grammatica attiva

Scrivete i pronomi al posto giusto.

mi – ci – ti – vi

(io)	....	vesto
(tu)	....	vesti
(lui/lei/Lei)	si	veste
(noi)	....	vestiamo
(voi)	....	vestite
(loro)	si	vestono

D

1 2.5 Foto di famiglia

Ricordate le parole che avete imparato nell'unità 2 per parlare della famiglia? Ora guardate queste foto dall'album di Luca e Maria. Ascoltate le informazioni che vi danno Maria, Luca e Giovanna e sottolineate le parole nuove per voi.

Maria: Questi sono i miei nonni. Sono i genitori di mio padre Giorgio. Si chiamano Stefano e Erminia.

Maria: Questi sono i nostri cugini: nostro cugino Alberto e sua sorella Michela. I loro genitori sono i nostri zii, si chiamano Gabriella e Mario.

Giovanna: Questo è mio cognato Mario con sua moglie Gabriella. Gabriella è la sorella di mio marito.

Luca e Maria: Ecco i nostri genitori. Nostra madre Giovanna e nostro padre Giorgio.

Unità 5

2 Mettiamo a fuoco

Con l'aiuto delle informazioni in D1 completate l'albero genealogico di Luca.

I miei nonni

Stefano e Erminia

I miei genitori

.... e ....

I miei zii

.... e ....

Io e mia sorella

Luca e ....

I miei cugini

.... e ....

Grammatica attiva

Aggettivi possessivi

Attenzione! Al singolare sono senza articolo con i nomi di parentela. Completate.

m.......... marito / m.......... moglie

t.......... padre / t.......... madre

s.......... nipote / s.......... nipote

n.......... zio / n.......... zia

v.......... nonno / v.......... nonna

ma: il loro cugino / la loro cugina

Aggettivi possessivi al plurale

Prendono sempre l'articolo. Completate.

le vostre - le sue - i tuoi - le nostre - i vostri

i miei amici	le mie amiche
.... studenti	le tue studentesse
i suoi nonni	.... nonne
i nostri insegnanti	.... insegnanti
.... cugini	.... cugine
i loro zii	le loro zie

3 **Ora tocca a voi!**

A coppie: scambiatevi informazioni sui vostri familiari. Poi riferite alla classe.

Domande utili:
Quante persone ci sono nella tua/Sua famiglia?
Come si chiama tua/Sua moglie?
Come si chiama tuo/Suo figlio?
Quanti anni ha? Qual è la sua professione?
....
....
....
....

Per memorizzare i nuovi vocaboli, è utile impararli in una frase completa e non isolati. Un'idea: ogni giorno scrivete una frase con un vocabolo nuovo. Se volete, potete fotocopiare l'agenda a pag. 120.

E

1 2.6 **Dove abita? Con chi abita? Com'è la casa?**

Ascoltate e leggete le descrizioni degli appartamenti di Luca, Carlo, Lisa e Marcella. Per quale delle 4 descrizioni non c'è l'immagine qui sotto? Collegate le immagini alle loro descrizioni.

a

b

c

☐ **Marcella:** Io e la mia famiglia abitiamo in una casa fuori città, quasi in campagna. È una villetta di due piani con un giardino davanti. Non è molto grande: a pianterreno ci sono la cucina, la sala da pranzo, il salotto e un bagno piccolo, al primo piano ci sono due camere da letto e un altro bagno.

☐ **Luca:** Abito con la mia famiglia in un grande appartamento in centro. Ci sono un ingresso, un soggiorno, una cucina, 3 camere da letto e i servizi, cioè un bagno grande e uno più piccolo. Purtroppo non c'è balcone.

☐ **Carlo:** Abito da solo in un bel monolocale di 40 mq. È in un palazzo antico, ristrutturato, nel centro della città.

☐ **Lisa:** Io vivo in un appartamento in affitto con un'amica. È abbastanza grande: ci sono due camere da letto, un soggiorno e un bagno. C'è anche un piccolo balcone. Si trova in periferia, in un condomino di 4 piani. Noi abitiamo al terzo piano. Per fortuna paghiamo l'affitto e le spese a metà, perché è molto caro.

2 2.7 Quant'è l'affitto?

Collegate ogni domanda alla sua risposta. Poi ascoltate la telefonata di Carlo all'agenzia immobiliare e verificate.

Affittasi anche a studenti. Zona università.
75mq. 2 camere. Soggiorno. Servizi.
Agenzia Prontocasa

Quant'è l'affitto ?	Al quarto piano. Ma c'è l'ascensore.
A che piano si trova?	Sono 700 euro, escluse le spese.
Com'è l'appartamento? È in buono stato?	Certo, possiamo fare domani alle dieci e mezza...
Possiamo vedere l'appartamento?	Sì, eccellente. È completamente ristrutturato.
E le spese sono molte?	Circa 50 euro al mese.

3 Finalmente cambio casa!

Guardate le piantine e completate la e-mail di Marta.

Invia adesso | Invia più tardi | Aggiungi allegati | Firma

Ciao Marcella,
come va? Io sto bene. Finalmente cambio casa!
Ho una stanza tutta per me in un appartamento in zona universitaria. Abito con una studentessa italiana, Susanna, che studia filosofia.
Sono molto contenta! Il mio nuovo appartamento è bello. Entri e a destra c'è subito ....
A sinistra c'è il cucinotto. Di fronte alla porta di ingresso c'è una porta che separa la zona giorno dalla zona notte, dove ci sono un bel .... grande, ... da letto di Susanna e la mia. Il soggiorno ha anche un piccolo balcone. La mia stanza non è molto grande ma è comoda e luminosa.
Entri e a destra c'è un ...., di fronte alla porta c'è la finestra e, vicino alla finestra, una .... con due sedie.
A sinistra della porta c'è il .... e dietro al .... l'armadio. Ah, naturalmente c'è anche una piccola libreria proprio di fianco alla scrivania.
Ora ti saluto, è molto tardi.

Baci e a presto
Marta

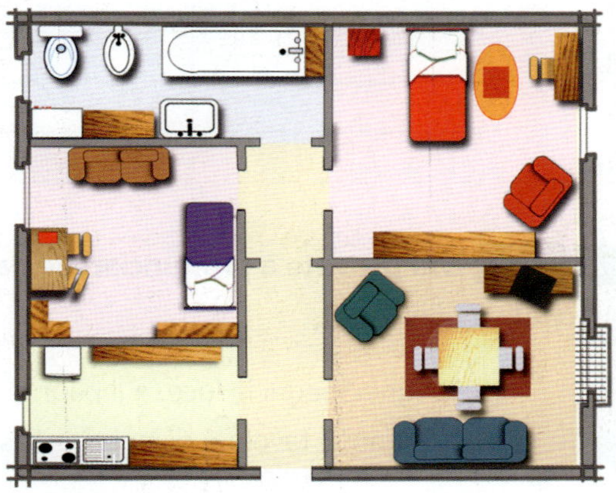

L'appartamento di Marta

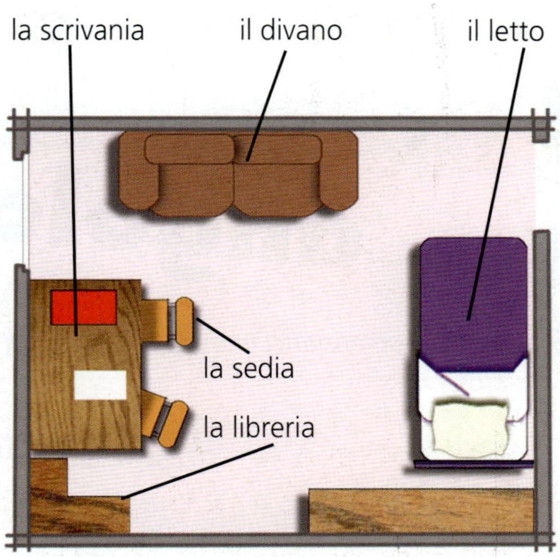

La stanza di Marta

Unità 5

Scambio di idee:

Prima in piccoli gruppi. Poi insieme in classe: trovate una buona soluzione per questo problema.
Uno studente straniero deve abitare per un anno nella vostra città.
Che tipo di casa va bene per lui? In quale zona della città? Che cosa potete fare per aiutarlo a trovare casa?

F

1 2.8 **Riconoscete i suoni tipici per i gruppi di lettere GLI e GN ?**

Ascoltate le frasi e indicate accanto al numero di ogni frase se sentite il suono /ʎ/ o /ɲ/. Attenzione, in alcune frasi non c'è nessuno di questi due suoni.

	GLI: /ʎ/	GN: /ɲ/	nessuno dei due
1.			✓
2.			
3.			
4.			
5.			
6.			
7.			
8.			
9.			
10.			

2 2.9 **Ora provate a pronunciare le parole con il gruppo GN.**

Ascoltate e ripetete.

Spegni. Spegni la luce. • Il bagno. Questo è il bagno. • Al compagno. Chiedi al compagno.
Di legno. Il tavolo è di legno. • Lasagne. Sono lasagne al ragù.

3 2.10 **Ora provate a pronunciare le parole con il gruppo GLI.**

Il foglio. Vorrei quel foglio. • Un tovagliolo. Ecco a Lei un tovagliolo.
L'aglio. Non mi piace l'aglio. • La sveglia. La sveglia è alle cinque! • Voglio! Non voglio, vorrei...

L'angolo degli annunci

Guardate questi annunci immobiliari. Quale vi interessa di più? Quale non vi piace per niente?

A casa in Italia numero verde 800 71 81 91

Bologna, via Indipendenza ad.ze: Affittasi appartamento, 90mq. 1.000 € mensili. Libero a giugno, adatto a studenti. 2° piano. Ingresso, cucina abit., 2 camere, salotto, bagno e terrazzo. Riscaldamento autonomo. Cod. rif. 5600

Roma, via Margutta: Affittasi appartamento, 80mq. Zona centrale. 750 € mensili. Ammobiliato: ingresso, cucina abitabile, camera, bagno e cantina. Risc. autonomo. Cod. rif. 7709

Milano, c.so Buonos Aires adiacenze: Vendesi appartamento, 120mq. Ristrutturato, moderno, luminoso. 4 stanze più servizi. Trattative riservate. Cod. rif. 5454

Firenze, via de' Calzaiuoli: Affittasi monolocale, 40mq. 650 € mensili, ammob. a studente/lavoratore. No fumatore. No animali. Cod. rif. 4532

Napoli, p.zza Trieste e Trento: Vendesi bilocale, mq 65 in palazzo signorile, 4° piano no ascensore. Da ristrutturare. Prezzo da concordare. Cod. rif. 9965

Gli italiani e la casa

A quanti anni un italiano esce di casa, lascia la famiglia e diventa indipendente?
Perché è così difficile lasciare la mamma?

Casa, dolce e cara casa...

1. *In Italia molti giovani di 30 anni vivono ancora con mamma e papà. Leggete il testo e completate la tabella con gli esempi che corrispondono alle ragioni di questo fenomeno.*

Ragioni affettive	Ragioni pratiche	Ragioni economiche
C'è il mito della mamma possessiva e insostituibile		

2. *Cercate nel testo le parole che si riferiscono ai campi della famiglia e dell'economia.*

Famiglia	Economia
mamma	lavorare

Quando un ragazzo finisce gli studi si cerca un lavoro, una casa e lascia la sua famiglia d'origine. Se questa è la regola per quasi tutti i paesi europei, diventa un'eccezione* per l'Italia. Qui è normale trovare "ragazzi" di trent'anni, che hanno un buon lavoro, una ragazza, tanti amici, ma che vivono ancora con mamma e papà. Anche per le donne la situazione non è molto diversa.

E quando i figli finalmente si sposano, spesso continuano ad andare dalla mamma ogni domenica per il pranzo e telefonano quasi ogni giorno alla famiglia d'origine. In molti casi, quindi, il mito della mamma italiana possessiva e insostituibile* e dell'uomo "mammone", che non sa staccarsi* dalla gonna della sua mamma, la donna più importante del mondo per lui, è ancora una realtà.

Non è solo un problema affettivo. Per diversi aspetti è anche un problema pratico. Chi cucina meglio della mamma? E chi lava i vestiti e pulisce l'appartamento? Ma il problema più grosso è certamente quello economico. Lo stipendio* di una persona che inizia a lavorare in Italia non è molto alto, in genere, e non basta per affittare una casa e vivere da solo. Il costo delle case nelle grandi città come Roma o Milano è altissimo. E anche nel resto d'Italia la casa è un lusso per i più giovani. Così si aspetta fino al matrimonio*, in occasione del quale i genitori e i parenti aiutano a metter su casa* con i loro regali.

Vocabolario: eccezione (f): diverso dalla regola; il matrimonio: quando la coppia si sposa; insostituibile: che non è possibile cambiare con un'altra cosa; metter su casa: comprare e organizzare le cose per abitare in una casa; possessiva: che vuole avere vicino i figli e controllarli; sposarsi: quando la coppia crea un'unione legale; staccarsi: andare lontano da...; stipendio: il denaro che compensa il lavoro.

All'agenzia viaggi

A

1 Dove volete andare?

Scegliete la meta della vostra vacanza.

2 In primavera? In estate? In autunno? In inverno?

In quale stagione dell'anno vi piace di più andare in vacanza?

Le stagioni	**Emisfero nord** (boreale)	**Emisfero sud** (australe)
la primavera	da marzo a giugno	da settembre a dicembre
l'estate	da giugno a settembre	da dicembre a marzo
l'autunno	da settembre a dicembre	da marzo a giugno
l'inverno	da dicembre a marzo	da giugno a settembre

3 Che cosa volete fare in vacanza?

A coppie: guardate i disegni e dite che cosa vi piace fare e con quale frequenza. Dite anche che cosa non volete fare mai.

Voglio andare in canoa tutti i giorni.
Mia moglie ed io vogliamo andare spesso in barca a vela.
Il mio ragazzo non vuole mai prendere il sole, io sempre.

andare a cavallo

andare in barca a vela

fare alpinismo

sciare

prendere il sole

andare in canoa

Altre attività:	**Avverbi di frequenza:**
leggere un libro	sempre / tutti i giorni
ascoltare musica	spesso
visitare mostre d'arte	qualche volta
....	raramente
....	non … mai
....	
....	

Grammatica attiva

Completate

	volere
(io)	....
(tu)	vuoi
(lui/lei/Lei)	....
(noi)	....
(voi)	....
(loro)	vogliono

4 La cosa più importante

Qual è la cosa più importante per voi per fare una bellissima vacanza?

☐ molto sole, caldo
☐ buona cucina
☐ discoteche, vita notturna
☐ contatto con la natura
☐ buona compagnia
☐ altro: ....

5 Formate le coppie

Alzatevi e cercate nella classe una persona che ha in comune con voi 4 o 5 idee su come e quando organizzare una vacanza. Formate così le coppie per lavorare all'attività 6 di pagina 68.

6 Vacanze di tutti i tipi

A coppie: Guardate la pagina di pubblicità dell'agenzia turistica "Vacanze per tutti". Leggete le presentazioni dei tre tipi di offerta e cercate di trovare quella che vi interessa di più. Poi scrivete nel riquadro vuoto la vostra presentazione ideale.

Organizzate la lettura in 4 fasi.

1) Guardate il titolo e l'immagine e fate una prima ipotesi sul contenuto.
2) Leggete tutto una volta fino in fondo prima di cercare le parole che non conoscete.
3) Leggete ancora e sottolineate le parole o i gruppi di parole che non capite.
4) Prima fate la vostra ipotesi sul significato delle parole nuove e poi chiedete all'insegnante o cercate sul dizionario.

VACANZE ATTIVE

Sport e avventura
Itinerari a piedi, a cavallo, in bici, in canoa, a vela.
E per gli appassionati di sport estremi: rafting, alpinismo in montagna, ecc.
Viaggi in gruppo con zaini e tende.
Guide esperte e professionali.

Prezzi a persona per una settimana tutto compreso: da 800 € a 1200 €

VACANZE RIPOSO

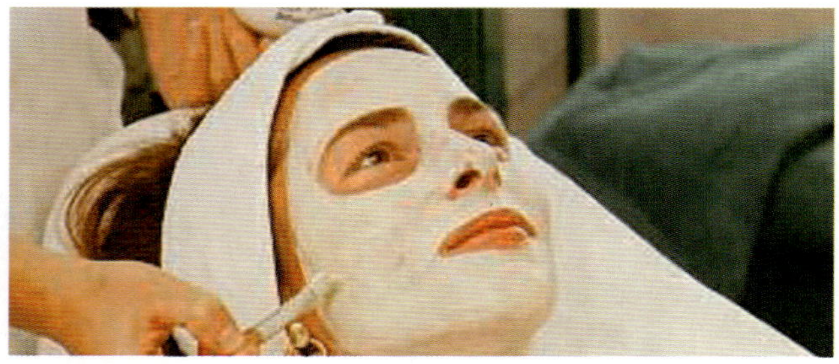

Centri benessere
Nelle più belle località italiane, programmi individuali di salute e bellezza. Hotel a 4 stelle con sauna, piscina, campi da tennis, TV satellitare e telefono in camera, aria condizionata, servizio baby sitting.

Prezzo a persona, pensione completa:
alta stagione: 250 € al giorno
bassa stagione: 200 € al giorno

VACANZE IN FAMIGLIA

Ottima selezione di alberghi
3 stelle, pensioni e campeggi al mare, in montagna e al lago.

Metà prezzo per i bambini fino ai 10 anni.
Sconti speciali per famiglie con 3 o più figli.
In inverno: promozioni a prezzi speciali per settimane bianche, compreso lo skipass.

B

1 2.11 Voglio fare una sorpresa a mia moglie

Giorgio, il padre di Luca, vuole organizzare un viaggio per l'anniversario di matrimonio e perciò telefona all'agenzia viaggi. Ascoltate il dialogo e rispondete alle domande.

Qual è la data dell'anniversario di Giovanna e Giorgio?

....

Dove vuole andare Giorgio?

....

In quale settimana?

....

Qual è la promozione in questo periodo?

....

Quanto paga in tutto Giorgio per una settimana?

....

2 2.11 Mettiamo a fuoco

Ascoltate di nuovo il dialogo, leggete e completate. Poi verificate le vostre risposte in B1.

Impiegata: Agenzia "Tutto Vacanze", buongiorno.

Giorgio: Buongiorno. Senta, ... festeggio 25 anni di matrimonio e voglio fare una sorpresa a mia moglie. Una vacanza a Capri di una settimana.

Impiegata: In albergo o .... ?

Giorgio: Preferisco in albergo.

Impiegata: Un attimo solo che prendo alcuni depliant… Ecco, ho qui un elenco completo: dagli alberghi a quattro stelle alle pensioni.

Giorgio: Oddio… da quattro stelle per me è un po' troppo caro e la pensione forse un po' troppo modesta. Lei ha qualche consiglio?

Impiegata: Beh, ci sono degli alberghi che in questo periodo fanno delle promozioni a prezzi davvero speciali. Questo ad esempio… è un tre stelle e nella settimana .... compreso, Lei paga cinque notti al posto di sette.

Giorgio: E quanto costa?

Impiegata: In camera doppia con bagno, pernottamento più colazione sono .... invece di 840 a settimana per due persone.

Giorgio: Non è male! Ci sono ancora posti?

Impiegata: Controllo subito! Sì, è fortunato, c'è ancora qualche stanza libera. Vuole .... ?

Giorgio: Sì, sì immediatamente.

Espressioni idiomatiche

Oddio…

Non è male!

Cercate di capire bene, dal contesto del dialogo e dall'intonazione di Giorgio il significato di queste due espressioni. Come si dice nella vostra lingua?

....

....

....

Grammatica attiva

Notate che questi due aggettivi indefiniti hanno forme diverse ma uguale significato.

alcuni consigli = qualche consiglio

alcune stanze = qualche stanza

Ora completate con qualche *o* alcuni/alcune.

alcune camere = ... camera

.... alberghi = qualche albergo

.... giorni = ...

Unità 6

C

1 2.12 Mi sembra un sogno!

Maria ha saputo del viaggio a Capri dei genitori e telefona alla mamma. Ascoltate e completate il dialogo.

Maria: Allora, mamma, sei contenta?
Giovanna: Molto. Vado a Capri, mi sembra un sogno!
Maria: Ma io non ho capito una cosa, ... in treno o in macchina?
Giovanna: Mah, ... in treno, tuo padre invece .... in macchina, perché dice che si sente più libero.

2 Mettiamo a fuoco

A coppie: leggete il dialogo in C1 fra Maria e Giovanna. Poi leggete anche i due dialoghi qui sotto e dite che cosa sostituisce la particella ci. Trasformate le frasi come nell'esempio.

Ci andate in treno? = Andate a Capri in treno?

1.
- Dove vai in vancanza?
- Vado in Sicilia.
- Quando **ci** vai?
- **Ci** vado la prossima settimana.

2.
- Quando vai in Germania?
- **Ci** vado in estate.
- Con chi **ci** vai?
- **Ci** vado da sola!

Esercizio: *Guardate le immagini e completate i dialoghi con questi elementi.*

Con chi ci vai? | Ci andate da soli? | Perchè ci andate in bicicletta? | a Roma | Per quanto tempo ci restate?

1.
- Parti?
- Sì. Vado ....
- ....
- Con la mia ragazza.
- ....
- Per 5 giorni, sono pochi ma non possiamo restare di più.

2.
- Andate in vacanza?
- Non proprio, andiamo solo fuori città.
- ....
- Per fare un po' di sport.
- ....
- No, vengono anche alcuni nostri amici.

3 Ora tocca a voi!

A coppie: fatevi 4 domande come nell'esempio. Rispondete con la particella **ci** *quando è necessario.*

Dove vai domani? Vado dal medico. Ci vai da solo? Sì.
Con chi vai in vacanza? Con mia moglie. Quando ci vai? In luglio.

D

1 2.13 **Quattro chiacchiere fra amici**

Qualche volta Maria, Luca e Carlo fanno insieme la pausa pranzo e fanno quattro chiacchiere. Ascoltate e completate con l'indicazione di tempo.

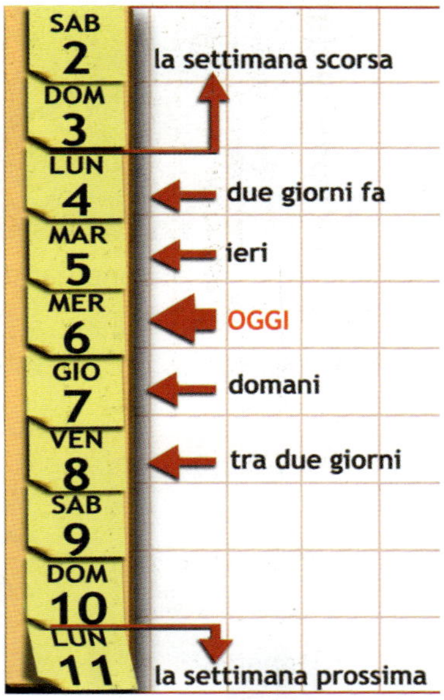

Maria: .... ho parlato con papà e mi ha dato la grande notizia.
Luca: Quale notizia?
Maria: Come non lo sai? .... ha prenotato una vacanza a Capri per festeggiare le nozze d'argento con la mamma.
Luca: Ho capito, ma dov'è la grande notizia?
Maria: La casa libera per una settimana, no?
Luca: Sì, sì, la casa libera… ma io devo studiare .... : ho un esame!
Maria: Sai niente di Tobias?
Luca: Certo, ... ho incontrato lui e Katrin. Hanno fatto una settimana di vacanza.
Maria: Dove?
Luca: In Toscana. Hanno fatto un giro in bicicletta.
Maria: Carlo, che brutta faccia che hai!
Carlo: Certo, ho dormito male .... Non ho potuto dormire perché al bar sotto casa mia gli studenti che hanno finito gli esami hanno cantato tutta la notte. E .... c'è il mio esame, non so come fare.
Maria: Dai, stai tranquillo. Sai che .... ho visto l'appartamento nuovo di Marta? È molto carino.
Carlo: Sì, è vero. Lei è molto contenta.

Unità 6

2 2.13 **Mettiamo a fuoco**

Ascoltate di nuovo il dialogo e completate le tabelle. Poi, a coppie, fate l'esercizio.

Grammatica attiva

Il passato prossimo (1) avere + *participio passato*

Completate.

Forme regolari del participio passato:

parl **-are**	pot **-ere**	dorm **-ire**	/ cap **-ire**
parl..........	pot..........	dorm..........	/ cap..........

Due participi irregolari:

fare → .... vedere → ....

Indicazioni di tempo

Mettete al posto giusto **fa** *e* **fra**

Per il tempo passato:

Sostantivo + ...

Per il tempo futuro:

.... *+ sostantivo.*

Esercizio: *Preparate quattro domande come nell'esempio. A coppie: chiedete e rispondete.*

Che cosa hai fatto due ore fa? Che cosa fai fra due ore?

1. ....
2. ....
3. ....
4. ....

3 La vacanza di Katrin e Tobias

Completate il racconto con l'aiuto delle immagini.

Katrin e Tobias sono partiti la domenica mattina in .... con le biciclette.

Sono arrivati a ....

Hanno fatto un giro in .... di 4 giorni.

Il venerdì sono tornati a .... hanno incontrato i loro amici Anna e Francesco e sono andati con loro al ....

Sabato mattina Tobias è andato al .... con Francesco.

Invece Katrin è stata in città con Anna. Le due ragazze sono andate nei .... del centro e hanno comprato molte cose.

4 Mettiamo a fuoco

A coppie: rispondete alle domande. Poi completate la tabella.

1. Quando sono partiti Katrin e Tobias?
   ....
2. Dove sono andati?
   ....
3. Per quanti giorni hanno girato in bicicletta?
   ....
4. Chi hanno incontrato il venerdì?
   ....
5. Dove sono andate Anna e Katrin sabato mattina?
   ....

Grammatica attiva

Il passato prossimo (2) essere + *participio passato*

Fate attenzione all'accordo con il soggetto e completate.

Francesco	è	andat	al mare.
Tobias e Francesco	sono	andat	al mare.
Anna	è	stat	in città.
Katrin e Anna	sono	stat	in città.

5 Ora tocca a voi!

A coppie: rispondete a queste domande. Poi raccontate alla classe.

Quando hai / ha fatto l'ultima vacanza? ....

Dove sei / è stato? ....

Come sei / è partito? ....

Che cosa hai / ha fatto? ....

Gioco: *In piccoli gruppi scegliete quali di questi verbi vanno con* **avere** *e quali con* **essere** *e scriveteli nella colonna giusta. Fissate insieme all'insegnante un tempo massimo (ad esempio 10 minuti) e cominciate a scrivere. Poi controllate con l'insegnante. Vince il gruppo che mette al posto giusto più verbi.*

conoscere	partire	parlare
venire	essere	mangiare
uscire	preferire	tornare
arrivare	sapere	andare
vendere	avere	cenare
sentire	comperare	capire

avere	essere
....	....
....	....
....	....
....	....
....	....
....	....
....	....
....	....

E

1 Che cosa è successo?

Associate le descrizioni ai disegni e poi scrivete l'infinito che corrisponde al participio. Qual è il verbo con il participio regolare?

Che cosa è successo?	succedere	successo
1. L'insegnante ha scritto la regola alla lavagna.	....	scritto
2. Sono arrivati tardi e hanno perso il treno.	....	perso
3. Qualcuno ha rubato il portafoglio alla signora.	....	rubato

Unità 6

Scambio di idee:

La vacanza più bella

Preparazione (10 minuti): su un foglio ogni studente scrive il racconto della vacanza più bella che ha fatto.

Regole: non scrivere il nome sul foglio, scrivere al massimo 50 parole.

Prima in gruppi di 4 o 5: mettete insieme i vostri racconti, leggeteli e scegliete il più bello.

Poi insieme in classe: mettete insieme i racconti che avete scelto nei piccoli gruppi, leggeteli e scegliete il più bello.

F

1 2.14 L'accento di parola

Ascoltate e completate. Poi mettete l'accento sulle parole che avete sentito e leggete il dialogo a coppie.

- Signor Pini, perché ....prénde.......... il caffè al bar? La invito a casa mia.
- Dov'è casa sua? È in .... ?
- È qui a due passi, in ....
- Lei è molto gentile. È una .... molto bella, non è vero?
- Sì, c'è molto verde, non è ....

2 2.15 Quale delle tre parole ha l'accento giusto?

Sottolineate la parola con l'accento giusto.

pàrola	paròla	parolà
fàrmacia	farmàcia	farmacìa
(loro) mangiàno	mangìano	màngiano

L'accento nei verbi

La posizione dell'accento di quasi tutti i verbi segue un modello regolare.

Presente indicativo:

(io)	pàrlo
(tu)	pàrli
(lui/lei)	pàrla
(noi)	parliàmo
(voi)	parlàte
(loro)	pàrlano

Participio passato: parlàto

L'angolo della cartolina

Guardate questa cartolina e rispondete alle domande.

Da dove viene? Chi la scrive? A chi? In quale stagione dell'anno?

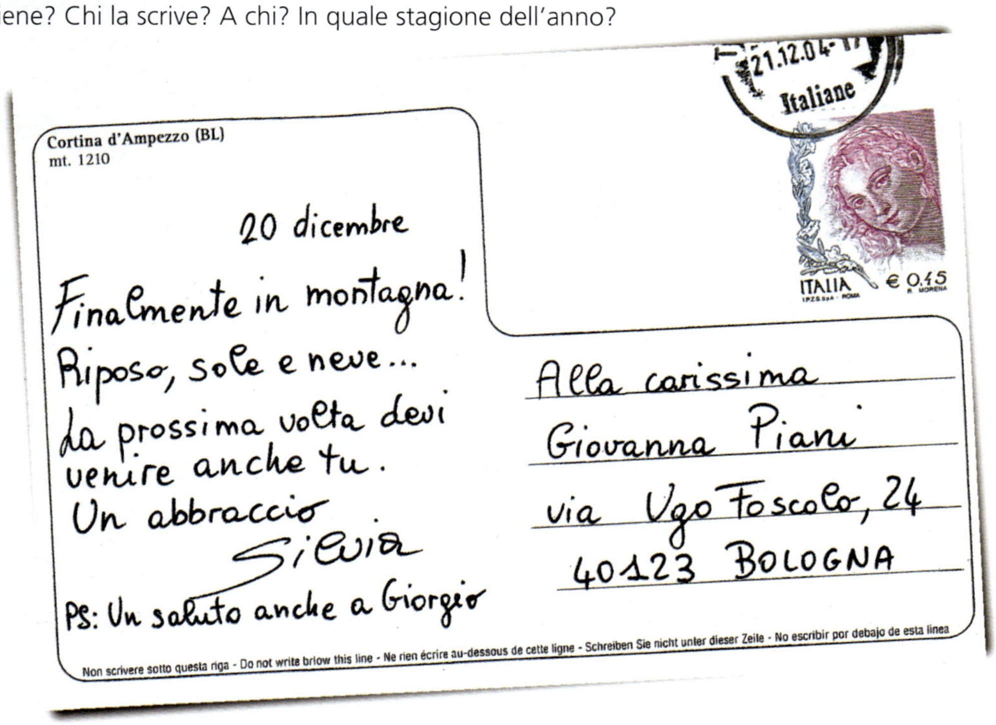

Dove vanno in vacanza gli italiani?

1. *Conoscete queste aree geografiche o località turistiche? Sapete dove sono? Scrivete i nomi che conoscete accanto alla regione giusta nella tabella.*

Amalfi	Cinque Terre	Chianti	Porto Cervo
Bormio	Cortina d'Ampezzo	~~Monte Bianco~~	Taormina

Regione	Località / Area geografica	Informazioni
Val d'Aosta	Monte Bianco (mt. 4810)	il monte più alto d'Italia, grappa, polenta e formaggio
Lombardia		
Veneto		
Liguria		
Toscana		
Campania		
Sicilia		
Sardegna		

2. *Ora leggete il testo e scrivete nella tabella le altre informazioni che trovate.*

Per molti italiani il mare più bello in Italia è quello della Sardegna, dove la località più famosa è Porto Cervo, in Costa Smeralda. Ma anche le Cinque Terre sono molto apprezzate*: Vernazza, Corniglia, Riomaggiore, Manarola e Monterosso sono 5 paesi* pittoreschi che si affacciano* sul mar Ligure. Fate a piedi la "via dell'amore", che collega Manarola e Riomaggiore con una splendida* vista sul mare. Un'altra area di bellezza mitica è la costiera amalfitana, in Campania. Amalfi, Ravello, Positano sono stati meta del turismo nazionale e internazionale fin dagli anni '50.

E non c'è solo il mare: Bormio, in Lombardia, fa concorrenza a Cortina D'Ampezzo, elegante località di montagna del Veneto. Chi ama l'alta quota* trova in Val D'Aosta il monte più alto d'Italia: il Monte Bianco (mt. 4810). In questa affascinante regione potete bere ottima grappa, mangiare polenta e buon formaggio e visitare castelli medioevali perfettamente conservati. Per chi cerca un paesaggio più dolce, ci sono le colline del Chianti in Toscana, che danno il nome al famosissimo vino.

La regione che offre la vacanza più varia e completa, è quasi certamente la Sicilia. Vi piacciono i vulcani? C'è l'Etna. Preferite il mare? Andate a Taormina, alle Eolie, a Pantelleria. Siete appassionati di archeologia? Ecco Siracusa e Agrigento. Vi piace l'arte barocca? Visitate Noto, Siracusa, Palermo. E per la gastronomia? Non c'è regione più ricca di dolci e piatti tipici di pasta o pesce.

Ma le bellezze dell'Italia non finiscono qui: ogni regione è ricca di storia, arte e bellissimi paesaggi naturali.

Per sapere di più visitate questi siti su Internet:
www.enit.it
www.turismo.it
www.italiaturismo.com

Vocabolario: affacciarsi su: guardare a, essere su; alta quota: zona di montagna molto alta; apprezzare: vedere come una cosa molto positiva; il paese: località molto piccola; splendido: molto bello; vario: ricco di aspetti diversi.

Intervallo 3

Il quiz

Scegliete la risposta corretta e con le lettere che trovate completate la frase di auguri nel biglietto per Paola.

1. Dove festeggia Paola il suo compleanno?

Al bar	a
Da Giulia	e
In pizzeria	r

2. Dove lavora Keiko?

In un negozio di abbigliamento	n
In banca	b
A casa	p

3. Dove vado a ballare?

Al bar	b
In piscina	p
In discoteca	t

4. Dove prendi un cappuccino?

Al supermercato	s
Dal tabaccaio	o
Al bar	o

C☐☐☐☐ ☐☐ questi ☐☐☐☐☐☐!

5. Dove va in vacanza Michela?

A scuola	s
Al mare	d
Dal meccanico	t

6. Dove andiamo a fare la spesa?

Alla stazione	s
In pizzeria	p
Al supermercato	i

7. Dove prepari la cena?

In bagno	a
In cucina	g
In camera da letto	s

8. Dove scrivi una lettera?

Sulla scrivania	i
Nell'armadio	d
Sulla libreria	v

9. Dove vanno in vacanza Giovanna e Giorgio?

A Capri	o
A Taormina	t
In Costa Smeralda	e

10. Che cosa festeggiano Giovanna e Giorgio?

Le nozze d'oro	f
Le nozze d'argento	r
Le nozze di plastica	a

11. Se domani è mercoledì, oggi è

Martedì	n
Giovedì	h
Sabato	l

12. Che cosa fai volentieri in vacanza?

Mi riposo	i
Prendo il sole	i
Faccio sport	i

La battaglia delle parole

Leggete le istruzioni per giocare a pagina 209.

Prima di iniziare a giocare, trovate insieme le parole con il numero di lettere richiesto e scrivetele qui:

Una da **tre** *lettere: es.* zio _ _ _
Due da **quattro**: *es.* casa _ _ _ _
_ _ _ _
Due da **cinque**: *es.* bagno _ _ _ _ _
_ _ _ _ _
Due da **sei**: *es.* estate _ _ _ _ _ _
_ _ _ _ _ _
Due da **sette**: *es.* albergo _ _ _ _ _ _ _
_ _ _ _ _ _ _
Una da **otto**: *es.* montagna _ _ _ _ _ _ _ _

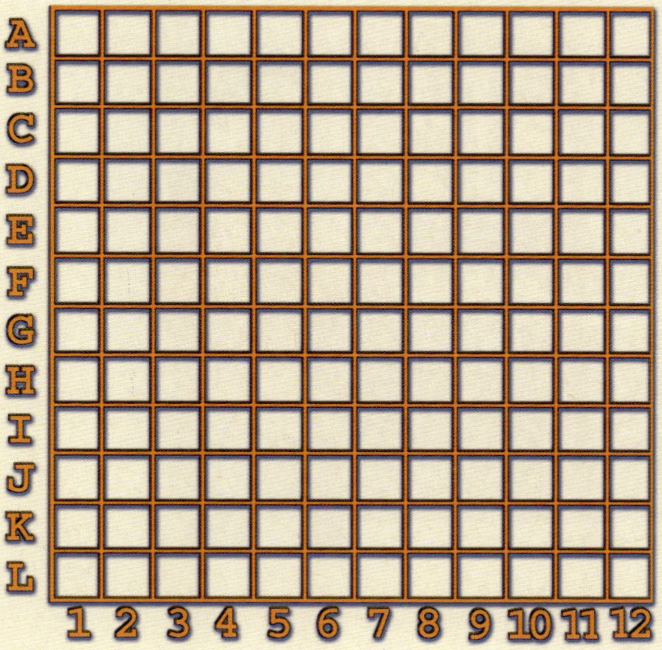

Parole utili:

Vuota: 

Colpita: 

Quasi affondata: 

Affondata!: La parola colpita è…

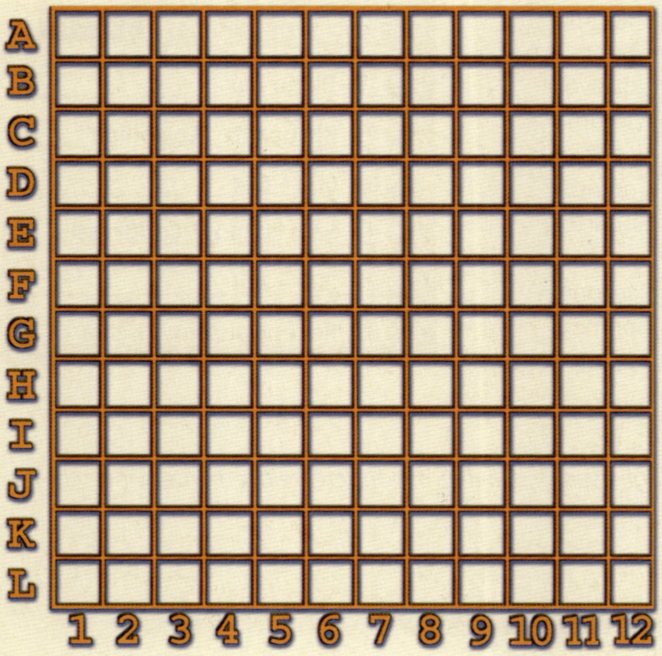

In albergo

a

b

A

1 Che cosa dicono?

Guardate le immagini e fate delle ipotesi su quello che dicono le persone.

2 2.16 **Chi lo dice?**

Ascoltate i 4 dialoghi. Solo due corrispondono alle situazioni delle immagini qui sopra: quali? Collegate ogni immagine al dialogo giusto.

Dialogo 1 ☐ **Dialogo 2** ☐ **Dialogo 3** ☐ **Dialogo 4** ☐

3 A che piano è?

Guardate la legenda dell'ascensore e completate.

La stanza 504 è al ....

La terrazza è all' ....

Il ristorante "La collina" è all' ....

Il piano bar è al ....

La piscina è a ....

Le suite sono al ....

Il ristorante "Mare blu" è al ....

undicesimo
decimo
nono
ottavo
settimo
sesto
quinto
quarto
terzo
secondo
primo
pianterreno

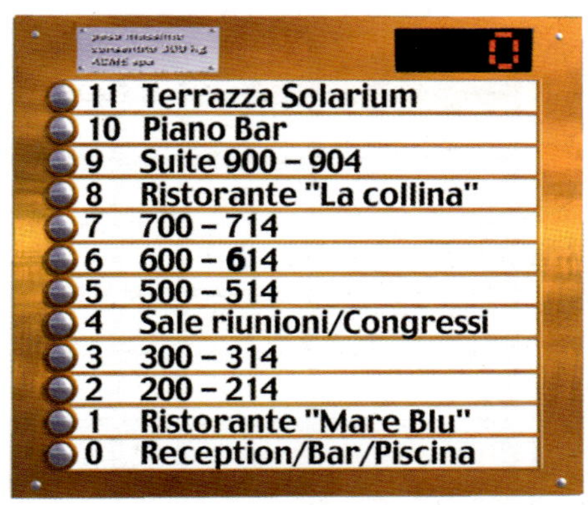

Gioco:

A coppie: a turno fatevi 5 domande secondo il modello degli esempi. Dovete rispondere velocemente: vince chi fa meno errori nelle risposte.

Come si chiama il primo mese dell'anno?
Come si chiama il terzo studente / la terza studentessa alla tua/Sua destra?

B

1 2.17 Come sono le camere?

Leggete la descrizione dell'Hotel Bentivoglio. Poi ascoltate la telefonata di Carlo all'abergo e completate la legenda.

camera singola	....
camera matrimoniale	....
....	....
doccia	....
....	aria condizionata
....	asciugacapelli

Le 50 camere, di cui alcune per non fumatori, sono tutte dotate di aria condizionata, TV satellitare, telefono, frigobar, asciugacapelli.
Disponibili camere per disabili.

2 2.17 Avete camere libere?

Leggete le domande, ascoltate di nuovo la telefonata di Carlo e scegliete la risposta giusta.

1. Carlo vuole prenotare
☐ una camera matrimoniale
☐ due camere matrimoniali
☐ due camere doppie

2. Carlo vuole prenotare
☐ per 2 notti
☐ per 8 notti
☐ per 5 notti

3. In settembre sono libere solo
☐ camere doppie
☐ camere singole
☐ camere matrimoniali

4. La camera costa
☐ 140 euro con la colazione
☐ 120 euro con la colazione
☐ 140 euro senza la colazione

5. Nel bagno delle camere c'è
☐ la vasca da bagno
☐ la doccia
☐ la vasca da bagno e la doccia

6. Carlo deve mandare
☐ una lettera
☐ un fax
☐ soldi

3 2.17 Mettiamo a fuoco

Ascoltate ancora e completate la tabella.

Telefonare a un albergo per prenotare una camera:
Chiedere la disponibilità di camere: ....
Indicare il periodo di tempo: ....
Precisare il tipo di camera: ....
Chiedere informazioni sulle camere: ....
Chiedere come confermare la prenotazione: ....

Unità 7

4 Il fax di conferma

Ecco il fax che Carlo manda all'Hotel Bentivoglio per confermare la sua prenotazione telefonica. Completatelo con l'aiuto delle parole date.

Hotel Bentivoglio
Alla cortese attenzione
del signor Bellucci

Bologna, 25 agosto 20 ....

Oggetto: Conferma di .... di una camera doppia

Gentile signor Bellucci,
confermo la .... di una camera doppia con ....
al prezzo di 140 euro .... compresa la colazione .... :
dal 15 al 23 settembre.

Cordiali ....
Carlo Guerra

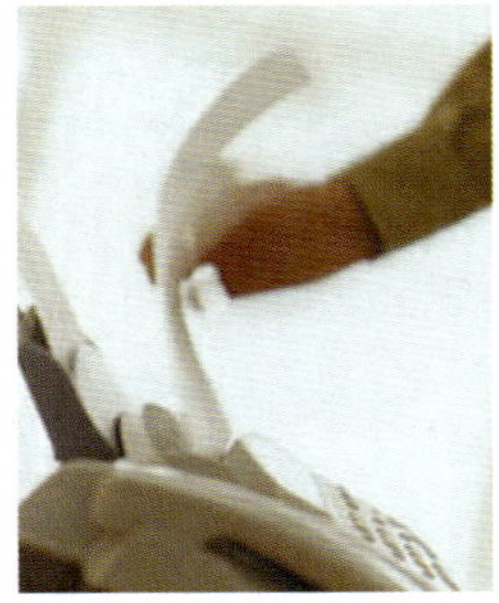

- a notte
- bagno
- saluti
- prenotazione
- prenotazione
- per 8 notti

5 Ora tocca a voi!

Lavorate a coppie. Uno di voi sceglie il ruolo A, descritto qui, l'altro interpreta il ruolo B descritto a pag. 208.

Ruolo A: *Telefoni all'Albergo "Bellavista" sul Lago di Garda per prenotare due camere, una matrimoniale e una doppia per due ragazzi di 15 e 17 anni, per il periodo dal 15 al 20 luglio compreso. Ti informi sulla disponibilità, sul prezzo e in generale sulle camere. Chiedi come puoi confermare la prenotazione.*

Poi, a coppie, scrivete un fax per confermare la prenotazione all'Albergo Bellavista.

C

1 I regali dalle vacanze

Ecco i regali che Giorgio e Giovanna, hanno portato da Capri. Leggete per chi li hanno comprati.

Una bottiglia di limoncello. L'hanno regalata ai genitori di Giorgio.

Un braccialetto. L'hanno regalato a Maria.

Due CD di musica napoletana. Li hanno regalati al nonno Stefano.

Due statuette di ceramica. Le hanno comprate per il loro soggiorno.

2 Mettiamo a fuoco

Guardate ancora le frasi in C1 e completate la tabella.

Grammatica attiva

Passato prossimo (3): *pronomi diretti* + avere + *participio passato*

Mettete al posto giusto i quattro pronomi diretti davanti al passato prossimo: li – l'(=la) – le – l'(=lo)

Il giornale, ... ho comprat**o** io.	La torta, ... abbiamo comprat**a** noi.
I francobolli, ... hanno comprat**i** loro.	Le paste, ... ha comprat**e** Maria.

Esercizio: *Ecco altri regali che Giorgio e Giovanna hanno portato da Capri per tutta la famiglia. Secondo voi per chi sono? Tornate all'albero genealogico di pagina 61 e rispondete alle domande come nell'esempio.*

A chi hanno regalato la cintura di pelle?
L'hanno regalata a Mario, il cognato di Giorgio.

una cintura di pelle

il foulard di seta

i guanti da giardinaggio

le carte da gioco napoletane

una caffettiera

3 Ora tocca a voi!

Qual è il regalo più bello che avete fatto? Per chi l'avete comprato? A chi l'avete regalato? In quale occasione? Raccontate alla classe.

Il regalo più bello che ho fatto
è ....
sono ....

l' / li / le } ho regalato /-a /-i /-e a ....

per il suo compleanno / per San Valentino
a Natale / a Capodanno / a Pasqua /
....

Idee regalo:
un profumo, un biglietto per un concerto,
un abbonamento per il teatro,
una cena a sorpresa
....
....

Altre occasioni per fare regali:

Natale

Pasqua

Capodanno

San Valentino

Unità 7

D

1 2.18 Vi accompagno all'albergo

Oggi è il 15 settembre. Franca, la cugina di Carlo che abita in Germania, e suo marito Thomas arrivano in treno. Carlo va a prenderli alla stazione. Ascoltate e rispondete alle domande.

	Sì	No
1. Carlo ha preso il sole in piscina?	☐	☐
2. I genitori di Carlo sono in ferie da domani?	☐	☐
3. Franca e Thomas sono stanchi?	☐	☐
4. Franca e Thomas hanno viaggiato di notte?	☐	☐
5. Carlo accompagna Franca e Thomas dai suoi genitori?	☐	☐

2 2.18 Mettiamo a fuoco

Ascoltate di nuovo e completate il dialogo. Poi leggete il dialogo. Controllate se è tutto chiaro e completate le tabelle.

Franca: Carlo, come stai? Che piacere vederti! Ma come sei abbronzato!

Carlo: Sì, ... stato due settimane al mare e .... preso il sole.

Franca: Beato te, noi non .... fatto ancora le vacanze. Vogliamo approfittare di questi giorni in Italia.

Carlo: Sì, a proposito, mamma e papà si scusano. .... venuto io perché loro oggi devono ancora lavorare, ma da domani sono in ferie e possono passare tutto il giorno con voi.

Franca: Va benissimo, Carlo. Ora anche noi siamo stanchi e vogliamo andare in albergo a riposarci.

Carlo: Il viaggio .... stato molto faticoso?

Franca: Insomma. Il problema è che non .... trovato posto nel vagone letto. Così abbiamo dovuto viaggiare di giorno. .... partiti alle 5 e 30 questa mattina. Ci .... alzati alle 4 e abbiamo dormito solo 4 ore. Ieri sera .... dovuto preparare le valigie e ci .... addormentati a mezzanotte. E tua sorella come sta?

Carlo: È in gran forma e anche lei non vede l'ora di vedervi. La mamma poi non .... dormito tutta la notte per l'emozione. Domani ci incontriamo tutti e parliamo con calma, ora vi accompagno in albergo.

Grammatica attiva

Passato prossimo (4):
essere + *verbi riflessivi*

Completate.

(io)	mi	....	alzato/a
(tu)	ti	....	alzato/a
(lui/lei)	si	....	alzato/a
(noi)	....	....	alzati/e
(voi)	....	....	alzati/e
(loro)	....	....	alzati/e

Due participi irregolari:

Scrivete l'infinito dei verbi.

preso ....

venuto/a/i/e ....

Espressioni idiomatiche

Beato/a te!
A proposito...
Insomma.
Non vede l'ora di...

Come si dice nella vostra lingua?

....
....
....
....
....

Esercizio:
Che cosa hanno fatto Franca e Thomas il giorno prima di partire? Scrivete le frasi con il passato prossimo. Poi confrontatevi con i compagni.

Franca e Thomas:	Franca:	Thomas:
uscire per andare al lavoro	preparare la valigia	fare colazione
tornare a casa alle 7 di sera	lavarsi, vestirsi e truccarsi	farsi la barba, lavarsi, vestirsi
cenare	preparare la colazione	preparare la cena
alzarsi subito		preparare la valigia
addormentarsi a mezzanotte		
svegliarsi alle 7		

Franca e Thomas si sono svegliati alle 7 ....

....

....

....

E

1 2.19 **Che tempo fa?**
In albergo, prima di addormentarsi, Franca e Thomas guardano le previsioni del tempo per il giorno dopo alla TV. Ascoltate e scrivete che tempo fa.

Mattina:
....
....

Pomeriggio:
....
....

Sera:
....
....

C'è il sole, è sereno.

È nuvoloso

Fa freddo.

È variabile, poco nuvoloso.

Piove.

Fa caldo.

2 **Ora tocca a voi!**
A coppie: rispondete. Com'è il vostro tempo preferito? E quello che non vi piace per niente?

Nevica.

C'è vento.

C'è nebbia.

Altre espressioni sul tempo:
La temperatura è mite.
È secco.
È umido.
....
....

Unità 7

3 Il programma del 16 settembre

A coppie: leggete la mail di Carlo e rispondete alle domande. Poi confrontatevi con i compagni.

Invia adesso | Invia più tardi | Aggiungi allegati | Firma

Ciao!
Ho accompagnato Franca e Thomas in albergo e ho fatto con loro il programma di domani.
Ci vediamo tutti al loro albergo alle 9. Papà, prendi tu la macchina?
Visita del centro storico e al Museo archeologico.
A pranzo mangiamo qualcosa in un bar del centro: non c'è tempo per tornare a casa o in albergo.
Pomeriggio: alle tre dalla zia Germana. Li vuole vedere assolutamente, ma fra 2 giorni parte per le Terme di Chianciano! Dalla zia restiamo due ore al massimo, poi facciamo un giro per negozi.
Cena: alle nove a casa vostra. Va bene per te, mamma?
Un bacione, a domani
Carlo

1. Quando scrive questa mail Carlo?
   ....
2. A chi la scrive?
   ....
3. Qual è il programma per la mattina di domani?
   ....
4. Che cosa fanno nel pomeriggio?
   ....
5. Chi prepara la cena, secondo voi?
   ....
6. Come si vestono Franca e Thomas domani mattina? Aiutateli a scegliere.
   Guardate a pagina 85 i vestiti nelle loro valigie e ricordate le previsioni del tempo.
   Scegliete anche i colori secondo i vostri gusti.
   Franca si mette ....
   Thomas si mette ....

Grammatica attiva

Guardate la descrizione dei vestiti a pagina 85 e completate.

I colori variabili

Rispettano l'accordo con il nome

Scrivete le forme del plurale:

singolare m./f.:	*plurale m./f.:*
rosso/a	....
nero/a	....
bianco/a	....
grigio/a	....
giallo/a	....
azzurro/a	....
verde	....

I colori invariabili

Non cambiano mai la vocale finale

Scrivete la finale:

la camicetta ros..........
i pantaloni bl..........
l'impermeabile beig..........
tre magliette arancion..........
un giubbotto marron..........
un ombrello viol..........

I tipi di stoffa

Scrivete la preposizione giusta

.... cotone
.... lana
.... seta
.... righe
.... pois
.... quadretti
.... tinta unita

I vestiti di Franca:

tre camicette: una rossa, una gialla, una rosa

una gonna nera

un tailleur verde chiaro

tre magliette di cotone: una a righe bianche e blu, una arancione e una nera

tre paia di pantaloni: uno beige, uno marrone, uno verde scuro

un maglione di lana azzurro

una giacca sportiva grigia

scarpe comode

scarpe con tacco a spillo nere

un abito da sera rosso

I vestiti di Thomas:

due paia di pantaloni sportivi: uno blu e uno grigio

due magliette di cotone: una azzurra e una beige

due camicie: una a quadretti: bianchi e verdi, una bianca

un giubbotto sportivo marrone

un completo giacca e pantaloni nero

un pullover di lana rosso

un impermeabile beige

due cravatte: una rossa in tinta unita e una a pois bianca e blu

un paio di mocassini

un ombrello viola

Scambio di idee:

Una vacanza insieme

In piccoli gruppi, decidete dove volete andare a passare una settimana di vacanza. Poi decidete insieme che cosa mettete in valigia. Che tempo fa nella regione dove andate? Che cosa volete fare? Avete bisogno di abiti eleganti, sportivi, comodi? Considerate anche i colori e i tipi di stoffa. Fate una lista e poi riferite alla classe.

F

1 2.20 Elle o erre?

Ascoltate le parole e scrivetele accanto al simbolo /l/, /r/ o "altro" se non sentite né elle, né erre.

/l/	....
/r/	....
altro	....

2 2.21 Una foto di famiglia

Completate la descrizione, poi ascoltate, verificate e ripetete.

Paolo è il primo a sinistra, lui è il fratello più grande. Accanto a lui c'è ......il padre...... .
A destra c'è ....
Accanto a lei c'è ....

La pronuncia della erre italiana è più facile se prima c'è una t o d.
Provate a leggere molto velocemente 2.22 *questa sequenza di lettere:*
TTTDDDTDTDTDTDTDTDTDRRRRRRRR
Volete divertirvi? Provate con questo scioglilingua. Non è un problema se sbagliate. È difficile anche per gli italiani.
Trentatré trentini entrano a Trento, tutti e trentatré trotterellando.

L'angolo degli annunci

Leggete gli annunci. Secondo voi, quale è più adatto per ogni tipo di persona?
a) persone in viaggio d'affari; b) famiglie con figli; c) coppie di innamorati; d) gruppi di giovani.

Pensione Miramare ** *a Camogli* *tel e fax 0185/33793*
- A 100 MT. DAL MARE.
- Camere doppie o matrimoniali da 100 a 140 euro.
- Aria condizionata, parcheggio custodito, televisione in camera.
- Bambini da 0 a 3 anni gratis, da 4 a 10 anni metà prezzo. Cucina casalinga e colazione a buffet.

a Genova **** tel. 010/889117 fax 010/889118
GRAND HOTEL CRISTOFORO COLOMBO

SUL LUNGOMARE, tutte le camere con balcone, servizi standard e bagno con vasca e idromassaggio. 3 sale riunioni per convegni di varie dimensioni. PISCINA, SAUNA E PALESTRA. Due ristoranti con vasta offerta gastronomica per soddisfare anche i clienti più esigenti.

HOTEL IL PORTICCIOLO * a Lerici**

In ambiente tranquillo e romantico, camere con vista mare, ascensore, telefono diretto, TV satellitare. Cucina tipica e internazionale con menù a scelta di carne, pesce e vegetariano, colazione a buffet. Fantastica piscina sempre soleggiata. Tel. e Fax. 0187/212245

AFFITTASI APPARTAMENTI AD ALASSIO,
DUE CAMERE ★ SERVIZI E POSTO MACCHINA
PER IL PERIODO DA GIUGNO A SETTEMBRE
DA 800 A 1000 EURO/SETTIMANA
Tel. 0182/344183

Vacanze alternative

Secondo voi che cosa significa per gli italiani "vacanza alternativa"?
Dove non va e che cosa non fa chi fa una vacanza di questo tipo?

Ogni titolo al suo posto

Leggete i titoli e fate qualche ipotesi sul contenuto del testo corrispondente. Poi leggete i testi e scrivete il titolo adatto.

È vacanza per (quasi) tutti • Mostre e musei • L'agriturismo • Partenze intelligenti

....

In Italia ci sono più di 10.000 agriturismi. Si tratta di case di campagna dove è possibile mangiare cibo genuino*, vivere a contatto con la natura, andare a cavallo o imparare a conoscere gli animali. Molti agriturismi, inoltre, offrono corsi di ceramica, di fotografia, veterinaria*, erboristeria*... insomma tutto il necessario per rilassarsi e divertirsi, non lontano dalle più importanti città artistiche. Questo modo di fare le vacanze ha conquistato quasi 4 milioni di persone (il 30% sono turisti stranieri) e il suo successo aumenta* ogni anno.

....

Anche l'arte diventa vacanza: sempre più italiani frequentano mostre e musei nel Paese che ha il 70% dei beni artistici mondiali e si accorgono* che può essere molto divertente. Ed ecco che molti musei rimangono aperti durante i giorni festivi e qualche volta anche di notte.

....

Il 15 agosto è "Ferragosto"! Solo pochi, veramente pochissimi italiani lavorano a Ferragosto. Se siete in una grande città, fate la spesa per tempo e non contate sui ristoranti, che a Ferragosto sono quasi tutti chiusi. A dire il vero, tutta la settimana attorno al 15 agosto, più o meno dal 10 al 21, è di ferie per moltissimi italiani.

Il 2 giugno ("Festa della Repubblica") e il 25 aprile ("Festa della liberazione") sono giorni di festa nazionale, gli italiani non lavorano e, se il calendario lo permette, aggiungono al giorno festivo anche un venerdì o un lunedì di ferie, per fare "il ponte" e partire con amici o famiglia per una vacanza corta.

....

È vero che i giorni di festa nazionale, i "ponti" e le vacanze di Ferragosto significano milioni di Italiani che vanno da una parte all'altra dell'Italia soprattutto in macchina. Da qualche anno, però, gli italiani cercano di seguire i consigli che trovano su Internet, o alla TV o alla radio per evitare di partire tutti nei giorni più critici, come il primo o l'ultimo giorno del periodo di ferie. Qualche volta, anche se non sempre, funziona!

Che cosa offre Internet?

Per l'agriturismo:
www.agriturismo.com

Per attività sportive:
www.ciclonatura.it
www.cai.it

Per informazioni sui musei:
www.beniculturali.it

Per le "partenze intelligenti":
www.infoviabilita.it

Informazioni utili

Leggete di nuovo i testi e cercate le informazioni più utili da dare a qualcuno del vostro paese che programma una vacanza in Italia.

Vocabolario: aumenta: diventa più grande; erboristeria: lo studio delle erbe con proprietà medicinali; genuino: sano e naturale; si accorgono: capiscono, riconoscono; veterinaria: lo studio degli animali.

Unità 8

In visita dai nonni

A

1 Dove sono? Che cosa fanno? Che cosa si dicono?

Guardate le foto e rispondete secondo le vostre ipotesi.

2 Ricordi di infanzia

Quante volte vedevate i vostri nonni da bambini? Scrivete i loro nomi nella tabella e indicate l'alternativa giusta. A coppie: confrontate i vostri ricordi.

I nomi	Una volta alla settimana o più spesso	Una volta o due al mese	Ogni due mesi o meno spesso
Nonno			
Nonna			
Nonno			
Nonna			

B

1 Dove sono? Che cosa dicono?

Guardate i disegni e rispondete secondo le vostre ipotesi.

a

b

c

d

2 2.23 Dialoghi alla stazione

Ascoltate, completate e collegate ogni dialogo alla situazione corrispondente di B1.

1.
- Buongiorno, ... per Roma.
- Per Roma c'è l'Intercity delle 13 e 20. Il supplemento in seconda classe è di 10 euro.
- L'Intercity va bene.
- Solo andata?
- No, ...

2.
- Scusi, va a Rimini questo treno?
- No, il regionale per Rimini ....
- Grazie.

3.
- Ma quando arriva? Ha già 5 minuti di ritardo.
- Senti? Dice che ....
- Interregionale 1267 è in arrivo al binario .... Interregionale per .... proveniente da .... è in arrivo al binario ....

4.
Attenzione prego. Treno Eurostar 417 proveniente da Milano per Roma .... di ritardo.

3 Domande alla stazione e in treno

Completate le domande con le parole date e scrivete delle risposte possibili.

il posto	il treno	la macchinetta	il biglietto

Risposte possibili:

1. Scusi, è libero .... vicino al finestrino? ....
2. Da dove parte .... per Ferrara? ....
3. Quanto costa .... andata e ritorno per Napoli? ....
4. Senta, devo convalidare il biglietto; dov'è ....

Unità 8

C

1 2.24 Prima classe in testa

Ascoltate i due annunci e dite quale corrisponde alla composizione di questo treno:

☐ Annuncio 1
☐ Annuncio 2

2 2.25 I ricordi di Carlo

Carlo e Luca sono in treno. Vanno a trovare i nonni di Carlo che abitano a Ischia. Luca chiede a Carlo tante cose sui nonni e sui suoi ricordi di infanzia. Ascoltate e rispondete alle domande.

	Sì	No
1. Ora Carlo va a trovare i nonni ogni fine settimana?	☐	☐
2. Da bambino Carlo passava l'estate a Napoli?	☐	☐
3. La fidanzatina di Carlo si chiamava Anna?	☐	☐
4. La fidanzatina di Carlo aveva i capelli corti?	☐	☐
5. Luca guarda dal finestrino e vede sul binario una ragazza bruna?	☐	☐

3 2.25 Da quanto tempo? Quante volte?

Ascoltate di nuovo il dialogo di Carlo e Luca e completate con le indicazioni di tempo.

ogni fine settimana
da bambino
da più di vent'anni
da quando
sempre
ogni volta che

Luca: Senti, ma da quanto tempo i tuoi nonni stanno a Ischia?
Carlo: .... , credo. Io ero molto piccolo.
Luca: Non li vai a trovare molto spesso, però.
Carlo .... abito a Bologna, ci vado poco. .... invece, quando abitavo a Napoli, ci andavo .... e poi ci passavo l'estate con mia sorella.
Luca: Tre mesi a Ischia? Non era un po' noioso?
Carlo: No! Io e Giuliana stavamo .... al mare, facevamo tanti bagni, giocavamo, e poi io avevo una fidanzatina.
Luca: Una fidanzatina? Ma quanti anni avevi?
Carlo: Boh?! Non so esattamente: nove, dieci. Ricordo che si chiamava Anna, era molto carina e aveva i capelli neri lunghi, lunghi. Ero innamorato davvero, mi sentivo così bene con lei e non capivo perché. Strano, eh?
Luca: Strano? Ma tu sei sempre innamorato, ... vedi una donna non capisci più niente. Ehi, guarda la bionda sul binario. Carina, eh?
Carlo: Sì, non è male.

Strutture idiomatiche

da bambino
andare a trovare qualcuno

Come si dice nella vostra lingua?

....
....
....

4 2.25 Mettiamo a fuoco

Ascoltate e leggete di nuovo il dialogo fra Carlo e Luca e sottolineate tutte le forme nuove dei verbi.

Grammatica attiva

Imperfetto (1)

Oltre al passato prossimo, in italiano c'è un'altra forma del passato con funzione e significato specifici: l'imperfetto. Qui Carlo e Luca usano l'imperfetto per descrivere come erano le cose, le persone o le abitudini nel passato. Guardate i verbi del dialogo e completate la tabella.

	regolare				irregolare		
	abitare	avere	sentire	capire	fare	stare	essere
(io)	....	....	....	....	facevo	stavo	....
(tu)	abitavi	....	....	capivi	facevi	....	eri
(lui/lei/Lei)	....	....	....	....	....	stava	....
(noi)	....	....	sentivamo	....	....	....	eravamo
(voi)	....	avevate	....	....	facevate	....	eravate
(loro)	abitavano	....	sentivano	capivano	facevano	stavano	erano

5 Ora tocca a voi!

A coppie: parlate dei vostri ricordi di infanzia, prendete appunti. Poi riferite alla classe.

Domande utili:	I miei ricordi:	I ricordi di ....
Dove abitavi/a?	....	....
Dove andavi/a in vacanza?	....	....
Che cosa facevi/a?	....	....
Come erano i tuoi/Suoi amici?	....	....
Come si chiamavano?	....	....
Dove abitavano i tuoi/Suoi nonni?	....	....
Andavi/a spesso a trovarli?	....	....

6 2.25 Ehi! Boh?! Eh?

Ascoltate di nuovo il dialogo fra Luca e Carlo. Completate con l'espressione che sentite. Fate attenzione all'intonazione. Provate a ripetere le frasi. Poi completate la tabella.

Luca: Una fidanzatina? Ma quanti anni avevi?
Carlo: .... Non so esattamente: nove, dieci.
[...]
Luca: ...., guarda la bionda sul binario.
Carina, ... ?

Espressioni idiomatiche

Posso dire

.... *per attirare l'attenzione.*
.... *per chiedere una conferma.*
.... *per dire che non lo so esattamente.*

Unità 8

D

1 2.26 Sei mai venuto a Ischia?

Luca e Carlo arrivano a casa dei nonni di Luca. Ascoltate e rispondete alle domande.

1. Quante volte la nonna di Carlo ha incontrato Luca?
   ....
2. Dov'è andato il nonno?
   ....
3. Chi andava sempre a comprare il pane prima?
   ....
4. Quante volte Luca è andato a Ischia prima di questo momento?
   ....
5. Dove andava normalmente Luca da piccolo?
   ....

Usiamo **il passato prossimo** *per un'azione che succede un numero esatto di volte:*
L'ho incontrato una volta a casa tua.
Ci sono venuto due volte.
Invece usiamo **l'imperfetto** *per un'azione che si ripete un numero di volte indefinito:*
Da piccolo andavo al mare a Ostia.

2 2.26 Mettiamo a fuoco

Ascoltate e leggete di nuovo il dialogo. Poi controllate le vostre risposte in D1.

Nonna: Carlo! Finalmente!
Carlo: Ciao nonna, come stai? Ti presento Luca, il mio amico.
Nonna: Lo conosco, lo conosco. L'ho incontrato una volta a casa tua. Entrate, ragazzi. Vi faccio un caffè?
Luca: Sì, grazie. Ma dov'è il nonno?
Nonna: È andato a comprare il pane, arriva subito. Sai, prima ci andavo sempre io, ma in questo periodo mi fa male una gamba e così ci va lui. Luca, sei mai venuto a Ischia?
Luca: Sì, ci sono venuto due volte: una volta con i miei genitori e una volta qualche anno fa, con alcuni amici, ma non la conosco molto bene. Sa, io sono di Roma. Da piccolo, normalmente andavo al mare a Ostia.

3 Ora tocca a voi!

A coppie: fatevi delle domande secondo il modello e rispondete secondo la vostra esperienza. Poi riferite alla classe.

Sei / È mai stato/a in Italia? Sei / È mai andato/a a New York? Sei / È mai andato/a in Australia? .... Hai / Ha mai fatto alpinismo? Sei / È mai andato/a a cavallo? .... Hai / Ha mai mangiato il risotto alla pescatora?	Sì, ci sono stato/a… Sì, ci sono andato/a… Sì, l'ho fatto… Sì, l'ho mangiato… No, **non** ci sono **mai** stato/a. No, **non** ci sono **mai** andato/a. No, **non** l'ho **mai** fatto. No, **non** l'ho **mai** mangiato.	una volta qualche volta due volte .... volte molte volte spesso

4 Qualcosa è cambiato

Per la nonna di Carlo è cambiato qualcosa: prima andava lei a comprare il pane, ora le fa male una gamba e così ci va il nonno. Anche nella vita di Claudia e Sergio è cambiato qualcosa.
A coppie: guardate i disegni e raccontate. Poi raccontate un cambiamento della vostra vita.

abitare in centro / in campagna
andare al lavoro in bicicletta / in macchina
Claudia:

andare all'università / lavorare in una banca
vestire in modo sportivo / elegante
Sergio:

Claudia: Prima .... ora ....
Sergio: Prima .... ora ....
Io: Prima .... ora ....

E

1 Chi? Che cosa? A chi?

Queste frasi descrivono cinque azioni diverse ma solo tre corrispondono ai disegni. Quali?

1. La signora Pini dà un regalo alla sua amica Gianna.
2. Luca telefona a Carlo.
3. Gli studenti chiedono a Paola, la loro insegnante, che cosa significa una nuova parola.
4. Il signor Bondi presenta sua moglie al Professor Girotti.
5. Il vigile dice ai ragazzi dov'è l'ufficio postale.

a ☐

b ☐

c ☐

2 Mettiamo a fuoco

Leggete ancora le frasi in E1. Poi completate le risposte a queste domande.

1. Chi telefona a Carlo? – Gli telefona ....
2. Che cosa dà la signora Pini alla sua amica? – Le dà ....
3. Chi presenta al professore il signor Bondi? – Gli presenta ....
4. Che cosa dice il vigile ai ragazzi? – Gli dice ....
5. Che cosa chiedono gli studenti a Paola? – Le chiedono ....

Grammatica attiva

Stare e **dare** *hanno forme simili. Rimettete in ordine le forme dei due verbi:*

stanno – danno – sto – do – stiamo - diamo
stai – dai– state – date – sta – dà

	stare	dare
(io)	....	....
(tu)	....	....
(lui/lei/Lei)	....	....
(noi)	....	....
(voi)	....	....
(loro)	....	....

dare, dire, presentare, chiedere, rispondere, telefonare… **a chi**?

Pronomi indiretti atoni

Completate.

Tu chiedi **a me**	→ **mi** chiedi
Io rispondo **a te**	→ **ti** rispondo
Luca chiede **a Carlo**	→ .... chiede
Maria risponde **a Marta**	→ .... risponde
Voi dite **a noi**	→ **ci** dite
Noi telefoniamo **a voi**	→ **vi** telefoniamo
Il vigile dice **ai ragazzi.**	→ .... dice

3 2.27 Piaceva a Marco o a Lisa?

Ascoltate il dialogo e scrivete Marco *o* Lisa *accanto alle attività del tempo libero.*

1. Fare sport tutti i giorni. Marco
2. Giocare a tennis. ....
3. Fare escursioni in altre città. ....
4. Visitare mostre d'arte. ....
5. Scoprire sempre cose nuove. ....
6. Restare a casa nel fine settimana. ....
7. Guardare lo sport alla TV. ....
8. Invitare gli amici a cena. ....
9. Andare al cinema. ....

4 2.27 Continuate voi!

A coppie: ascoltate di nuovo tutto il dialogo. Leggete qui l'inizio e poi continuate voi: perché Marco e Lisa litigavano ogni fine settimana?

- Lisa e Marco non stanno più insieme.
- No! Erano così carini, stavano bene insieme!
- Sembrava così. Ma avevano gusti e interessi completamente diversi. Per esempio a Marco piaceva fare sport tutti i giorni.
- Ma anche a lei piace lo sport, no?
- Sì, ma a lei piace solo il tennis e a lui, invece, il tennis non piace per niente.
- Ma non è una ragione sufficiente per separarsi, mi sembra.
- È vero, ma loro non avevano proprio niente in comune. Ogni fine settimana litigavano:

Lui è così: gli piace ....
....
Lei è così: le piace ....
....

5 Ora tocca a voi!

Prima fate un elenco di tre attività che vi piacciono e tre che non vi piacciono. Poi alzatevi, girate per la classe e cercate il compagno o la compagna con il maggior numero di gusti e interessi in comune con voi. Fatevi le domande e rispondete secondo il modello.

- Mi piace leggere, e a te? / e a Lei? ● Anche a me piace. / A me invece non piace.
- Non mi piace fare sport, e a te? / e a Lei? ● Neanche a me piace. / A me invece piace.

....	....
....	....
....	....

Ora, a coppie, scrivete la sintesi del vostro dialogo e riferite poi al resto della classe.

.... e io abbiamo .... interessi in comune: ci piace .... ,
non ci piace .... Ma abbiamo anche gusti diversi: a ....
piace .... a me invece non piace.

Associate nuove parole e nuove strutture a persone che conoscete: aiuta a memorizzare!
Potete organizzare nel vostro quaderno alcune pagine con i nomi dei vostri familiari e degli amici più cari.
Quando imparate una nuova struttura o nuove parole scrivete una frase accanto a ogni persona.
Anna: è mia moglie. I nostri figli hanno 4 e 5 anni. (aggettivi possessivi)
Le piacciono i tortellini. Non le piace guardare la TV. (pronomi indiretti atoni)
Giorgio: è un mio amico. La sua auto è una Ferrari. (aggettivi possessivi)
Gli piace molto leggere. Non gli piace fare la spesa. (pronomi indiretti atoni)

Scambio di idee:

Come vivere a lungo e felici in coppia?
In gruppi di 3 o 4: discutete e preparate insieme una sintesi scritta delle vostre opinioni. Poi leggete alla classe la vostra sintesi. Considerate queste alternative oppure aggiungete altre cose che, secondo voi, sono più importanti:

Bisogna avere in comune	tutti	alcuni	non importa
gli amici	☐	☐	☐
i gusti alimentari	☐	☐	☐
gli orari di lavoro	☐	☐	☐
gli interessi culturali	☐	☐	☐
altro:	☐	☐	☐

Bisogna fare insieme	sempre	spesso	mai
parlare dei problemi di lavoro	☐	☐	☐
i lavori di casa	☐	☐	☐
la spesa	☐	☐	☐
programmare le vacanze	☐	☐	☐
altro:	☐	☐	☐

Unità 8

F

1 2.28 **Accento di parola: verbi all'imperfetto**

A coppie: completate i mini dialoghi. Indicate la vocale con l'accento di parola e leggete. Poi ascoltate l'audio, verificate gli accenti e ripetete.

bevevamo	aspettavamo	avevano	andavamo	aspettavano

1. ● Ragazzi, che cosa facevate in via Mazzini?
   ● .... l'autobus.

2. ● Quando .... a sciare cosa bevevamo contro il freddo?
   ● Non ti ricordi? .... una grappa o due.

3. ● Chi aspettavano Luca e Carlo?
   ● Non .... nessuno, guardavano le ragazze.

4. ● Perché in vacanza i ragazzi non si alzavano mai presto?
   ● Perché non .... un orologio.

2 2.29 **Accento di parola: nomi e aggettivi**

Tra queste parole cercate quelle con l'accento su una sillaba diversa dalla penultima e indicate la vocale accentata. Poi ascoltate e verificate.

gentile • il semaforo • il vigile

l'angolo • la città • la farmacia

la fidanzatina • la vacanza • la visita

lontano • nonni • simpatico

Accento sulla penultima sillaba:

pa-<u>rò</u>-la / gior-<u>nà</u>-le / ac-<u>cè</u>-nto

La maggior parte delle parole in italiano hanno l'accento sulla penultima sillaba.

Accento su una sillaba diversa dalla penultima:

<u>tà</u>-vo-lo / au–to-<u>mò</u>-bi-le / caf- <u>fè</u>

Ma ci sono anche molte parole che hanno l'accento su un'altra sillaba.

3 **Ora tocca a voi!**

Scrivete un breve racconto al passato con tutte le parole dell'attività F2. Aggiungete solo i verbi. Poi leggetelo al vostro compagno.

....

....

....

L'angolo dei giornali

A coppie: leggete il titolo e il sottotitolo di questo articolo di giornale e rispondete.
Che cos'è il "cyber treno"? Come lo immaginate? È una notizia interessante per voi?

Genova, al via il progetto "Fifth" di Alenia e Trenitalia.Collegamento via satellite, schermi e accessi alla Rete nei vagoni

Presentato il "cyber treno"

In carrozza con tv e Internet. Sperimentazione fino a giugno, poi, dal 2006, in servizio sugli Eurostar e, poi, sugli Intercity. Prima volta al mondo

Tratto da La Repubblica, 22.10.2003

Italiani oltre i sessanta

Come si chiamano le persone che hanno più di 60/65 anni?

Di solito "anziani", ma è una parola che qualcuno usa con un po' di imbarazzo*, per l'immagine negativa che molti associano alla "terza età". Anche se, invece, sempre più "anziani" hanno un modo di vivere molto positivo, che i più giovani invidiano*.

1. Che cosa è cambiato?

Secondo voi, che cosa è più tipico per gli anziani che vivevano più di 50 anni fa? Che cosa invece per le persone che hanno più di 65 anni oggi? A coppie: formate delle frasi secondo il modello:

Prima... + Imperfetto Ora... + Presente:

- abitare con i figli in una grande casa
- restare a casa e lavorare a maglia (le donne)
- passare il tempo in piazza o al bar (gli uomini)
- vivere in media più di 75/80 anni

2. Qual è la percentuale giusta?

L'articolo contiene alcuni dati forniti dall'IRPPS (Istituto di ricerche sulla Popolazione), prima di leggere fate le vostre ipotesi e segnate con una crocetta.

☐ il 15%	☐ il 60%	☐ il 36%	dei pensionati italiani si dedica a attività di varia natura
☐ il 10%	☐ il 19%	☐ il 31%	dei pensionati "attivi" pratica sport
☐ il 33%	☐ il 11%	☐ il 15%	è attivo nel volontariato
☐ il 22%	☐ il 6%	☐ il 40%	frequenta corsi di vario genere

3. Volontariato* e persone anziane

Che cosa associate a queste due parole vicine?

A coppie: scambiate le vostre idee e poi confrontatele con le informazioni che trovate nel testo.

Com'è l'anziano tipo oggi in Italia? Se è vero che, soprattutto nelle grandi città, ci sono molte persone anziane sole con pochi soldi e molte difficoltà ad affrontare i problemi della vita quotidiana, è anche vero, però, che si incontrano sempre più persone oltre i 65 anni che non vivono la terza età come un punto di arrivo, ma come un nuovo e stimolante punto di partenza. Dopo gli anni in cui tutto il tempo e le energie erano dedicati al lavoro, alla carriera e ai figli, i nuovi pensionati si organizzano per approfittare del tempo libero: viaggiano, fanno sport, si dedicano al volontariato e tornano anche a scuola. In quasi tutte le città italiane, ci sono ormai corsi di tutti i tipi organizzati dall'Università della Terza Età. Secondo alcuni dati forniti dall'IRPPS, il 36% dei pensionati italiani si dedica a "attività di varia natura": il 19% pratica sport, l'11% volontariato, il 6% frequenta corsi di vario genere. Nel volontariato, il tipo di attività preferito è collegato al sesso e al titolo di studio: le donne spesso offrono il loro aiuto ai malati e alle persone che hanno bisogno di cure e assistenza, gli uomini si dedicano ad attività sindacali*, o collegate ai loro interessi come il controllo dei giardini, la vigilanza* davanti alle scuole, la guida ai musei. La vera novità è che sempre più spesso gli anziani sono impegnati in opere di volontariato come soggetti attivi, che danno la loro energia, la loro esperienza e il loro tempo per aiutare gli altri. Fonte: www.intrage.it

Com'è nel vostro paese?

Il ruolo delle persone oltre i sessanta/sessantacinque anni è più tradizionale? Oppure è ancora più grande il numero di "anziani" che vivono "la terza età" in modo positivo?

Vocabolario: imbarazzo: sensazione che non ci piace quando pensiamo a un'idea o a una situazione problematica, triste o difficile; invidiare: volere essere, fare o avere qualcosa che altri possono e noi no; sindacali: che riguardano le organizzazioni dei lavoratori; vigilanza: controllo e assistenza nelle scuole; volontariato: dare aiuto o fare qualcosa di utile per altre persone o per la società senza chiedere un compenso.

Intervallo 4

La valigia di Teresa

Che cosa ha dimenticato di mettere nella valigia Teresa? Scrivete nelle caselle il nome delle cose che vedete nella valigia e poi usate le lettere numerate per trovare il nome delle cose che sono ancora sul letto.

Nella valigia ci sono:

1. una [1] [ ] [ ] [ ] [ ] [ ] [ ] [ ] [8] rosa
2. una [6] [ ] [ ] [ ] [ ] [7] [ ] [ ] [ ] di cotone verde
3. un paio di pantaloni [ ] [10] [5]
4. un [ ] [ ] [ ] [4] [2] da sera rosso
5. un paio [12] [13] [3] [ ] [ ] [ ] [9] [ ] nere
6. una gonna [ ] [ ] [ ] [ ] [ ] [11] [ ]

Sul letto ci sono:

7. un _ _ _ _ _ _ _ (1 2 3 4 5 6 7) da bagno
8. un _ _ _ _ _ _ _ _ (1 8 9 9 7 10 10 2) di paglia
9. un paio di _ _ _ _ _ _ _ (3 8 11 12 8 10 13)

La storia:

Chi l'ha detto? *Ormai conoscete abbastanza bene Luca, Carlo e i loro amici e parenti. Leggete queste frasi, ricordate chi le ha dette? Dove era? Con chi parlava? Scrivete le informazioni accanto a ogni frase come nell'esempio:*

"Ciao, mamma. Questo è il mio amico Carlo." ..... Luca, per strada parla con Giovanna, sua madre.
"Ah, sì! Marta è la figlia dell'amica di tua madre..." .....
"Andiamo da Tobias, vieni anche tu con noi?" .....
"Voglio fare una sorpresa a mia moglie." .....

Leggete le istruzioni per giocare a pag. 209.

RIPASSO SUPER RAPIDO

Unità 9

A una festa

a

b

c

A

1 Chi sono? Dove sono? Che cosa fanno?

Riconoscete alcune persone nelle foto? Secondo voi dove sono? Che cosa stanno facendo?

2 Che cosa dicono?

A coppie: fate delle ipotesi per completare i dialoghi. Poi collegate ogni dialogo alla foto corrispondente.

1.
Luca: .... ?
Giuliana: Niente, sto scrivendo un sms a un'amica e sto ascoltando la musica. Questa canzone è bellissima!
Luca: ....
Giuliana: Perché no?

2.
Carlo: Sei bellissima, stasera, molto elegante. Che ne dici di ballare tutta la sera con me?
Marta: ....

3.
Carlo: Ti stai divertendo?
Luca: .... Tua sorella è stata davvero brava a organizzare tutto.
Carlo: Mia sorella, eh? ....
Luca: No, dai! Perché non mi spieghi che cosa è successo?
Carlo: ....

3 2.30 Confrontate

Ascoltate i tre dialoghi e confrontateli con le vostre ipotesi.

4 2.30 **Mettiamo a fuoco**

Ascoltate di nuovo i tre dialoghi e trovate le strutture nuove. Poi guardate le immagini e scrivete sotto ognuna la frase giusta.

1. ....

2. ....

3. ....

4. ....

5. ....

6. ....

- Sta dormendo.
- Sta uscendo di casa.
- Stanno parlando.
- Sta leggendo.
- Stanno ballando.
- Sta bevendo un cocktail.

Grammatica attiva

La struttura **stare + gerundio** *serve a evidenziare che l'azione si svolge proprio "nel momento". È frequente soprattutto nell'italiano parlato, ma non è obbligatoria.*

Giuliana sta scrivendo un sms = In questo momento Giuliana scrive un sms.

Completate con le forme del gerundio che trovate in queste pagine.

	-are	-ere	-ire
	....	....	....
sto / stai / sta	....	....	....
stiamo / state / stanno	....	....	....

Due forme irregolari: fare → **facendo**, bere → **bevendo**

Gioco:

Che cosa sta facendo?

Formate due squadre. A turno uno studente di una squadra deve mimare un verbo che la squadra avversaria gli dice senza farsi sentire dagli altri della sua squadra. I suoi compagni di squadra devono indovinare e rispondere con la struttura **stare + gerundio** *alla domanda: "Che cosa sta facendo?"*

Alternativa: una squadra mostra all'altra una foto o un disegno che trova nel libro, l'altra squadra deve dire che cosa stanno facendo le persone nell'immagine.

Unità 9

5 2.30 **Che cosa pensate?**

A coppie: Ascoltate di nuovo i dialoghi e discutete insieme le possibili risposte alle domande.

- Chi è Giuliana? Secondo me, ...
- Perché Carlo non vuole parlare di Giuliana? ....
- Marta vuole ballare tutta la sera con Carlo? ....

B

1 2.31 Accettare o rifiutare una proposta

A coppie: provate a interpretare questi mini dialoghi. Poi ascoltate e fate attenzione all'intonazione, infine leggete di nuovo voi.

1.
- Che ne dici di andare al cinema?
- No, dai, andiamo a ballare, invece.

2.
- Signor Rossi, viene a prendere un aperitivo?
- Mi dispiace, questa sera ho un impegno. Perché non facciamo domani?

3.
- Hai voglia di andare a cena fuori?
- Sì, volentieri.

4.
- Andiamo al mare domenica?
- Ottima idea.

5.
- Vuoi qualcosa da bere?
- Perché no?

6.
- Perché non organizziamo una festa sabato?
- Mi dispiace, sabato non posso, devo lavorare.

2 2.31 Mettiamo a fuoco

Ascoltate ancora i mini dialoghi. Sottolineate in B1 le espressioni per fare una proposta. Poi completate questa tabella.

Accettare una proposta:	....
Rifiutare una proposta:	....
Fare una controproposta:	....

3 Ora tocca a voi!

A gruppi: organizzate una festa. Mettetevi d'accordo e poi riferite alla classe.

Domande guida:

1. *Perché? Decidete che cosa festeggiate.*

☐ la laurea ☐ il compleanno ☐ una partenza ☐ altro: ....

2. *Quando? Mettetevi d'accordo sulla data:* ....

3. *Chi fa che cosa? Dividetevi i compiti:*

☐ pulire la casa ☐ fare la spesa ☐ organizzare la musica ☐ altro: ....

C

1 2.32 **Perché Carlo è arrabbiato con la sorella?**

Completate il racconto di Carlo. Poi ascoltate e verificate.

Volete sapere perché sono arrabbiato? Ora vi racc............... .
Mia sore............... ha deciso di organ............... una festa per la sua lau............... e ha chiesto il mio aiuto. Ho accet............... , perché sono un ragazzo ingenuo, e sapete cosa è succ............... ? Mentre io correvo come un matto per preparare tutto, lei cosa fac............... ? Telefonava alle ami............... . Mentre io pulivo la ca............... , andavo a fare la spesa e prepa............... panini per tutti, lei parl............... di quale abito mettersi, di quale profumo scegliere, chied............... consiglio alle ami............... sulle scarpe, sul trucco, e intanto io lavo............... da solo.
E adesso sono stanco morto!

Imperfetto (2)

L'imperfetto si usa anche quando si parla di due azioni del passato che si svolgono contemporaneamente, anche se queste non esprimono un'abitudine.
Due frasi con l'imperfetto si collegano spesso con **mentre**:
Mentre Carlo puliva la casa, Giuliana parlava a telefono.

2 2.33 **Anche Gianni e Teresa non vanno d'accordo**

Gianni abita con sua sorella Teresa ma litigano sempre. Perché? Guardate che cosa è successo ieri e completate il racconto con i verbi all'imperfetto. Poi ascoltate e confrontate.

Ieri mattina mentre Gianni .... ancora, Teresa .... musica a tutto volume. Quando Teresa .... usare il bagno per poi uscire in fretta, Gianni faceva un bagno rilassante.
Nel pomeriggio Teresa .... e Gianni .... nella stessa stanza. La sera poi, mentre Gianni .... con la sua ragazza in soggiorno, Teresa .... sul divano a guardare la TV.

3 **Chi ha ragione? Qual è la soluzione?**

A coppie: scegliete di rispondere a una delle due domande. Poi riferite alla classe.

- *Che cosa dovevano fare Carlo, Gianni e Teresa per non litigare e non arrabbiarsi?*
- *Avete fatto la stessa esperienza con una sorella, un fratello o un amico o un'amica con cui condividevate l'appartamento? Quali erano i problemi? Quale soluzione avete trovato per andare d'accordo?*

D

1 Che eleganza!

Questa è una festa di matrimonio: tutti sono vestiti al meglio! A coppie: uno di voi sceglie una persona e descrive come è vestita e con quali colori. L'altro deve indovinare chi state descrivendo. Poi scambiatevi i ruoli.

Ha un abito nero e porta gli occhiali. Chi è? – È la lettera d.

2 2.34 Chi è? Com'è?

Le feste di matrimonio sono l'occasione giusta per conoscere o rivedere amici e parenti. Tutti si guardano e si studiano. Guardate di nuovo l'immagine della pagina accanto. Leggete e ascoltate i commenti di alcuni invitati e collegateli alle persone descritte.

1. Che bella la sposa! È un po' bassa, ma è snella e molto carina. E poi ha gli occhi chiari! ☐
2. E lo sposo? Capelli nerissimi, magro, abbronzato. È alto però! Da quando porta gli occhiali? d
3. La zia Margherita? È quella signora un po' robusta, accanto alla sposa. Ha i capelli rossi. ☐
4. Invece la signora piccola e minuta accanto allo sposo, quella con i capelli grigi, è la zia Lidia. ☐
5. Guarda come si divertono i figli di Giulia! La bambina ☐ è un po' grassottella ma è molto carina, ha dei bellissimi occhi azzurri. Il bambino ☐ è alto per la sua età! Sono molto vivaci, però sono educati!
6. - E quello con il completo grigio scuro e gli occhiali?
   - È Renato. È un tipo molto timido e introverso. Si sente brutto e non ha il coraggio di parlare con le ragazze. È un pessimista assoluto. Peccato! Ha dei bellissimi occhi e l'aria intelligente. ☐
7. Michela, la ragazza con la camicetta rosa e la gonna verde, è proprio il contrario per carattere: è molto simpatica, estroversa e ottimista. Sempre allegra e sorridente. ☐
8. Vedi lo zio Pietro? È il grassone con la barba e i baffi. Quello senza giacca che pensa solo a mangiare! Maleducato! ☐
9. Però io preferisco lui allo zio Anacleto! Lo conosci? È il signore elegante con l'abito nero. Forse è educato, però è molto antipatico e arrogante! ☐

3 2.34 Mettiamo a fuoco

A coppie: ascoltate di nuovo le descrizioni, sottolineate gli aggettivi e completate la tabella.

Per descrivere una persona:	
Aspetto fisico:	....
Carattere:	....

4 Ancora aggettivi

Ecco altri aggettivi che descrivono il carattere di una persona.
Provate a capire dal disegno che cosa significano.
Poi scrivete accanto a ognuno il suo contrario.

attento • attivo • disordinato • generoso • sincero

1. avaro ....
2. bugiardo ....
3. ordinato ....
4. pigro ....
5. distratto ....

Unità 9

5 Pregi? Difetti? Né l'uno né l'altro?

Quali di tutti gli aggettivi che avete incontrato a pagina 105 vi sembrano dei pregi? Quali dei difetti? Quali né pregio né difetto, ma semplicemente caratteristiche della persona? Parlatene con un compagno.

E

1 Una e-mail

A coppie: leggete la e-mail che Carlo scrive a Luca. Immaginate di essere Luca e scrivete la risposta. Poi confrontate le vostre risposte con la classe.

Ciao Luca,
mi sono svegliato dieci minuti fa con un mal di testa da morire, ieri alla festa ho bevuto un po' troppo. Sono sicuro che tu dormi ancora e per questo non ho voluto telefonarti, ma quando ti svegli e leggi questa e-mail, per favore chiama, ti devo dire una cosa importante.
Ti saluto perché si è alzata mia sorella e ha bisogno del computer. Adesso che si è laureata ha deciso di fare il bello e il cattivo tempo.
Carlo

2 Mettiamo a fuoco

Leggete di nuovo la e-mail di Carlo e il suo racconto in C1. Poi completate la tabella.

Espressioni idiomatiche:

Quale espressione usa Carlo per dire

- che ha dovuto lavorare molto e in fretta

....

- che è molto stanco

....

- che ha molto mal di testa

....

- che la sorella ha deciso di fare tutto quello che vuole

....

Per ricordare meglio un'espressione un po' speciale, scrivete tutta la frase in cui la trovate la prima volta. E accanto descrivete una situazione per quella frase, con persone e luoghi a voi familiari.

Gioco:

Alzatevi e girate per la classe. Avete cinque minuti di tempo per trovare almeno una persona per una di queste situazioni.

1. si è sposata con un italiano/a
2. questa settimana si è svegliata tardi almeno una volta
3. si è laureata quest'anno
4. il fine settimana scorso si è alzata presto
5. ieri si è addormentata tardi
6. questa mattina non si è fatta la doccia ma si è fatta il bagno
7. si è fidanzata almeno una volta con uno straniero/a
8. questa mattina si è alzata con un forte mal di testa

F

1 2.35 Parla la mamma

Ascoltate che cosa dice la mamma di Giuliana e rispondete alle domande.

1. Quanti anni ha Giuliana? ....
2. A quanti anni ha cominciato a leggere? ....
3. Quanti anni ha Carlo? ....
4. A quanti anni aveva la prima fidanzata? ....

2 2.35 Mettiamo a fuoco

Ascoltate di nuovo e leggete. Verificate le vostre risposte in F1 e completate la tabella.

Sono così orgogliosa di mia figlia! Una ragazza di 24 anni già laureata! Ma lei è sempre stata un piccolo genio. A cinque anni ha cominciato a leggere e a scrivere e a sei, a scuola, era la più brava di tutti. Carlo invece è esattamente il contrario: molto intelligente, non dico di no, ma pigro. Ha 27 anni, e sta ancora all'università. Lui pensa alle moto, a divertirsi e alle ragazze. A 16 anni aveva già la prima fidanzata, ma studiare no, non ha la volontà.

Grammatica attiva

Preposizioni con l'indicazione dell'età

Completate le frasi con le preposizioni corrette e completate la regola.

Una ragazza .... 24 anni già laureata!

.... 5 anni ha cominciato a leggere e a scrivere.

Usiamo la preposizione **di** ....

Usiamo la preposizione **a** ....

3 Ora tocca a voi!

Come eravate a scuola? Vi piaceva studiare? Vi sentite più simili a Giuliana o a Carlo? Perché? Parlatene con un compagno poi nella classe: quanti "Carlo" ci sono e quante "Giuliane"?

Scambio di idee: Una storia per la TV

In gruppi: dovete scrivere il progetto per un film della TV e per prima cosa dovete decidere chi sono e come sono i personaggi. Discutete insieme e decidete almeno 3 personaggi. Poi riferite alla classe.

Nome:	Nome:	Nome: ....
Età:	Età:	Età: ....
Professione:	Professione:	Professione: ....
Aspetto fisico:	Aspetto fisico:	Aspetto fisico: ....
Carattere:	Carattere:	Carattere: ....

G

1 Come si chiama in italiano?

A coppie: dite i nomi di tutte le cose che conoscete fra queste.

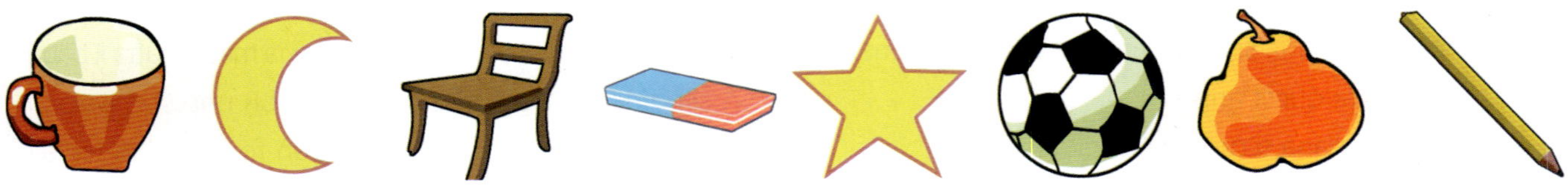

2 2.36 Le consonanti doppie

Ascoltate e scrivete le parole nella colonna giusta. Fate attenzione alla pronuncia delle consonanti: D; F; L; M; N; R; T; V; Z. Poi rileggete e confrontatevi con i compagni.

Parole con la consonante doppia o lunga:	Parole con la consonante semplice o corta:
bello	mela
....	....
....	....

3 2.37 Ora tocca a voi!

A coppie: leggete queste frasi. Poi ascoltate la pronuncia e ripetete.

- Buonasera!
- Buonanotte!
- Un caffè con latte.
- C'è la luna e ci sono le stelle.
- Che sole!
- Ho una mela e una pera.
- La penna è sul tavolo.
- Hai una gomma e una matita?
- La palla è in mare.
- La tazza con il caffè.

L'angolo degli inviti

A coppie: leggete questi due inviti e rispondete. Quale dei due è per una promozione commerciale? A quale delle due feste è meglio andare con abiti eleganti?

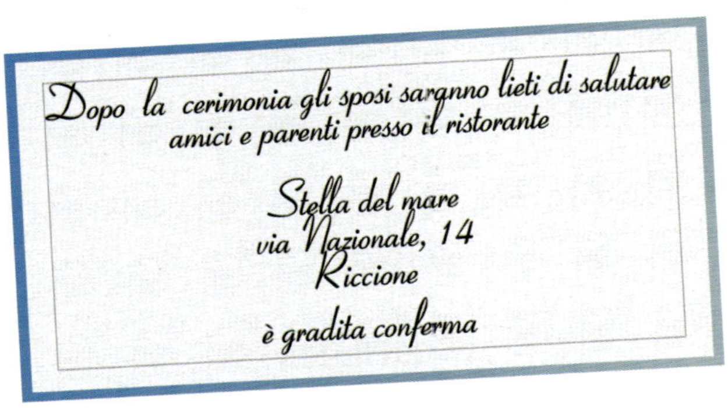

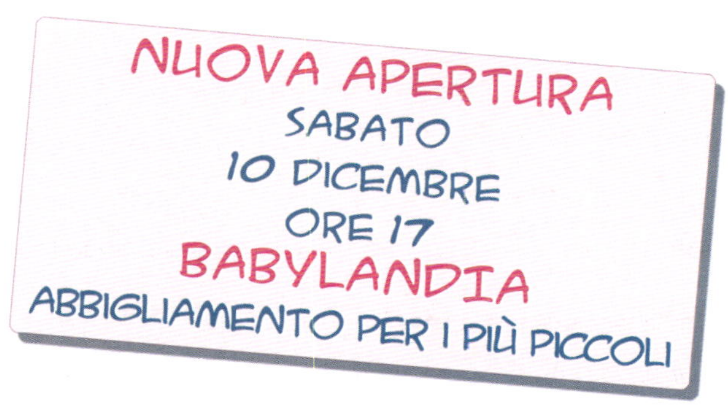

Università: nuove tendenze

1. Come si chiamano gli studenti?

Collegate le diverse parole che indicano gli studenti dell'università alla loro definizione.

il/la laureato/a • la matricola • il fuori corso • il/la laureando/a

1. Ha finito l'Università con successo, gli italiani lo chiamano "dottore": ....
2. È molto vicino alla fine degli studi e sta preparando la sua tesi* di laurea: ....
3. Nuovo iscritto, prende il nome dal numero di iscrizione o numero di matricola: ....
4. Non ha ancora finito gli studi dopo il numero di anni regolare previsto dal curriculum: ....

Più laureati con la laurea breve: si diventa "dottori" in 3 anni

La "laurea breve", cioè il corso universitario con frequenza obbligatoria* e durata di 3 anni, invece di 4 o 5, è una delle innovazioni* della riforma dell'università italiana del 2000. I corsi di laurea breve ci sono soprattutto in alcune aree di studio: medicina, economia, ingegneria, scienze della comunicazione e del servizio sociale. Un'indagine* di Almalaurea del 2003 ha preso in esame* 27 università italiane. Ecco alcuni dati: le lauree brevi sono state decisamente positive per la soluzione di uno dei maggiori problemi dell'università italiana, il problema dei "fuori corso". Con la laurea breve più del 70% degli studenti si è laureato nel numero di anni regolare, mentre per le lauree tradizionali la percentuale dei "fuori corso" è ancora del 47% degli iscritti.

L'indagine conferma anche che le donne sono protagoniste* all'università: il 59% dei laureati è di sesso femminile, e le femmine si laureano in generale con voti* più alti dei maschi.

Non tutte le matricole finiscono gli studi, molti abbandonano* dopo il primo anno di corso. Gli "studenti lavoratori" esistono ancora, ma prendono la laurea con un ritardo di cinque anni rispetto ai compagni che non lavorano mentre frequentano l'università. Un altro dato* interessante dell'indagine è sui voti: le lauree aumentano ma i voti diventano più bassi. Prima il voto di laurea era in media di 103 punti su 110, ora è in media di 102 su 110.

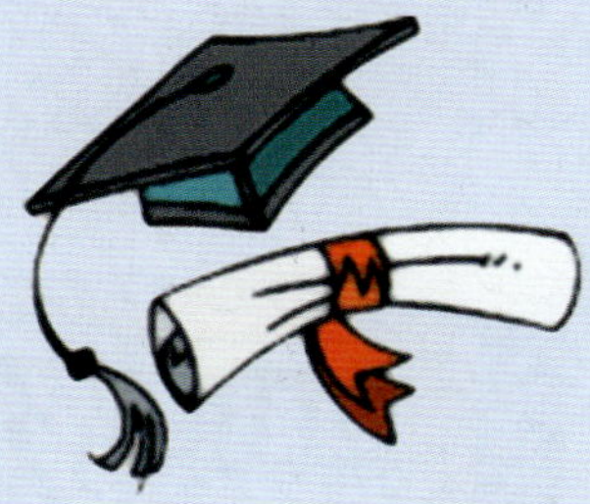

Che cosa offre Internet?

www.universo.miur.it il sito del Ministero dell'Istruzione e dell'Università, con informazioni generali e tutti i link delle Università italiane

www.studenti.it qui gli studenti si scambiano informazioni e idee

www.almalaurea.it si trovano i risultati di indagini sullo stato dell'università

2. *Completate le frasi per fare un riassunto del testo.*

Un elemento nuovo della riforma dell'università italiana è ....
Le aree con il maggior numero di corsi di laurea breve sono ....
....
Un grande problema dell'università italiana è quello degli studenti "fuori corso", ma con la laurea breve .... La percentuale delle studentesse che si laureano è del .... e i voti delle femmine sono .... Molte matricole .... e gli studenti lavoratori .... In generale le lauree aumentano ma i voti ....

3. Com'è nel vostro paese?

Esiste il problema degli studenti universitari "fuori corso"? Come si calcola il punteggio della laurea? È obbligatorio frequentare i corsi universitari o è possibile essere uno studente lavoratore?

Vocabolario: abbandonare: lasciare; dato: informazione spesso in numeri; indagine: una ricerca; innovazione: elemento nuovo in un sistema; obbligatoria: che si deve fare assolutamente; prendere in esame: analizzare; protagonista il personaggio più importante; tesi di laurea: presentazione di una ricerca scritta alla fine del corso di studi universitari. voto: numero che indica la qualità di un esame scolastico.

Nei negozi

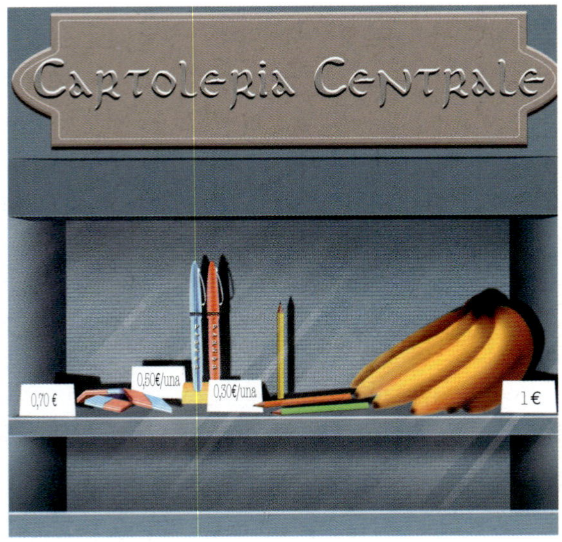

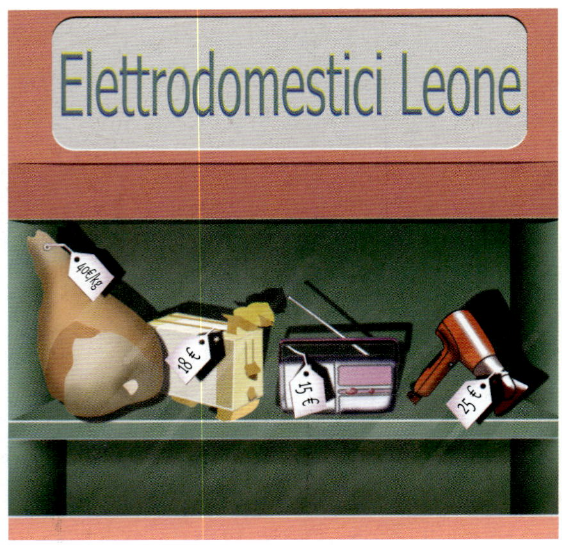

A

1 Non c'entra niente!

In ogni vetrina c'è un prodotto che non c'entra. Sapete come si chiama? Completate.

Nel negozio di elettrodomestici c'è un prosciutto.

In profumeria ....

Nel negozio di ottica ....

In cartoleria ....

2 2.38 Quanto costa?

Ascoltate i prezzi dei prodotti e scrivete qui le parole nuove.

....

....

3 Dove si compra?

A coppie: leggete le domande e scambiatevi le informazioni.

- Sapete dove potete comprare i prodotti che non c'entrano in queste vetrine?
- Siete stati in uno di questi negozi dall'inizio della settimana?

B

1 2.39 La lista della spesa

A coppie: conoscete il nome di questi prodotti alimentari? Aiutatevi con la lista della spesa della signora Maria.

2 pezzi di pane
2 kg di carne macinata
3 bistecche di vitello
1/2 kg di pomodori
4 o 5 banane
1 kg di mele
1 kg e mezzo di patate
1 litro di latte
1 etto di burro
1 fetta di formaggio
6 uova
1 confezione di biscotti

2 2.39 Dove va la signora Maria?

Ascoltate la signora Maria e scrivete i nomi dei prodotti al posto giusto.

Nel negozio di alimentari	Dal fruttivendolo	In panetteria	Dal macellaio
....	....	....	....
....	....	....	....
....	....	....	....
....	....	....	....

3 Mettiamo a fuoco

Completate la tabella.

Grammatica attiva

Vado **dal** farmacista. Vado **in** farmacia.

Ricostruite la regola:

da + articolo + ...

in + ...

Completate con la preposizione corretta:

.... pasticceria, ... tabaccaio, ... tabaccheria,
.... fruttivendolo, ... edicola, ... giornalaio
.... macellaio, ... macelleria, ... panetteria,
.... gioielleria, ... gioielliere, ... farmacia

Avete notato? In alcuni casi c'è un'altra struttura:

Nel negozio di elettrodomestici.
Nel negozio di alimentari.
Nel negozio di ottica.

Unità 10

4 Quantità e misure

A coppie: collegate le indicazioni di quantità e di misura ai prodotti. In alcuni casi ci sono più soluzioni possibili.

un etto		acqua
un pezzo		prosciutto
un litro		cioccolatini
una confezione	di	pane
una fetta		pasta
mezzo chilo		olio
una scatola		formaggio

C

1 2.40 Dal fruttivendolo

Quando arriva nei negozi la signora Maria compra spesso cose diverse o quantità diverse rispetto a quello che ha scritto nella sua lista della spesa. Ora è dal fruttivendolo, ascoltate e indicate se compra le quantità indicate, poi segnate che cosa compra in più.

	Sì	No
1. 4 banane	☐	☐
2. 1 kg di mele	☐	☐
3. 1/2 kg di pomodori	☐	☐
4. 1,5 kg di patate	☐	☐

La signora Maria compra anche

....

2 2.40 Quanti ne vuole?

Ascoltate di nuovo e completate.

- Buongiorno signora, desidera?
- Delle banane, per favore.
- Queste due vanno bene?
- No, ... vorrei .... Poi vorrei delle mele, un chilo.
- Le mele sono in offerta. Due chili con lo sconto del 50%.
- Va bene, allora .... compro ....
- Altro?
- Sì, vorrei anche un chilo e mezzo di patate e dei pomodori.
- Ecco a Lei le patate. E i pomodori, quanti?
- Mah… ne volevo 1/2 chilo, però sono molto belli. .... prendo ....
- Signora, ha visto? Abbiamo dei meloni italiani buonissimi. Se preferisce Le do anche solo mezzo melone.
- No, no. Mi piace il melone. .... prendo .... Però lo sceglie buono, vero?
- Ecco, questo è buonissimo. Desidera altro?
- No, basta così. Grazie.

3 2.40 **Mettiamo a fuoco**

Ascoltate di nuovo e completate le tabelle.

Grammatica attiva

Numero indefinito

Per parlare di un numero indefinito di cose si usa alcuni/alcune *oppure* qualche:

alcune mele, alcuni pomodori oppure qualche mela, qualche pomodoro

ma anche la preposizione di + *articolo, completate voi gli esempi*:

.... mele .... pomodori

Quantità indefinita

Per indicare una parte indefinita di una cosa, si usa un po' di,

ma anche la preposizione di + *articolo, completate voi gli esempi*:

.... acqua .... pasta .... olio .... burro

Indicazioni di quantità e pronome partitivo ne

Guardate gli esempi:

Quante banane? - Ne prendo due. / Ne prendo poche. / Ne prendo molte.

Vuole mezzo melone? – No, lo prendo tutto.

Vuole solo due mele? – No, le prendo tutte.

Con quale tipo di indicazione di quantità usiamo il pronome ne*?*

Quando seguono espressioni del tipo ....

....

Quando usiamo invece i pronomi diretti lo, la, le, li?

Con ....

Esercizio: Al negozio di alimentari

A coppie: completate e poi leggete il dialogo.

- Buongiorno, desidera?
- Vorrei .... formaggio.
- Quanto?
- .... prendo due fette. Poi vorrei .... burro.
- .... prende un etto, come sempre?
- Sì, va bene. Un etto. Poi, un litro di latte.
- Ho solo le confezioni da mezzo litro.
- Va bene. .... prendo due da mezzo litro.
- Ha visto come è bello il prosciutto crudo? .... vuole un po'?
- Sì, ma .... prendo solo poche fette. Poi vorrei .... salame.
- Quanto? Un pezzo di questo?
- No, mio figlio .... mangia moltissimo. .... prendo tutto.
- Altro?
- Sì, dei panini.
- Ho solo questi quattro. Non è restato altro.
- OK. .... prendo tutti.
- Desidera altro?
- No, è tutto per oggi. Grazie.

4 Ora tocca a voi!

A coppie: organizzate una cena, decidete il menù, fate la lista della spesa e decidete in quali negozi italiani andate. Poi fate i dialoghi nei negozi.

Perché non provate a scrivere la vostra lista della spesa in italiano?
Oltre alle parole che avete imparato qui, trovate molti altri vocaboli italiani nella lista degli ingredienti delle etichette dei prodotti alimentari.

D

1 2.41 Orientarsi in libreria

Leggete i nomi dei reparti di questa libreria. Poi ascoltate i dialoghi e scrivete accanto al numero che tipo di libro cercano i clienti e in quale reparto vanno.

	Tipo	Reparto
1.	....	
	....	....
2.	....	
	....	....
3.	....	
	....	....
4.	....	
	....	....
5.	....	
	....	....

2 Dove si trova?

A coppie: uno di voi è il cliente, l'altro il commesso in libreria. Il cliente sceglie il titolo o il tipo di libro e chiede al commesso in quale settore si trova. Potete aggiungere un titolo, se volete.

- *Il piccolo principe* di Antoine de Saint-Éxupéry
- Una guida di Parigi
- Un manuale per imparare a usare il programma Word
- Un libro sulla storia del calcio
- *La critica della ragion pura* di Kant
- *La cucina indiana*
- *Il nome della rosa* di Umberto Eco
- *Il manuale del perfetto giardiniere*
- Un giallo di Agatha Christie
- ....

3 Ora tocca a voi!

A coppie: parlate delle vostre abitudini di lettura.

Domande guida:
Che tipo di libri preferisci/e?
Compri/a i libri o li prendi/e dalla biblioteca?
Come scegli/e i libri che legge? (consigli di amici, informazioni da TV giornali, riviste, li apri/e in libreria, …)
Quanti libri leggi/e all'anno?
Quando leggi/e? (in vacanza, la sera, la mattina, nel week end, …)
....
....
....
....
....
....

Una curiosità della lingua

In italiano si chiamano "gialli" i libri con storie poliziesche o in cui un detective indaga su un delitto o un crimine, perché dal 1929 la casa editrice italiana Mondadori pubblica con grandissimo successo libri di questo tipo con copertina gialla.
Nella vostra lingua esiste qualcosa di simile?
....
....
....

E

1 2.42 Ho bisogno di un consiglio

Ascoltate il dialogo fra Carlo e Maria e rispondete alle domande.

1. Per chi è il libro che Carlo sta cercando?
Prima risposta di Carlo: ....
Seconda risposta di Carlo: ....

2. Perché Maria non crede alla prima risposta di Carlo? ....
....

3. Alla fine, quale libro consiglia Maria a Carlo? Perché?
....
....

2 2.42 Sorpresa o imbarazzo?

Ascoltate di nuovo il dialogo fra Maria e Carlo e sottolineate le parti in cui sentite uno di questi stati d'animo. Fate attenzione all'intonazione, poi leggete voi a coppie.

Maria: Ciao Carlo! Che sorpresa!
Carlo: Ciao Maria. Ho bisogno di un consiglio per un regalo.
Maria: Che tipo di libro stai cercando?
Carlo: Non lo so esattamente.
Maria: È per Marta?
Carlo: No, ma che dici? È... per mia sorella Giuliana.
Maria: Bene, allora andiamo nel reparto della fantascienza. A Giuliana piace molto.
Carlo: Veramente vorrei un libro di un autore italiano.
Maria: Ho capito. Qui c'è *Tristano muore* di Antonio Tabucchi. Questo piace anche a Giuliana, io l'ho letto in poche ore. È meraviglioso!
Carlo: Mah... forse Tabucchi è un po' difficile per...
Maria: Difficile? Per Giuliana? Va be', ma perché non vuoi dire la verità?
Carlo: Scusa, hai ragione, è per Marta, non volevo dirti una bugia, ma volevo evitare tante domande tipo "Allora sei innamorato?" "E lei che cosa dice?" Capito?
Maria: Va bene, va bene. Niente domande. Però ti aiuto a scegliere. Ti consiglio i *Racconti* di Italo Calvino. L'italiano non è difficile e le storie sono belle.
Carlo: Grazie, sei un'amica!

Espressioni idiomatiche

tipo...

Che cosa significa qui questa espressione? Quale altra espressione potete usare?
Come si dice nella vostra lingua?

....
....
....

3 Qual è la vostra opinione?

Discutete in classe: Maria è un po' arrabbiata con Carlo perché lui le ha raccontato una bugia. Ma è sempre giusto raccontare la verità? Esistono "bugie" buone?

4 Raccontate

A coppie: Qual è la bugia più divertente che avete raccontato? Quanti anni avevate? Dove eravate? A chi l'avete detta? Perché l'avete detta? Ha funzionato?

Gioco 2.43 **Indovina: che libro è?**

Qual è il primo libro che ha letto Maria? Ascoltate la sua descrizione e provate a indovinare. Avete indovinato?

Ricordate il primo libro che avete letto? Scrivete qui quello che ricordate e fate indovinare alla classe.

....

....

....

....

F

1 SMS

Leggete questo messaggio che Carlo ha mandato a Marta. È pieno di abbreviazioni, capite qualcosa? Provate insieme a interpretarlo, poi girate la pagina e leggete la lista delle abbreviazioni più frequenti negli sms italiani.

6 = sei (tu di essere)	ql1 = qualcuno
Bg = buongiorno	qlc = qualcosa
Bs = buonasera	qke = qualche
Bn = buonanotte	sn = sono (io/loro di essere)
Bc = buona cena	
C = ci (es. c6: ci sei?)	t = ti/te
g = giorno	tt = tutti/tutto
gg = giorni	tvb = ti voglio bene
k = ch (ki=chi, ke= che)	tvtb = ti voglio tanto bene
m = mi	xo = però
msg = messaggio	xke = perché
nn = non	

2 Problemi con il cellulare

A coppie: collegate le frasi che descrivono i problemi con il cellulare alle spiegazioni. Poi leggete che cosa pensano in questo momento Carlo e Marta e date loro un consiglio.

☐ 1. Ho finito il credito.

☐ 2. La batteria è scarica.

☐ 3. Non c'è campo.

a. Il cellulare non è in collegamento con la rete telefonica che serve per comunicare.

b. Il conto "prepagato" per il numero di cellulare è vuoto, non ci sono più soldi.

c. Il cellulare non funziona perché la batteria non ha più energia.

Ho mandato due messaggini a Marta ma lei non mi ha ancora risposto.

Carlo mi ha già mandato due messaggini ma non posso rispondergli perché ho finito il credito.

3 Mettiamo a fuoco

Completate la regola poi fate l'esercizio.

Grammatica attiva

già / non... ancora

Per indicare qualcosa che è successo *prima del momento in cui parliamo usiamo* ....

Per indicare qualcosa che non è successo *prima del momento in cui parliamo usiamo* ....

Esercizio: *Preparate 4 domande con* già. *Poi, a catena, fate una domanda al vostro vicino che deve rispondere con* già *oppure con* non … ancora *come nell'esempio. Se indovina la risposta giusta, continua lui e fa una domanda al suo vicino, se no gli fate voi un'altra domanda.*

Secondo te, sono già stato a Milano?
- Sì, ci sei già stato/a.
- Non, non ci sei ancora stato/a.

Secondo te, ho già bevuto un caffè oggi?
- Sì, l'hai già bevuto.
- No, non l'hai ancora bevuto.

1. ....
2. ....
3. ....
4. ....

Scambio di idee:

A coppie: ascoltate e leggete il testo. Poi rispondete alle domande:
- *Qual è l'informazione principale che dà il testo?*
- *È una sorpresa per voi?*
- *Quali sono, secondo il testo, le due ragioni principali per preferire un centro commerciale?*
- *Qual è un'altra funzione sociale del centro commerciale?*

2.44

Il centro commerciale

Un'alternativa che piace sempre più anche agli italiani

È vero: in Italia ci sono molte persone che, come la signora Maria, vanno ancora volentieri a fare la spesa nei piccoli negozi perché amano il contatto personale con il negoziante e trovano triste e anonimo comprare senza poter parlare con nessuno. Ma non possiamo negare che anche in Italia i grossi centri commmerciali sono ormai in tutte le città, in numero grandissimo.

Le ragioni sono chiare: per tutti i prodotti, prezzi più bassi rispetto a quelli dei negozi più piccoli e possibilità di risparmiare tempo, perché si trova tutto in un solo supermercato.

Per molti, poi, i centri commerciali sono diventati dei luoghi di incontro in alternativa al centro storico. La gente non ci va solo per fare la spesa ma anche perché ci trova negozi di tutti i tipi: sport, abbigliamento, elettrodomestici, profumerie e anche ristoranti, pizzerie e bar.

Fate un sondaggio nella classe e poi scrivete una sintesi sulle abitudini dei vostri compagni.

Chiedete almeno a dieci persone:
a) Dove vanno a fare la spesa?
b) Perché scelgono quel tipo di negozio?
c) Quando vanno a fare la spesa e quante volte alla settimana?

G

1 2.45 Leggere ad alta voce

Fate esercizio con questo testo che riassume alcune informazioni sui personaggi di questo libro. Usate una matita e preparatevi così:

1) *Leggete sottovoce: controllate se conoscete le parole e sottolineate la sillaba accentata quando l'accento non è sulla penultima, come a pagina 96.*
2) *Decidete dove volete fare una piccola pausa per respirare. Mettete una barretta, come nell'esempio.*
3) *Ascoltate la registrazione e confrontate.*
4) *A coppie: leggete voi ad alta voce.*
6) *Se volete potete fare lo stesso esercizio con il testo di pagina 117 sui centri commerciali.*

Carlo e Luca sono molto amici: / si vedono quasi ogni giorno / e, / quando non si incontrano, / si telefonano / e si raccontano tutto quello che gli è successo. / Luca ha una mamma simpatica: / Giovanna. Poco tempo fa lei e suo marito, Giorgio, hanno fatto una bella vacanza a Capri. Giovanna era molto contenta e ha portato regali a tutti. Tra i tanti amici di Luca e Carlo c'è anche Marta: una studentessa brasiliana che ora sta frequentando un corso di italiano e poi vuole iscriversi all'università in Italia. La settimana scorsa c'è stata una festa a casa di Carlo perché Giuliana, la sorella, si è laureata. La mamma di Giuliana è veramente orgogliosa di sua figlia. Carlo, invece, è un po' arrabbiato perché dice che ha dovuto fare tutto lui per organizzare la festa. Se è vero che alla festa Carlo era stanco e arrabbiato, è anche vero che ha ballato quasi tutta la sera con Marta. Secondo noi, era felice!

L'angolo della pubblicità

2.46 *Ascoltate tre annunci di pubblicità alla radio. Scrivete il numero e il nome del prodotto sotto l'immagine corrispondente. Qual è l'immagine senza annuncio?*

☐ ....

Un prodotto per l'igiene personale

☐ ....

Una catena di supermercati

☐ ....

Un telefono cellulare

☐ ....

Un prodotto alimentare pronto

Un libro, un film

Per ognuno di questi romanzi, tre registi italiani hanno fatto un film.
Leggete le informazioni e scrivete per ogni film il titolo del libro corrispondente.

I libri:

Va' dove ti porta il cuore
di Susanna Tamaro

È una lunga lettera scritta da un'anziana signora, Olga, alla nipote che vive lontana. Olga cerca di recuperare* il rapporto con la nipote, rovinato dagli eventi della vita. Così Olga racconta tutto di sé: il matrimonio infelice, una passione breve e tragica, il rapporto difficile con la figlia. Un racconto intimo, con tante emozioni. Una prosa semplice che ha colpito al cuore migliaia di lettori.

Novecento
di Alessandro Baricco

Il transatlantico* Virginian percorre* l'oceano tra l'America e l'Europa. A bordo c'è un bravissimo pianista, T.D. Lemon. È una persona molto speciale, con una vita fuori dal comune: è nato su quella nave e ha passato lì tutta la vita, senza mai scendere sulla terraferma. T.D. Lemon, infatti, ha paura del mondo, delle strade infinite che non si sa mai dove vanno. Un libro sulla paura di vivere e sul bisogno di certezze.

Io non ho paura
di Niccolò Ammaniti

Il romanzo è ambientato* nel 1978 in un immaginario piccolo paese dell'Italia del Sud. Inizia con una gita in bicicletta di sei bambini, tra i quali Michele, di dieci anni.
Michele scopre un bambino rapito* e tenuto prigioniero da una banda di criminali, persone che Michele conosce bene. L'orrore della scoperta è così forte che Michele deve ricorrere alla fantasia per superarlo. Per il lettore ci sono due storie: una vista con gli occhi della fantasia di Michele e una reale e tragica. È un romanzo sulla scoperta di se stessi, sulla forza della fantasia e della solidarietà che ci aiutano a superare anche le prove più difficili.

I film:

Il regista del film, Gabriele Salvatores, ci spiega che all'inizio l'autore del romanzo .... voleva scrivere la storia per un film, poi ha scelto di fare il romanzo. Da questo Salvatores ha fatto il film. C'è quindi un rapporto molto stretto tra cinema e letteratura, anche se il cinema obbliga a fare scelte diverse. Il protagonista del romanzo è un bambino alto un metro e trenta e perciò anche la macchina da presa* per questo film è sempre a un metro e trenta e questo obbliga a trovare delle soluzioni narrative diverse da quelle del libro.

Dopo i successi dei film *Nuovo Cinema Paradiso* (1988) e *L'uomo delle stelle* (1995), Giuseppe Tornatore ha deciso di realizzare un kolossal. Il film *La leggenda del pianista sull'oceano*, tratto dal romanzo .... è uno dei film più costosi della storia del cinema italiano. Ma la sfida* di Tornatore era forse ancora più importante: riuscire a fare un film da un testo poetico.

La regista del film ...., Cristina Comencini, dice che è stato un libro difficile da portare sullo schermo. È una storia densa di emozioni, ricordi e sentimenti, difficile da tradurre in immagini.

Vocabolario: <u>è ambientato</u>: il posto dove si svolge l'azione è...; <u>macchina da presa</u>: strumento per riprendere le immagini del film; <u>percorre</u>: viaggia da un posto all'altro; <u>rapito</u>: portato via dalla sua famiglia con la forza; <u>recuperare</u>: (qui) ricostruire, rimettere a posto; <u>sfida</u>: provare a fare qualcosa di molto difficile; <u>transatlantico</u>: grandissima nave per crociere.

Lunedì	Martedì	Mercoledì	Giovedì	Venerdì	Sabato
8	8	8	8	8	8
9	9	9	9	9	9
10	10	10	10	10	10
11	11	11	11	11	11
12	12	12	12	12	12
13	13	13	13	13	13
14	14	14	14	14	**Domenica**
15	15	15	15	15	
16	16	16	16	16	
17	17	17	17	17	
18	18	18	18	18	

Benvenuti:

1 L'anagramma. *Trova le parole.*

C E F A F	______	R E Z I G A	_______
I C O A	____	T A C H I N I	_________
I G A S P H T T E	_________	G T E O L A	______

2 Pronuncia e grafia. *Metti le parole nella colonna giusta.*

Arrivederci
Zucchero
Buongiorno
Caffè
Calcio
Chianti
Ciao
Colosseo
Gelato
Gondola
Grazie
La dolce vita
Spaghetti

[tʃ] ciao	[dʒ] gelato
[k] caffè	[g] spaghetti

U1, A e B:

1 Che confusione! *Metti in ordine i dialoghi.*

1. *Carlo e Luca si vedono al bar.*

- ☐ ● Insomma, non c'è male. Che cosa prendi?
- ☐ ● Ciao Luca. Come stai?
- ☐ ● Anch'io e prendo anche una pasta.
- ☐ ● Ciao Carlo. Sto bene, grazie. E tu?
- ☐ ● Un caffè.

2. *Marina e Giovanna si vedono in pizzeria.*

- ☐ ● Sono qui con un'amica. Come va?
- ☐ ● Abbastanza bene, grazie.
- ☐ ● Ciao Marina. Come mai qui?
- ☐ ● In gran forma. E tu?

3. *Il signor Guidi e la signora Genovesi si vedono a teatro.*

- ☐ ● Oh, mi dispiace! Io sto bene, grazie.
- ☐ ● Eh, insomma. Ho mal di testa! E Lei?
- ☐ ● Buona sera, signor Guidi. Tutto bene?

U1, C:

2 **Qual è l'intruso?** *Trova l'intruso e scrivi una frase.*

1. caffè • cappuccino • spremuta • pizza ....
2. buongiorno • bene • ciao • salve ....
3. come va? • come sta? • grazie • tutto bene? ....
4. Giovanna • Giulio • Gina • Guido ....

3 **E io che cosa prendo?**

Scrivi davanti a ogni parola l'articolo indeterminativo.

.... cappuccino - .... spremuta d'arancia - .... pasta

.... cornetto - .... spumante - .... succo di frutta

.... aranciata - .... pizza - .... caffè - .... aperitivo

.... po' di salatini - .... tramezzino - .... tè

U1, D:

4 *Completa il dialogo con le domande, poi trasforma in un dialogo formale.*

Lucia e Lisa: informale	*La signora Ricci e la signora Miller: formale*
●	● ....
● Lisa.	● ....
●	● ....
● No, sono americana.	● ....
●	● ....
● Di New York.	● ....

5 **Maschile o femminile?** *Metti nella colonna giusta.*

Sono tedesca. | la signora Minamigutschi | uno studente | Gilberto è brasiliano | un'amica | Questa è Marina. | Questo è il signor Kalifa. | Signor Mayer, Lei è austriaco?

o = *maschile*	**a** = *femminile*
....	....
....	....
....	....
....	....

6 **Signor… – Il signor… – Signora… – La signora…** *Metti l'articolo quando è necessario.*

1. ● Buongiorno, ... signor Brown, come sta?
   ● Molto bene, grazie. E Lei .... signora Keller?

2. ● Marina, questo è .... signor Maitrier.
   ● Molto piacere. Lei è francese, vero?
   ● No, sono canadese.

3. ● .... signora Lazo, che cosa prende?
   ● Vorrei un caffè, grazie.
   ● Un caffè per .... signora e io prendo un tè.

4. ● .... signor Costa non è italiano, vero?
   ● No, ... signor Costa è portoghese.

7 *Completa con il verbo* essere *e il nome della città.*
Le lettere delle caselle grigie formano l'espressione italiana del brindisi.

Roma | siamo | Mosca | siete
è | Tokio | sei | New York
Dublino | sono | Berlino | sono

_ _ _ _ _ _ _ !

1. Noi .... di □□■□□.

2. L'amico di Carlo .... di □□□■.

3. Kurt e Anja .... di □□□■□□□.

4. Io .... di □■□□□□□.

5. Voi .... di ■□□□□.

6. John, tu .... di □■□ □□□□?

U1, E:

8 *Completa con le forme del verbo* avere**.**

1. Io __ __ sete, prendo un'aranciata.
2. Marco, tu __ __ __ 5 euro?
3. Carlo __ __ un amico tedesco.
4. Dottor Pieri, Lei __ __ voglia di prendere qualcosa?
5. Noi __ BB __ __ M __ un'amica spagnola.
6. Ragazzi, __V __ T __ fame?
7. Signori, A __ E __ E voglia di prendere un caffè?
8. Luisa e Luca H __ __ __ __ un bar a Bologna.

9 *Completa i dialoghi.*

Sto molto bene. | avete voglia | Tutto bene? | il mio amico spagnolo
ho fame | la mia amica americana | che cosa | D'accordo. | basta così

1. ● Ciao, mamma. Questo è .... , Pedro.
   ● Molto piacere. Ragazzi, ... di prendere qualcosa al bar?
   ● Va bene.
   ● ....
2. ● Buongiorno, signor Milani. Un cappuccino?
   ● No, ... Prendo una pizzetta.
   ● Prende anche un succo?
   ● No, ...
3. ● Ciao Luca! Come va?
   ● Abbastanza bene. E tu?
   ● .... Marina, questa è .... Sally.
   ● Ciao, Sally. ....
   ● Benissimo.
   ● Marina, ... prendi?
   ● Ho sete. Prendo un succo di frutta.
   ● Allora, un succo di frutta e due caffè.

10 **Che confusione!** *Rimetti in ordine le frasi.*

1. ha • fame • Carlo • non ....
2. spagnola • Marina è • non ....
3. prende • l'aperitivo • non • il signor Rossi ....
4. è • di Tokio • la signora Kenzo • non ....

11 *Metti la finale alle parole:* **o – a – e**

il cappuccin__ la past__ il latt__ macchiato
il tramezzin__ la pizz__ lo spumant__
l'amic__ l'amic__ l'insegnant__ italiana
lo zuccher__ l'aranciat__ l'amica ingles__

12 **Di che nazionalità è?** *Completa con gli aggettivi di nazionalità.*

cinese | brasiliana | greca | tedesco | francese | giapponese | egiziano | inglese

1. Marco è di Amburgo. È ....
2. Maria è di Atene. È ....
3. Mohamed è di Alessandria d'Egitto. È ....
4. Marta è di Rio de Janeiro. È ....
5. Jean-Pierre è di Parigi. È ....
6. Angela è di Londra. È ....
7. Keiko è di Tokio. È ....
8. Li Ai-You è di Pechino. È ....

U1, F:

13 *Risolvi le addizioni e con il risultato fai il cruciverba.*

Orizzontali
2. quattro + otto = ...
5. quattordici + due = ...
6. nove + undici = ...

Verticali
1. nove + otto = ...
3. tre + sette = ...
4. due + tredici = ...
5. uno + cinque = ...

14 **Saluti.** *Scrivi ogni saluto sotto al disegno giusto.*

Buongiorno | Buonanotte | Arrivederci | Buonasera

1. ....

2. ....

3. ....

4. ....

U1, ripasso:

15 *Trova l'errore e correggi.*

1. Noi sono di Parigi. ....
2. Tu siete svedese. ....
3. Marcella siamo italiana. ....
4. Loro è al bar. ....
5. Io sei di New York. ....
6. Maria avete sete. ....
7. Voi ho fame. ....
8. Noi hanno un amico qui. ....
9. Loro hai un gelato. ....
10. Lei abbiamo un'amica cinese. ....

16 **Come si scrive?** *Completa le parole.*

un ami___ ___ un bi ___ ___ ___ ier d'acqua la dol ___ ___ vita buon ___ ___ ___ rno

il ___ ___ lato un cappu ___ ___ ___ no un'ami ___ ___ spa ___ ___ ___ tti

17 *Scrivi le parole vicino agli articoli giusti.*

cappuccino • amica • pasta • amico • caffè • spumante • cornetto • spremuta d'arancia • zucchero • pizza
aperitivo • acqua minerale • tè • aranciata

un / il	
un / l'	
uno / lo	
una / la	
un'/ l'	

18 *Completa.*

invece anch'io allora anche

1. ● Io prendo un gelato.
   ● ....
2. ● Marion è tedesca.
   ● .... Robert.
3. ● Mi dispiace, non abbiamo il tè freddo.
   ● .... prendo un succo.
4. ● Io prendo un bicchier d'acqua.
   ● Io, ..., prendo un caffè.

19 *Scrivi un dialogo per ogni situazione.*

Chiedere aiuto all'insegnante

....
....
....
....
....

Presentazioni

....
....
....
....
....

U1, autovalutazione:

20 Sai dire queste cose in italiano? ☐ *Bene* ☐ *Abbastanza bene* ☐ *Male*

Completa. Poi scegli la tua valutazione.

Chiedere aiuto all'insegnante	Chiedere "Come va?" Rispondere
Presentazioni Chiedere e dare informazioni sul nome	Chiedere e dare informazioni sulla nazionalità e sulla provenienza
Prendere qualcosa al bar	Saluti

21 Bilancio. *Guarda di nuovo l'unità 1 e completa.*

È chiaro. Capisco!	Non è chiaro. Non capisco!

Dopo ogni unità, fai un bilancio. Probabilmente hai ancora qualcosa che non è chiaro!
Va bene! Torna più volte su questo bilancio: a poco a poco metti a fuoco tutti i dettagli!

U2, A:

1 **I compagni del corso sono simpatici!** *Completa le frasi.*

ricci	capelli neri	perché	commesso	l'insegnante
diciannove	impiegata	sorella	corti	tedesco

1. Robert è americano. È biondo con i capelli ....
Ha .... anni. Fa il .... in un negozio di abbigliamento.
Studia l'italiano .... è stilista di moda e ama la moda italiana.

2. Klaus è un signore .... molto simpatico. È farmacista ma ora non lavora più: è pensionato. Studia l'italiano perché ha una .... in Italia.

3. Yokiko è giapponese. Ha i .... e lunghi. Ha 26 anni.
È .... di banca. Studia l'italiano per fare turismo in Italia.

4. Maria è greca. È una bella ragazza castana con i capelli ....
Fa .... di musica. Ha circa 30 anni, credo. Studia l'italiano per lavoro e per piacere.

2 *Trasforma al plurale come nell'esempio.*

Una famiglia piccola	**Una famiglia grande**
Keiko ha un figlio.	Tobias ha due figli.
Thomas ha una figlia.	Michele ha tre ....
Tobias ha un fratello.	Maria ha quattro ....
Yokiko ha una sorella.	Ryan ha tre ....
Klaus ha un nipote.	Klaus ha tre ....

U2, B:

3 *Associa le risposte alle domande.*

1. Ah, è sposata?
2. Che cosa fa?
3. Chi è quel ragazzo biondo?
4. Scusa, come si chiama questo?
5. Posso avere un bicchiere?

a. Ecco il bicchiere.
b. Bicchiere. Il bicchiere.
c. È ingegnere, lavora a Amburgo.
d. È Mario: è di Londra ma ha parenti italiani.
e. Sì, e ha anche un figlio.

4 **Come si chiama?** *Guarda i disegni e completa il cruciverba.*

1. 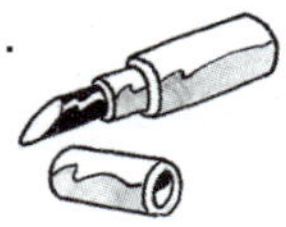

2. 

3. 

9. 

8. 

4. 

5. 

6. 

7. 

5 *Metti la finale per il plurale:* - i , - e.

Maschile:		Femminile:	
il corso	i cors___	la penna	le penn___
lo studente	gli student___	la chiave	le chiav___

6 *Metti al plurale e scrivi accanto all'articolo giusto queste parole.*

l'ingegnere | la commessa | il portafoglio | lo studente | l'orologio | la spazzola | la chiave | la ragazza

l'impiegata | lo spagnolo | l'italiana | la mamma | il nonno | il giornale | la pizza | il cappuccino

i

gli ingegneri

le

U2, C:

7 *Scrivi i verbi nella colonna giusta e poi completa le frasi.*

aprire	parlare
arrivare	chiedere
avere	lavorare
capire	prendere
essere	ricordare
fare	vedere
finire	stare
iniziare	sentire

Verbi regolari:

-are	-ere
....	....
....	....
....	....
....	....
....	....
-ire	**-ire** (tipo -isco)
....	....
....	....

Verbi irregolari: ...., ..., ..., ...

1. Ma dai, Carlo, non ....ricordi........? Marta è la figlia dell'amica di mia madre.
2. I ragazzi .... voglia di prendere qualcosa.
3. La lezione di matematica .... subito e .... alle 17.
4. ● Thomas, tu non .... italiano, vero?
   ● No, ... tedesco.
5. Lucia .... la finestra, perché in classe fa caldo.
6. Ryan .... aiuto all'insegnante.
7. Maria .... l'insegnante, ... in una scuola di musica.
8. ●Buongiorno, dottor Giusti. Come ....?
   ● .... abbastanza bene, grazie.
9. Senti, Carlo, Marta .... alla stazione oggi pomeriggio, noi ci .... alle 3.
10. ● Michele, ... questa musica?
    ● Sì, la musica è bella, ma non .... le parole.
11. Carlo, Luca e sua madre .... qualcosa al bar.
12. Mi dispiace, non .... ancora molto bene l'italiano.

8 *Completa con il verbo al plurale.*

1. Io sento molto bene, no noi .... molto bene la sua musica.
2. Io parlo il giapponese, no noi .... il giapponese.
3. Luca finisce di studiare matematica, no Carlo e Luca .... di studiare matematica.
4. Tu sei molto carino, no voi .... molto carini.
5. Io studio ingegneria, no noi .... ingegneria.
6. Carlo non ricorda, no Carlo e Luca non .... Marta.

9 *Completa con le espressioni idiomatiche.*

Ma dai...	Ti va... ?	Senti, ma...

1. **Claudia:** Questa canzone è in spagnolo, non capisco le parole.
   Monica: .... tu parli benissimo spagnolo!

2. **Giovanna:** Luca, ... di venire al corso di yoga con me?
   Luca: Il corso di yoga? .... mamma. Chiedi alla tua amica.

3. **Luca:** .... tu capisci questo esercizio di matematica?
   Carlo: No, non è chiaro. Domani chiediamo al professore.

4. **Marina:** Ciao Giovanna, ... di prendere un caffè?
   Giovanna: Mi dispiace, oggi no. Ho mal di testa.

U2, D e E:

10 *Scrivi i numeri in lettere.*

1. **Indirizzo**: via Mazzini, 24 – 20052 Monza ....

2. **Telefono cellulare**: 335 56 78 61 20 ....

3. **Telefono fisso**: 039 73 45 96 68 ....

11 **Queste città sono i capoluoghi delle 20 regioni italiane.** *Scrivi dove sono e metti la preposizione davanti al nome della regione.*

Ancona	Firenze	Potenza
Aosta	Genova	Roma
Bari	Milano	Torino
Bologna	Napoli	Trento
Cagliari	Palermo	Trieste
Campobasso	Perugia	Venezia
Catanzaro	Pescara	

Catanzaro è in Calabria.
....
....
....
....

Le eccezioni: Ancona è nelle Marche, Roma è nel Lazio.

12 *Completa con la preposizione giusta:* in – a – per – di.

1. Keiko, Ryan, Tobias e Marta sono .... Bologna .... studiare l'italiano. **2.** Tobias è .... Vienna, ma vive .... Colonia, ... Germania. **3.** Keiko lavora .... Tokio .... Giappone. **4.** Ryan studia l'italiano .... parlare con i parenti italiani che vivono .... Palermo. **5.** Marta è .... San Paolo, ... Brasile.

U2, ripasso:

13 *Collega le parti per formare una frase corretta.*

1. Mario è bruno con i capelli...
2. Joëlle è medico, lavora in Italia ma è...
3. Giovanna è la madre di Luca. Lei è...
4. Siete di Londra? Anche noi siamo...

a. inglesi, di Canterbury.
b. castana, con i capelli lunghi.
c. corti. Lui è cuoco, lavora a Parigi.
d. svizzera, di Ginevra.

14 **Com'è la pronuncia?** *Scrivi le frasi nella riga giusta.*

/sk/
/ʃ/

1. Ho un amico tedesco. 2. La scuola è a Bologna. 3. Ora, capisci? 4. Domani finisco il corso.
5. Marta capisce lo spagnolo, ma non lo parla.

15 **Cerca nella griglia 8 nomi di professioni.** *Con le lettere restanti completa le frasi sotto le immagini.*

B	Q	M	E	D	I	C	O
I	F	C	U	I	N	E	I
B	A	O	L	N	G	A	M
L	R	M	V	S	E	O	P
I	M	M	R	E	G	O	I
O	A	E	N	G	N	O	E
T	C	S	I	N	E	O	G
E	I	S	S	A	R	O	A
C	S	O	Q	N	E	U	T
A	T	E	I	T	N	V	O
R	A	E	C	E	E	È	D
I	C	U	O	C	O	I	V
O	E	R	T	E	N	T	E

1. ____ STO
____
È ________.

2. ____ STO
________ __
____________.

16 *Leggi la e-mail di Tobias. Poi scrivi una risposta.*

Salve,
sono alla scuola d'italiano. Sono in pausa e uso Internet nell'aula studenti. Sto molto bene e ho molti nuovi amici: una è giapponese e si chiama Keiko, ha 27 anni e lavora in un negozio d'abbigliamento. Un'altra ragazza è brasiliana, si chiama Marta e parla molto bene italiano. Poi c'è Ryan, un americano di San Francisco, è in Italia con le sorelle perché la famiglia è italiana.
L'insegnante è simpatica, si chiama Lisa. È una ragazza bruna con i capelli lunghi. Il corso è molto divertente.
A presto.
Tobias.

U2, autovalutazione:

17 *Sai fare domande in italiano?* ☐ *Bene* ☐ *Abbastanza bene* ☐ *Male*

Scrivi le domande e vicino la funzione, come nell'esempio. Guarda di nuovo le unità 1 e 2 e scegli la tua valutazione.

Domanda:	Funzione:
Lei di dov'è? / Tu di dove sei?	Chiedere informazioni sulla provenienza.
....	....
....	....
....	....
....	....
....	....
....	....

18 *Per imparare i vocaboli: raggruppa le parole nuove per tema.*

il fratello/la sorella
LA FAMIGLIA

il commesso / la commessa
IL LAVORO

corti/lunghi
I CAPELLI

19 **Bilancio.** *Guarda di nuovo l'unità 2 e completa.*

È chiaro. Capisco!	Non è chiaro. Non capisco!

Ricorda che puoi tornare più volte su questo bilancio: a poco a poco metti a fuoco tutti i dettagli!

U3, A e B:

1 Tu o Lei? *Guarda i disegni. Secondo te, in quale delle due situazioni le persone parlano in modo formale con il "Lei" e in quale usano invece il "tu" informale?*

....
....
....
....

Scrivi sotto ogni disegno il dialogo fra le due persone, usa queste frasi e fai attenzione al registro formale o informale:

Scusa, sai dirmi dov'è un'edicola? | Grazie, ciao. | Vede il semaforo là in fondo? La strada a sinistra è via Farini. | Grazie mille. | Di niente, ciao. | Buongiorno, mi sa dire come posso arrivare in via Farini? | Si figuri, arrivederci. | È in piazza San Giovanni. Prendi la prima strada a sinistra e poi gira a destra.

2 A destra, a sinistra, dritto. *Scrivi le indicazioni per arrivare dal punto A alla fermata dell'autobus.*

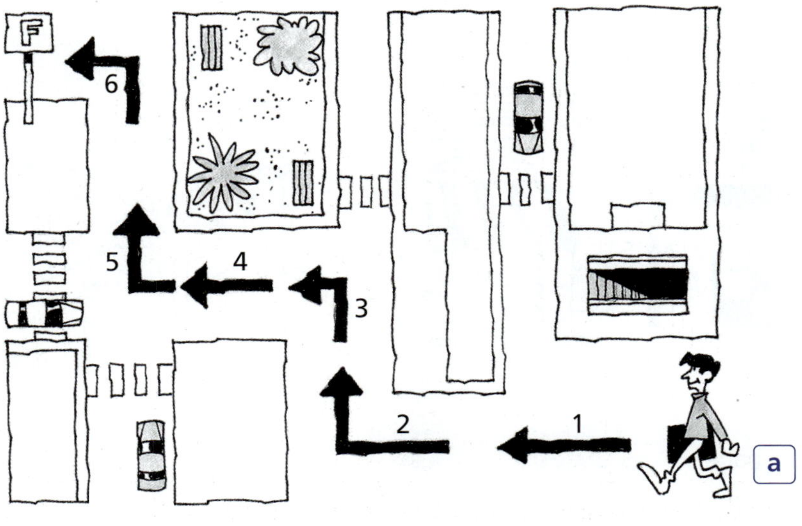

1. ....
2. ....
3. ....
4. ....
5. ....
6. ....

U3, C:

3 C'è o ci sono? *Completa.*

1. In piazza Grande .... un concerto della banda cittadina.
2. In via Manzoni .... un'edicola.
3. Vicino alla fermata dell'autobus .... due ragazzi.
4. .... una signora al bar Centrale.
5. In classe .... sette studenti.
6. A Roma .... il Colosseo.
7. Nella borsa .... le chiavi.
8. A scuola .... molti computer.

4 C'è o dov'è? *Completa.*

1. ● Un'informazione, ... il concerto della banda cittadina?
   ● È in piazza Grande.
2. Senti questa musica? Che cosa .... in piazza Grande?
3. Scusi, ... una farmacia qui vicino o devo andare in centro?
4. ● Sai .... il Ponte di Rialto? ● Che domanda! A Venezia!

5 Scusi, sa dirmi dov'è...? *Completa con l'indicazione di luogo giusta.*

all'angolo con	fino al	in fondo alla	a destra del	accanto alla	di fronte all'

1. La farmacia è .... edicola.
2. L'albergo Italia è .... gioielleria.
3. Il ristorante Da Mario è .... strada.

4. Deve andare .... semaforo, vede là in fondo?
5. Il bar è .... distributore.
6. La gelateria è .... via Cavour.

U3, D:

6 Dove compri queste cose? *Completa il cruciverba con i nomi dei negozi, nelle caselle grigie troverai la risposta alla domanda.*

1. Una scatola di cioccolatini, una torta alla frutta, le paste...
2. Un giornale, un biglietto dell'autobus, una piantina della città...
3. Un vocabolario, un libro di Umberto Eco, una piantina della città...
4. Una scatola di aspirine, un termometro, la vitamina C...
5. Un francobollo, un biglietto dell'autobus, una cartolina...
6. Un orologio, una collana, un anello...

E dove compri un buon gelato? In _ _ _ _ _ _ _ _ _ .

7 In quale negozio sono? *Scrivi il nome del negozio sopra ogni dialogo.*

1. In ....
- Posso provare questa collana? Quanto costa?
- 80 euro.
- È un po' cara.

2. In ....
- Avete *Lessico familiare* di Natalia Ginzburg?
- Naturalmente, ecco a Lei.
- Grazie. Pago alla cassa?

3. In ....
- Vorrei una torta.
- Quale? Quella al cioccolato?
- Sì quella. Quanto viene?

4. Al ....
- Il pieno di benzina super senza piombo.
- D'accordo.
- Posso pagare con il bancomat?

8 **In un negozio di abbigliamento.** *Rimetti in ordine il dialogo.*

☐ Posso vedere quella gonna rossa in vetrina?
☐ Naturalmente!
☐ Con lo sconto del 30% sono 45 euro.
☐ Quanto costa?
☐ Buongiorno signora, desidera?
☐ Certamente. Alla cassa prego.
☐ È un po' cara, ma va bene. Posso pagare con la carta di credito?

U3, E:

9 **Che ore sono?** *Scrivi l'orario in lettere.*

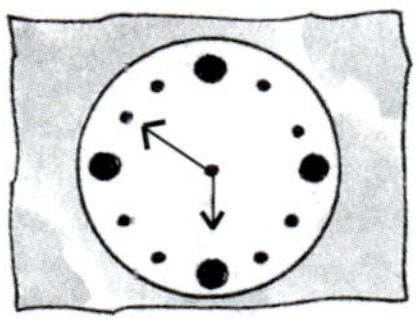

1. ....

2. ....

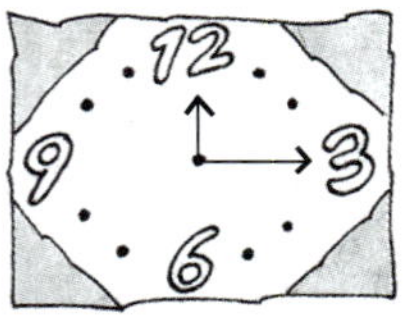

3. ....

U3, F:

10 *Completa con i pronomi personali.* me te lui lei noi voi loro

1. **Carlo**: Luca, vieni con .... alla festa di Tobias?
Luca: Certo che vengo con .... Viene anche Marta con .... ?
Carlo: Marta va con Maria a comprare un regalo, poi viene con .... alla festa.
2. **Maria**: Ragazzi, andate in discoteca? Aspettate, vengo anch'io con ....
Carlo: Io vado a casa, ma Luca e Marta vanno in discoteca. Vai con ....
3. Oggi arriva l'amica di Luca dal Brasile. Luca va alla stazione e anche Carlo va con ....

11 *Completa con le forme corrette del verbo* sapere.

1. ● Buongiorno, signora. .... dove posso comprare una scatola di aspirina?
● Sì, c'è una farmacia qui all'angolo. Vede là?

2. ● Lisa, tu .... dov'è Tobias?
● Io, non lo .... Chiediamo a Luca.

3. Luca e Carlo non .... bene dove abita Tobias. Voi ragazzi .... qualcosa di più preciso?

4. Luca, noi non .... che cosa comprare per Tobias. Tu hai un'idea?

12 *Completa la e-mail di Carlo a Marta con le forme di* andare *o* venire.

Ciao Marta,
come stai? Questa sera Luca e io .... alla festa di Tobias. .... anche tu?
È una bella idea, ... i compagni del corso di italiano e molti altri amici.
A presto, Carlo

U3, ripasso:

13 *Completa con le preposizioni articolate. Se non sai qual è la preposizione giusta, cerca la frase nelle unità 1, 2 e 3.*

1. Ecco una romantica gondola .... Canal Grande.
2. Marta è di San Paolo .... Brasile.
3. Abbiamo un appuntamento .... scuola.
4. Chiedete aiuto .... insegnante
5. Vorrei una pizza .... rosmarino.
6. L'aperitivo .... casa è a base di frutta?

14 *Completa con le espressioni idiomatiche.*

1. ● Scusi, ... il teatro comunale?
   ● Non è lontano, deve girare alla seconda strada a destra.
   ● Scusi, non ho capito. ....
   ● La seconda strada a destra.
   ● Grazie mille!
   ● ....

2. ● Mi sai dire che cosa compro per Tobias?
   Non vorrei andare alla festa ....
   ● Tobias impara l'italiano, ... un libro di fumetti in italiano?
   ● Grazie, è una buona idea.
   ● ....

Può ripetere per favore?

Non c'è di che.

mi sa dire dov'è

Si figuri

che ne dici di

a mani vuote

15 **Come…? Che cosa…? Chi…? Quale…? Quanto…?** *Completa.*

1. ● .... prendi? ● Un cappuccino e una pasta.
2. ● Un'informazione, ... costa la borsa in vetrina? ● ....
3. ● .... vai al corso di italiano? ● In autobus, c'è il 32 di fronte a casa mia.
4. ● .... viene alla festa? ● Non lo so. Gli amici del corso, credo.

16 **Alla fermata dell'autobus.** *Che cosa dicono le persone? Scrivi uno o più dialoghi.*

....
....
....
....
....
....
....
....
....
....
....
....
....

U3, autovalutazione:

17 Sai comprare qualcosa in Italia? ☐ *Bene* ☐ *Abbastanza bene* ☐ *Male*

Completa il dialogo. Poi scegli la tua valutazione.

In una gioielleria, per comprare un orologio:

Sai come cominciare?	*Secondo te, che cosa risponde il commesso / la commessa?*
●	● ....
Come chiedi il prezzo?	
●	● ....
L'orologio è un po' caro, come chiedi lo sconto?	
●	● ....
Vuoi pagare con la carta di credito: che cosa dici?	
●	● ....
Come saluti e ringrazi?	
●	● ....

18 Organizzare il vocabolario. *Quante parole nuove hai trovato nell'unità 3?*

Idee per impararle:

a. Raggruppare per tema:

Negozi e altre cose che ci sono in una città. *Continua tu l'elenco.*

L'edicola, la tabaccheria, ...

Poi scrivi il nome di un negozio importante per te e cosa puoi comprare.

....

Mezzi di trasporto. *Continua tu l'elenco.*

L'autobus, il treno, ...

b. Con un disegno che ti aiuta a ricordare. *Per esempio disegna un orologio e scrivi vicino le frasi modello per dire che ora è in italiano.*

19 Bilancio.

È chiaro. Capisco!	Non è chiaro. Non capisco!

U4, A e B:

1 Prenotare un tavolo al ristorante. *Secondo te, che cosa dice questo cameriere quando risponde al telefono? Scrivi la prima frase. Poi rimetti in ordine la telefonata tra il cliente e il cameriere.*

[1] Cameriere : ....
[ ] Cliente : Perfetto. Alle otto e mezza in punto siamo lì. Grazie mille.
[ ] .... : Certo, per quante persone?
[ ] .... : A che nome?
[ ] .... : Siamo in quattro.
[ ] .... : Buonasera, posso prenotare un tavolo per domani sera?
[ ] .... : Va bene per le otto e mezza?
[ ] .... : Grazie a Lei e arrivederci.
[ ] .... : Marini.

2 Scegliere e ordinare al ristorante. *Completa.*

Posso avere il menù?
È libero questo tavolo?
Che cosa mi consiglia?
Da bere?
Sono allergica
Avete già scelto?

1. ● .... ● Solo acqua. Non bevo vino.
2. ● .... ● Certamente. Ecco a Lei.
3. ● Buona sera. .... ● Sì, prego potete accomodarvi.
4. ● .... ● Sì. Noi prendiamo il menù del giorno e per il bambino spaghetti al pomodoro.
5. ● Posso avere le tagliatelle senza panna? .... , purtroppo.
6. ● .... ● Il risotto alla pescatora è eccellente.

3 Scegli il pronome. *Per ogni risposta scegli il pronome giusto e scrivilo.*

li	lo	le	la

1. ● Prendi un tè?
   ● Sì, grazie, ... prendo volentieri.
2. ● Prendete l'autobus?
   ● No, non .... prendiamo, preferiamo andare a piedi.
3. ● Marta porta il vino alla festa di Tobias?
   ● Sì, ... porta.
4. ● Conosci Giulia e Rita?
   ● Sì, ... conosco bene.
5. ● Comprate voi i biglietti dell'autobus?
   ● Sì, ... compriamo noi.
6. ● Mangi la pasta?
   ● No, non .... mangio. Faccio la dieta!
7. ● La crostata alla frutta è buona?
   ● Buonissima, signore. .... faccio io!
8. ● Come sono le scaloppine al limone?
   ● Non .... so.
9. ● Avete le penne all'arrabbiata?
   ● Certo che .... abbiamo. Sono la specialità della casa.
10. ● Chi prende i garganelli al ragù?
    ● .... prendo io.

4 *Completa con il verbo e il pronome giusto.*

1. ● Perché non mangi i tortellini?
   ● Non ....li mangio.............. perché sono a dieta.
2. ● Voi capite il signor Rossi quando parla?
   ● Sì, ... perfettamente.
3. ● La pasta è fatta in casa?
   ● Certo, ... noi!
4. ● Scrivi tu le domande?
   ● Sì, ... io.

U4, C:

5 **In vacanza senza orari.** *Quando sono in vacanza Claudio e Giorgia non guardano l'orologio. Con l'aiuto dei disegni scrivi l'orario dei loro pasti e la forma del verbo giusta.*

Giorgia e Claudio (fare) .... colazione ....alle dieci e venti..... . Poi visitano la città, vanno in un negozio e comprano un regalo per la mamma di Giorgia. A pranzo (mangiare) .... un tramezzino in un parco .... Per cena (prenotare) .... un tavolo in un ristorante romantico ....

6 **E tu? Dove mangi normalmente? A che ora? E quando sei in vacanza?** *Racconta.*

Normalmente faccio colazione	In vacanza cambio / non cambio abitudini.
....	....
....	....
....	....
....	....
....	....

U4, D:

7 *Scegli tra tutte queste cose solo quelle che ti piacciono e scrivile vicino alla forma giusta.*

mangiare al ristorante • la musica classica • la moda italiana • i tortellini • gli esercizi di grammatica • il tiramisù le tagliatelle ai funghi • il risotto • la musica jazz • i gioielli • i libri di Umberto Eco • le lezioni di italiano leggere il giornale • il Colosseo • fare colazione al bar • le macchine sportive

Mi piace ....
....
....

Mi piacciono ....
....
....

U4, E:

8 Che cosa sono? *Cerca la parola in rima e completa.*

1. Veniamo dalla Cina
ma oggi in Italia siamo sempre in cucina.
Siamo lunghi e perfetti
siamo gli …………………………………… .

2. A Milano mi fanno con lo zafferano.
Sono buono solo cotto
sono il …………………………………… .

3. Siamo buoni con panna e prosciutto,
ma dentro abbiamo di tutto.
Siamo piccoli e carini,
siamo i …………………………………… .

9 Che cos'è? *Indovina e completa.*

1. Lo usiamo per bere. È il B___ ___ ___H___ ___ ___E.
2. Lo uso con la forchetta per mangiare le scaloppine. È il C___ ___ ___E___ ___O.
3. Lo usiamo per mangiare la zuppa inglese. È il C___ ___ ___H___ ___ ___O.
4. Senza il P___ ___ ___ ___ O mangiamo solo i panini, i tramezzini o un pezzo di pizza.
5. La prima cosa che mettiamo sul tavolo è la T___ ___ ___G___ ___A.

10 Com'è? Come sono? *Completa con la parola giusta.*

bene	buono	buona	buone	buoni

1. In questo ristorante il tiramisù è molto …………………………… .
2. Mi dispiace, non parlo ancora molto …………………………… l'italiano. Però lo capisco se parla lentamente.
3. ● Sono …………………………… gli spaghetti? ● No, sono troppo cotti.
4. ● Com'è la cotoletta? ● Molto …………………………… .
5. ● Come cucina la mamma di Luca? ● Molto …………………………… .
6. ● Ciao Luca, come stai? ● Abbastanza …………………………… grazie e tu?
7. Come secondo abbiamo le scaloppine. Sono molto …………………………… .
8. Io faccio spesso una …………………………… colazione al bar.

11 Qual è il contrario? *Gli aggettivi e gli avverbi in queste frasi sono nuovi per te, ma conosci il loro contrario. Risolvi l'anagramma per scoprirlo.*

1. Questo risotto è cattivo.	Non è [N][U][O][B][O].	___ ___ ___ ___ ___
2. Questo locale è pulito.	Non è [R][P][O][S][O][C].	___ ___ ___ ___ ___ ___
3. Questa cotoletta è cruda.	Non è [A][T][C][O][T].	___ ___ ___ ___ ___
4. Qui cucinano male.	Non cucinano [E][B][N][E].	___ ___ ___ ___
5. I tortellini sono pesanti.	Non sono un piatto [E][O][G][L][G][R][E].	___ ___ ___ ___ ___ ___ ___
6. Maria mangia presto.	Non mangia [A][T][D][R][I].	___ ___ ___ ___ ___

12 *Completa con l'espressione idiomatica più adatta.*

Accidenti! | per niente | non è colpa mia

1. ● Scusi, dov'è la fermata dell'autobus 12?
 ● Non lo sa? Oggi non c'è l'autobus 12.
 ● .... Non è possibile!

2. ● Cameriere! Questi tortellini non mi piacciono .... Lei non lavora bene.
 ● Mi dispiace, ma ....

13 **Cucina internazionale.** *Sai da dove vengono questi piatti? Scrivi la provenienza come nell'esempio.*

Austria	Giappone
Danimarca	Scozia
Francia	Spagna
Germania	Ungheria

1. I crauti con wurstel vengono dalla Germania. Sono tedeschi
2. La paella ....
3. La bouillabaisse ....
4. Il goulash ....
5. Il sushi ....
6. La Sachertorte ....
7. L'haggish ....
8. Lo Smørrebrod ....

E dal tuo Paese che cosa viene? Qual è una specialità tipica?

....

14 **Preposizioni.** *Completa con la preposizione giusta e l'articolo quando è necessario.*

1. ● Ciao Luca, dove vai?
 ● Vado .... stazione. Oggi arriva Marta.
2. Domani Carlo va .... Milano.
3. ● Dov'è Giovanna?
 ● È .... bar .... Lisa e Marcella.
4. Normalmente vengo .... corso di italiano .... autobus.
5. Questo esercizio è un po' difficile. Andiamo .... insegnante e chiediamo aiuto.
6. Maria sta molto male. Ora va .... medico.
7. Sono le otto ma la signora Rossi non c'è ancora. Andiamo .... segretaria e chiediamo perché.
8. ● Di dov'è Keiko?
 ● Ma dai, non lo sai? È .... Tokio, ma ora vive .... Bologna.

U4, ripasso:

15 Negozi. *Rispondi alle domande con il negozio come nell'esempio.*

- ● Dove compri un anello? ● Lo compro in gioielleria.

1. ● Dove compri i francobolli per queste cartoline? ● ....
2. ● Dove compri l'aspirina? ● ....
3. ● Dove compri il giornale? ● ....
4. ● Dove compri un dizionario? ● ....
5. ● Dove compri una torta al cioccolato? ● ....
6. ● Dove compri una gonna? ● ....
7. ● Dove compri le cartoline? ● ....
8. ● Dove compri i biglietti dell'autobus? ● ....

16 Verbi, verbi, verbi. *Completa la tabella con le forme dei verbi.*

	avere	sapere	fare	stare	dire
(io)	....	so	faccio	....	....
(tu)	....	....	....	....	....
(lui, lei, Lei)	....	sa	....	....	....
(noi)	....	sappiamo	....	stiamo	diciamo
(voi)	....	....	....	state	....
(loro)	....	....	....	stanno	dicono

17 Chi è? Come si chiama?

Sai come si chiamano le cose e le persone in questa sala di ristorante? Scrivi vicino al disegno tutte le parole che conosci per le cose e le persone che vedi.

....
....
....
....
....
....
....
....
....
....
....
....
....
....
....

U4, autovalutazione:

18 **Sai prenotare un tavolo al ristorante?** ☐ *Bene* ☐ *Abbastanza bene* ☐ *Male*

Questa sera devi andare al ristorante con 5 amici. Scrivi il dialogo per prenotare. Poi scegli la tua valutazione.

....

....

....

....

19 **Sai parlare con il cameriere in un ristorante e sai anche protestare se c'è un problema?**

☐ *Bene* ☐ *Abbastanza bene* ☐ *Male*

Scrivi un dialogo secondo le indicazioni. Poi scegli la tua valutazione.

Gli spaghetti sono troppo cotti. Parli con il cameriere.

● ....

....

Il cameriere chiede scusa e dice che li cambia subito.

● ....

....

Cambi idea: invece degli spaghetti desideri le scaloppine.

● ....

....

Il cameriere risponde che le scaloppine sono finite, non ci sono più.

● ....

....

Chiedi il menù per scegliere un altro secondo.

● ....

....

Il cameriere risponde che hanno solo due secondi: frutti di mare al cognac e cotoletta alla milanese.

● ....

....

Tu sei allergico ai frutti di mare e la cotoletta non ti piace. Fai una critica al ristorante e al cameriere e chiedi una macedonia.

● ....

....

Il cameriere chiede scusa: in cucina oggi c'è un problema. Dice che porta immediatamente la macedonia.

● ....

....

Dopo la macedonia, il cameriere ti porta il conto. Ma nel conto c'è un errore! Protesti.

● ....

....

20 **Bilancio.** *Come al solito, ricorda di fare il bilancio dell'unità 4.*

È chiaro. Capisco!	Non è chiaro. Non capisco!

U5, A:

1 Al telefono. *Metti in ordine le frasi del dialogo.*

Per iniziare:

- [1] Pronto Marco, sono Luca.
- [ ] No, per niente! Dimmi.
- [ ] Ciao Luca. Come stai?
- [ ] Non c'è male. Ti disturbo?

Per finire:

- [ ] Sì, anch'io devo andare.
- [ ] Allora a domenica, ciao.
- [ ] Senti, ora devo salutarti.
- [ ] Ciao.

2 Tu o Lei? *Guarda i disegni* **a** *e* **b**. *Secondo te, in quale delle due situazioni le persone parlano in modo formale e "si danno del Lei" e in quale usano invece il "tu" informale?*

a

b

a:

- È libero domenica pomeriggio?
- Sì, perché?
- ....
- ....
- ....
- ....
- A partire dalle 4 del pomeriggio.

....

b:

- ....
- Niente di speciale.
- ....
- ....
- Sì, organizzo una festa da Marco.
- ....
- ....
- ....

Completa i dialoghi **a** *e* **b**. *Usa queste frasi e fai attenzione alla forma del "Lei" o del "tu".*

Bene, a domenica. Grazie dell'invito. | Ah, allora veniamo anche io e mia moglie. A che ora? | Ah, allora porto mio figlio. | Certo, è il tuo compleanno? | Che cosa fai domani? | Che cosa posso portare? | D'accordo. Vengo da Marco verso le 8. | ~~È libero domenica pomeriggio?~~ | Organizziamo una festa per i bambini. | Se porti qualcosa da bere, va bene. | Sì, ma invitiamo anche i genitori. | Ti va di festeggiare con me?

3 Come festeggi il compleanno? *Completa le frasi con gli aggettivi possessivi.*

il mio | il suo | il suo | il suo | il tuo | il tuo | la nostra | mia

Michela: Paolo, oggi è .... compleanno, vero? Auguri!
Paolo: Grazie, ma .... compleanno è domani.
Michela: Ah, scusa. Come festeggi?
Paolo: Vorrei invitare a cena Maria. Hai .... numero?
Michela: Sì, certo. .... numero è 334 445661. Ma, vuoi festeggiare solo con lei?
Paolo: Sì, perché domani è anche .... compleanno. Poi sabato a casa .... c'è la festa per gli amici. Venite anche tu e .... ragazzo?
Michela: Sì, veniamo in autobus perché .... auto è dal meccanico.

U5, B:

4 Pronto, mi senti? *Completa la risposta con il pronome diretto giusto.*

1. ● Pronto, mi senti?
   ● Sì, ... sento perfettamente.
2. ● Ci inviti alla tua festa di compleanno?
   ● Certo che .... invito.
3. ● Per andare a casa prendi l'autobus?
   ● No, ... accompagna Carlo.
4. ● Luca, dove mi porti stasera?
   ● .... porto al ristorante.
5. ● Ci chiami domani?
   ● Sì, ... chiamo.

5 *Completa con i pronomi diretti.*

1. La mia macchina è rotta: .... accompagni a casa, per favore?
2. Se andate in centro, ... accompagno con la macchina.
3. Cerco le chiavi ma non .... trovo.
4. Quella borsa è molto bella. .... compro!
5. Forza, siamo in ritardo! Maria .... aspetta alle tre.
6. Se vieni a cena con me poi .... accompagno a casa.

6 Che cosa fa? *Guarda i disegni e completa. Poi trasforma al plurale.*

Patrizia .... ,

poi ....

Dopo va a casa e ....

La sera ....

Patrizia e Carla ....
....
....
....
....
....
....
....
....
....
....

7 **Dove va? Dov'è?** *Guarda i disegni e completa.*

al
~~stazione~~
in
aereoporto
a
casa sua
all'
classe
piscina
in
~~alla~~
bar

1. Sono alla stazione .
2. Vado ....
3. È ....

4. È ....
5. Sono ....
6. È ....

U5, C:

8 **Presto o tardi?** *Completa come nell'esempio, con la forma corretta dei verbi riflessivi* **addormentarsi** *e* **svegliarsi**. *Scrivi* **presto** *o* **tardi**, *secondo la tua idea.*

Claudio si addormenta presto: alle 10 di sera. E si sveglia presto: alle 6 di mattina.

1. Mio marito e io ....: alle 11 di sera e ....: alle 7 di mattina.
2. Tu e Carlo ....: all'una di notte e ....: alle 9 di mattina.
3. Anna e Lucia ....: a mezzanotte e ....: alle 6 di mattina.

E tu? Ti addormenti presto o tardi? E quando ti svegli? ....

9 *Completa con la forma giusta dei verbi.*

andare	tornare
fare	uscire
fare	vestirsi
svegliarsi	~~alzarsi~~

Durante la settimana Luca si alza alle sette e trenta, ... la doccia, ... in fretta e .... colazione. Alle otto e un quarto .... per andare all'Università.
La domenica .... più tardi, verso le undici perché ogni sabato .... in discoteca e .... a casa sempre tardi la notte.

10 **Come inizia la giornata?** *Completa il racconto di Giovanna con i pronomi riflessivi.*

Io .... alzo tutte le mattine alle sette, vado in bagno, ... lavo e poi preparo la colazione per tutta la famiglia.
Alle sette e trenta mio marito e i ragazzi .... svegliano, fanno la doccia, ... vestono e fanno colazione. Anche se abbiamo due bagni mio marito è sempre in ritardo perché .... fa la barba ogni giorno.
Alle otto e un quarto usciamo tutti insieme.
La domenica .... svegliamo più tardi, io e mio marito verso le nove e mezza, Luca e Maria alle undici.

U5, D:

11 **Aggettivi possessivi: forme del plurale.** *Completa.*

...i miei... studenti	...le mie... studentesse	...i nostri... amici
...i tuoi... cugini	....	.... impiegati
.... commessi	....	...i loro... nonni

12 **La famiglia di Carlo.** *Completa la presentazione. Attenzione ai possessivi senza articolo!*

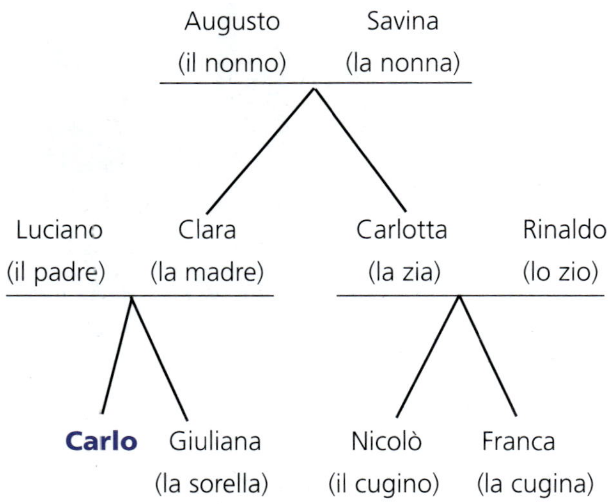

Carlo è l'amico di Luca. Questa è la sua famiglia:
Luciano è ...suo padre... , Clara è .... ,
Giuliana è .... ,
Augusto è .... , Savina è .... ,
Carlotta è .... , Rinaldo è .... ,
Nicolò è .... , Franca è ....
Riassumiamo:
Luciano e Clara sono ...i suoi genitori...
Augusto e Savina sono ....
Carlotta e Rinaldo sono ....
Nicolò e Franca sono ....

13 **Parlano Carlo e Giuliana.** *Completa.*
Questa è la nostra famiglia. Luciano è ....; Augusto e Savina sono .... Carlotta e Rinaldo sono .... figlio maschio si chiama Nicolò, ... femmina si chiama Franca. .... cugini ci piacciono molto. Ci vediamo poco, ma stiamo molto bene insieme.

14 *Metti l'articolo solo dove è necessario.*

1. .... mio fratello usa sempre .... mia macchina.
2. .... mio marito gioca sempre con .... nostro figlio.
3. Tutte le mattine .... miei nonni incontrano .... loro amici al parco.
4. Dopo colazione .... mio padre legge sempre .... suo giornale.

U5, E:

15 L'appartamento di Lisa. *Completa.*

ha bisogno	vicino	affitto	bagno	letto
abbastanza	in	camere	villetta	cucina
Anche	l'	con	soggiorno	al

Lisa abita in un appartamento in .... con un'amica. È un appartamento molto grande: ci sono due camere da .... , un soggiorno, la cucina e il .... Si trova in periferia ma è .... caro e per questo Lisa divide l'appartamento .... amica.
.... Marcella e la sua famiglia abitano .... una casa in periferia . È una .... di due piani: al pianterreno ci sono la .... e il ....
Al primo piano ci sono due .... da letto e i servizi. Ora però Marcella lavora in centro e .... di un appartamento .... suo posto di lavoro.

16 Qual è l'intruso? *Scrivi accanto a ogni serie una frase con l'intruso.*

divano • scrivania • soggiorno • tavolo ....
appartamento • monolocale • casa • letto ....
sedia • porta • armadio • divano ....

U5, ripasso:

17 Aggettivi. *Scrivi accanto a ogni aggettivo il suo contrario.*

buono	....	grande	....
caldo	....	comodo	....
crudo	....	vicino	....
leggero	....	sporco	....
allegro	....	luminoso	....
occupato	....	rumoroso	....
divertente	....	brutto	....

bello	pulito
noioso	freddo
buio	scomodo
pesante	libero
cattivo	tranquillo
piccolo	lontano
cotto	triste

18 Noi, voi, loro. *Completa con la forma giusta di questi verbi.*

andare (4) • fare • festeggiare • mangiare • nuotare • uscire (2)

1. Domani alle 5 (noi) .... dal dentista, poi .... in piscina a .... La sera .... con gli amici: .... a ballare.
2. Carlo e Luca .... il compleanno di Maria: comprano una torta e la .... con lei.
3. Oggi (voi) .... a fare la spesa, poi .... i compiti e alle 19 .... per andare al ristorante.

19 *Completa con le preposizioni e collega la risposta adatta alla domanda.*

1. • Vieni .... cinema .... vedere un film francese?
2. • Quando mi accompagni .... ristorante?
3. • Pronto, dove sei? Ti disturbo?
4. • Viene anche Marta .... libreria con noi?

a. • Domani va bene per te?
b. • No, sono .... casa mia. Dimmi.
c. • No, lei va .... bar con Carlo.
d. • No, purtroppo non posso.

U5, autovalutazione:

20 **Sai chiedere informazioni su un appartamento?** ☐ *Bene* ☐ *Abbastanza bene* ☐ *Male*

Guarda l'annuncio, completa il dialogo tra Marcella e l'impiegata dell'agenzia immobiliare e poi scegli la tua valutazione.

AAA affittasi appartamento 100 mq, 3 camere, soggiorno e servizi. Zona centrale. No studenti. Codice E65
Agenzia Casanova

Impiegata: Agenzia Casanova, buongiorno.
Marcella: ....
Impiegata: Certo, sono 100 metri quadrati, tre camere con soggiorno, bagno e cucina.
Marcella: ....
Impiegata: È un appartamento ristrutturato, al secondo piano senza ascensore.
Marcella: ....
Impiegata: Sono 850 euro, spese incluse.
Marcella: ....
Impiegata: Sì, certamente, è possibile domani, a che ora vuole fissare un appuntamento?
Marcella: ....
Impiegata: Perfetto. Mi può lasciare il Suo nome e il numero di telefono, per favore?
Marcella: ....
Impiegata: La ringrazio, a domani allora.
Marcella: ....

21 **Sai fare un dialogo al telefono per invitare a una festa?** ☐ *Bene* ☐ *Abbastanza bene* ☐ *Male*

Scrivi qui. Poi scegli la tua valutazione.

....
....
....
....

22 **Sai parlare delle persone della tua famiglia?** ☐ *Bene* ☐ *Abbastanza bene* ☐ *Male*

Scrivi qui una frase per tre tuoi familiari. Per ognuno scrivi che tipo di parentela, come si chiama e che cosa fa volentieri nel tempo libero. Poi scegli la tua valutazione.

....
....
....

23 **Vocabolario.** *Per le stanze della casa e i mobili è utile associare le parole a un'immagine. Disegna su un foglio la piantina del tuo appartamento e scrivi i nomi delle stanze e dei mobili più importanti.*

24 **Bilancio.** *Come al solito, ricorda di fare il bilancio dell'unità 5.*

È chiaro. Capisco! ....
....

Non è chiaro. Non capisco! ....
....

U6, A:

1 Dove andare in vacanza? *Vuoi fare una vacanza ma non sai se andare in montagna o al mare. Per aiutarti a scegliere, scrivi nella colonna giusta le cose che ti piacciono e che puoi fare al mare o in montagna. Dove scrivi più cose?*

Al mare posso...	In montagna posso...
....	....
....	....
....	....
....	....

2 Che cosa vogliono? *Completa con il verbo* volere.

1. Carlo .... leggere un libro.
2. Marta e Keiko .... fare alpinismo.
3. Io .... visitare mostre d'arte.
4. Tu e Tobias .... prenotare un albergo.
5. Noi non .... pagare 700 euro alla settimana per due persone.

3 Cartoline dalle vacanze. *Leggi la cartolina di Diana, rispondi alle domande e poi scrivi la risposta di Elena.*

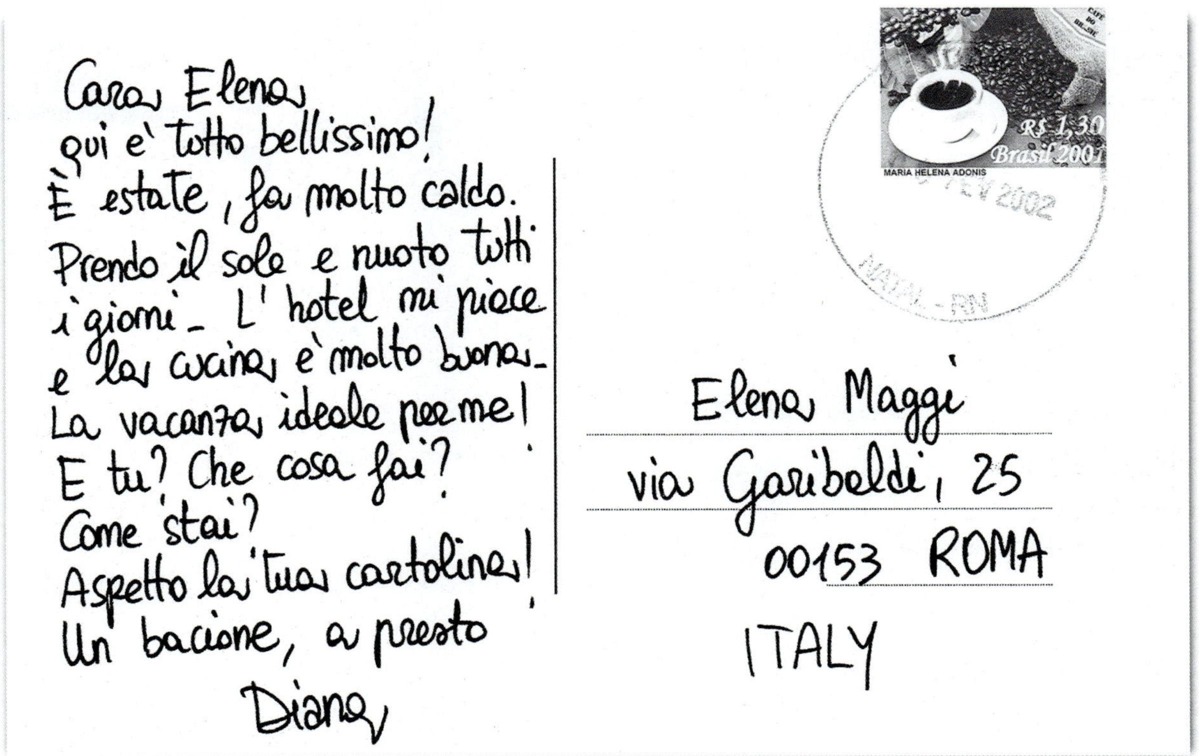

Cara Elena,
qui è tutto bellissimo!
È estate, fa molto caldo.
Prendo il sole e nuoto tutti i giorni. L'hotel mi piace e la cucina è molto buona.
La vacanza ideale per me!
E tu? Che cosa fai?
Come stai?
Aspetto la tua cartolina!
Un bacione, a presto
Diana

Elena Maggi
via Garibaldi, 25
00153 ROMA
ITALY

1. Che cosa fa Diana in vacanza?
....
....
2. Qual è l'aspetto positivo dell'hotel? ....
3. Come mai Diana scrive a Elena che lì dove si trova è estate?
....

4 **Abitudini diverse.** *Per trovare le abitudini di Diana trasforma le frasi su Elena come nell'esempio.*

Elena incontra **sempre** i suoi amici. → Diana non incontra **mai** i suoi amici.

Elena va **sempre** in centro con l'autobus. Diana ....
... vuole **spesso** andare in discoteca. ....
... paga **raramente** con la carta di credito. ....
... non va **mai** al cinema da sola. ....
... **qualche volta** esce con sua sorella. ....
... non va **mai** in vacanza in inverno. ....

U6, B:

5 *Completa con* qualche *o* alcuni/e.

1. Paolo deve uscire con .... amici.
2. Hai .... idea per le vacanze?
3. .... persone preferiscono restare a casa in estate.
4. .... alberghi sono veramente cari!
5. Vorrei andare in vacanza per .... settimana.
6. Ho comprato .... regalo, ma non so ancora per chi.

U6, C:

6 *Metti in ordine le parole e scrivi le risposte.*

1. ● Si mangia bene al ristorante "Da Maria"?
   ● .... — lo • vado • sempre • Benissimo! • ci

2. ● Con chi vai a Roma l'estate prossima?
   ● .... — Maria • ci • con • vado

3. ● Andate a Capri a luglio?
   ● .... — andiamo • ci • in • agosto

4. ● Con chi va in discoteca Luca?
   ● .... — suoi • ci • va • amici • i • con

7 **Come si dice?** *Scegli la risposta corretta.*

1. ● A che ora torni a casa? ☐● Ci torno a casa alle tre. ☐● Ci torno alle tre.
2. ● Quando vai da Paola? ☐● Ci vado oggi pomeriggio. ☐● Vado oggi pomeriggio.
3. ● Con chi vai al mare? ☐● Ci vado con mio fratello. ☐● Ci vado con il mio fratello.
4. ● Conosci Parigi? ☐● Sì, vado spesso. ☐● Sì, ci vado spesso.

U6, D:

8 *Completa la tabella con le forme dell'infinito o del participio passato.*

comprare	comprato	…………………	avuto	preferire	…………………
…………………	parlato	vedere	…………………	partire	…………………
studiare	…………………	essere	…………………	…………………	capito
andare	…………………	fare	…………………	sentire	…………………

9 **Carlo ha finito gli esami e ora si diverte!** *Guarda i disegni, leggi la data e completa con l'indicazione di tempo giusta.*

1. ......Oggi è mercoledì...... Carlo fa un giro in bicicletta.
2. .... parte in treno per le vacanze.
3. .... va a ballare in discoteca.
4. .... è stato in piscina a prendere il sole.
5. .... ha giocato a tennis.
6. .... è andato in barca a vela.

- ~~Oggi è mercoledì~~
- Fra due giorni
- Due giorni fa
- Ieri
- Sabato prossimo
- Domenica scorsa

10 *Completa con i verbi al passato prossimo.*

1. Carlo .... un film al cinema. (vedere)
2. Tobias .... dei regali ai suoi figli. (comprare)
3. Marta .... a casa. (mangiare)
4. Carlo e Luca .... Marta. (incontrare)
5. Keiko e i suoi amici .... al Karaoke. (cantare)
6. Alberto e Lisa .... alpinismo in montagna. (fare)

11 *Completa con l'ausiliare giusto.*

avere
o
essere?

1. Marta .... andata al cinema con Luca.
2. Noi .... visitato la pinacoteca di Bologna.
3. I miei zii .... cambiato lavoro e .... andati a vivere a Milano.
4. Tobias e Keiko .... cenato insieme.
5. Carlo .... andato in discoteca e .... incontrato i suoi amici.
6. I genitori di Luca .... viaggiato in macchina per molte ore.

12 *Completa con l'ausiliare e la finale giusta.*

1. Marta ...... finit ...... i compiti e poi è uscita,
2. Ieri Maria ...... andat ...... a Milano e ...... visitat ...... il Duomo.
3. Keyko ...... ascoltat ...... la radio tutto il giorno.
4. Anna e Paola ...... restat ...... a casa per il fine settimana.
5. I genitori di Luca ...... partit ...... per le vacanze.
6. Giovanna ...... passat ...... una bella settimana a Capri.

13 **Che cosa hanno fatto ieri?** *Scegli tra queste espressioni quelle adatte a ogni ragazzo e racconta al passato.*

andare a bere qualcosa con gli amici
andare a dormire alle 6 di mattina
andare a giocare a calcio
andare ad un concerto e ascoltare musica classica
conoscere una violinista francese
dormire fino alle 2 del pomeriggio
giocare una bella partita
studiare tutta la notte

Michela ....
....
Francesco ....
....
Giuseppe ....
....

U6, E e F:

14 Che cosa è successo? *Completa il racconto con l'ausiliare e le finali giuste. Poi metti le parole nella tabella secondo l'accento di parola come nell'esempio.*

Tutti i venerdì Carla e Luigi mangiano fuori: vanno in una pizzeria vicino a casa loro e incontrano gli amici, parlano e stanno insieme fino a tardi.
Ieri però .... preferito cambiare: .... andat.... in centro in una trattoria nuova. .... mangiat.... un piatto di pasta, le scaloppine al limone e .... ordinat.... anche il tiramisù.
Dopo la cena .... arrivat.... un'amica di Carla e così .... restat.... a parlare con lei fino a mezzanotte. Al momento di pagare c'è stato un problema: Luigi .... cercat.... il portafoglio ma non l'............ trovat.... .
Che cosa .... success....? L'............ pers..... o l'........... rubat....?

mangiano: incontrano
farmacia: ....
caffè: ....
parola: ....

U6, ripasso:

15 *Luca scrive una e-mail a sua sorella Maria, ma è proprio sfortunato! Un virus attacca il suo messaggio. Che cosa ha scritto Luca a Maria? Rimetti i participi al posto giusto.*

Invia adesso | Invia più tardi | Aggiungi allegati | Firma

Ieri è ~~andati~~ successo un disastro! Io e Carlo, alle 10, siamo rubato .... per andare al mare. Siamo parlato .... alle 11. Abbiamo partiti .... un giro in barca a vela e abbiamo arrivati .... con alcune ragazze molto carine. Alla sera siamo fatto .... a mangiare il pesce. Qual è il disastro? Qualcuno ha ~~successo~~ .... la macchina con tutte le nostre cose dentro! Aiuto!
Luca

16 Dialogo all'agenzia viaggi. *Completate.*

Impiegata: Salve, posso aiutarLa?
Marta: ....
Impiegata: Dove preferisce? In campeggio o .... ?
Marta: .... ?
Impiegata: Sì, ho qui un depliant con tutte le informazioni sugli alberghi da tre e quattro stelle.
Marta: .... ?
Impiegata: In camera doppia, pernottamento più colazione sono 1243 euro, se vuole la pensione completa, sono 450 euro a settimana in più.
Marta: .... ?
Impiegata: Controllo subito! Sì, è fortunata, c'è ancora qualche stanza libera. Vuole prenotare adesso?
Marta: ....

U6, autovalutazione:

17 Sai fare programmi sulle vacanze? ☐ *Bene* ☐ *Abbastanza bene* ☐ *Male*

Segui le domande guida e scrivi qui il tuo programma per le prossime vacanze. Poi scegli la tua valutazione.

Domande guida:
- Dove andare? ....
- Quando? In quale stagione? ....
- Che cosa fare? ....
- Dove dormire? ....
- Quanto deve costare? ....
- Con chi? ....
- Le cose più importanti… ....

18 Sai raccontare che cosa hai fatto ieri? ☐ *Bene* ☐ *Abbastanza bene* ☐ *Male*

Prova a scrivere qui almeno 5 cose. Poi scegli la tua valutazione.

....
....
....
....
....

19 Vocabolario. *Per ricordare le espressioni che servono a parlare delle attività del tempo libero puoi provare a associarle a un aggettivo che le qualifica. Guarda l'esempio e continua tu. Ecco una scelta di aggettivi: noioso, divertente, caro, tranquillo, avventuroso, facile, difficile…*

20 Bilancio. *Come al solito, ricorda di fare un bilancio dell'unità 6.*

È chiaro. Capisco! ....

Non è chiaro. Non capisco! ....

U7, A:

1 Un hotel extra lusso. *Completa i numeri ordinali per i piani di questo hotel e scrivi tu, secondo la tua idea, che cosa c'è in ogni piano.*

D.............. Piano: ....

N.............. Piano: ....

O.............. Piano: ....

S.............. Piano: ....

S.............. Piano: ....

Q.............. Piano: ....

Q.............. Piano: ....

T.............. Piano: ....

S.............. Piano: ....

P.............. Piano: ....

Pianterreno: Reception..................................

U7, B:

2 Prenotare una camera in albergo. *Collega le parti per formare le frasi.*

1. Telefono per sapere se	compresa la colazione.
2. E il prezzo?	Quant'è la camera doppia?
3. Ha bisogno di una camera singola	avete camere libere.
4. In camera c'è anche	mandare un fax.
5. 160 euro a camera	o doppia?
6. Per la conferma è meglio	l'aria condizionata?

3 Alla reception dell'Albergo Italia. *Completa il dialogo.*

chiave · momento · matrimoniale · passaporto · prenotato · bagno

Cliente: Buongiorno. Ho .... una camera a nome Bruschi.
Receptionist: Un .... Sì, una camera .... con .... per quattro giorni.
Receptionist: Ecco la .... La camera è la 223.
Cliente: Perfetto.
Receptionist: Ha un documento, per favore?
Cliente: Sì, va bene il .... ?

4 **Pronto, buongiorno!** *La seconda parte della telefonata non è in ordine: scrivi tu chi parla e rimetti in ordine le frasi.*

Receptionist: Hotel Splendor, buongiorno.
Cliente: Buongiorno. Vorrei prenotare due camere dal 3 al 16 Agosto.
Receptionist: Singole o matrimoniali?
Cliente: Due camere matrimoniali con bagno.
Receptionist: Un attimo… Sì, abbiamo due camere libere.
Cliente: Qual è il prezzo?
Receptionist: 90 euro a notte per camera.
Cliente: Con la colazione?
Receptionist: Sì, la prima colazione è compresa.

- [ ] .... : Sì, il parcheggio è proprio di fronte all'albergo.
- [ ] .... : Deve mandare un fax per conferma.
- [ ] .... : Posso prenotare subito?
- [ ] .... : Va bene, il nome è Angelo Verdi. Un'ultima domanda: l'albergo è in centro?
- [ ] .... : C'è un parcheggio vicino?
- [ ] .... : Sì, siamo proprio nel centro storico.

5 **La conferma per fax.** *Completa le frasi e scrivi il fax con la tua conferma.*

Hotel ......

Oggetto:

Gentile Direzione,

- di una camera
- dal .... al .... ottobre incluso
- confermo
- con bagno e aria condizionata
- a nome ....
- Cordiali saluti
- doppia
- la prenotazione
- al prezzo di .... euro a notte

U7, C

6 *Completa con i pronomi diretti e la finale giusta del participio.*

1. ● Avete già dato la conferma?
   ● Sì, ... abbiamo dat ....
2. ● Dove hai perso l'ombrello?
   ● .... ho pers .... in treno.
3. ● Hai visto mio fratello?
   ● No, non .... ho vist ....
4. ● Hai fatto la spesa?
   ● Sì, ... ho fatt ....
5. ● Gli studenti hanno capito i compiti?
   ● Sì, ... hanno capit ....
6. ● Hai comprato le cartoline?
   ● No, non .... ho comprat ....

7 Regali. *Trova e scrivi i regali che Giovanna ha portato da Capri. Le lettere che restano danno una frase che puoi dire quando ti fanno un regalo.*

C	B	R	A	C	C	I	A	L	E	T	T	O
D	C	A	F	F	E	T	T	I	E	R	A	G
D	C	A	R	T	E	D	A	G	I	O	C	O
I	I	L	I	M	O	N	C	E	L	L	O	R
M	N	A	G	Z	I	E	M	I	L	L	E	T
U	T	R	U	O	P	P	O	G	E	N	T	I
S	U	L	A	S	T	A	T	U	E	T	T	E
I	R	E	N	H	A	A	V	U	T	O	U	N
C	A	I	T	D	E	A	B	E	L	L	I	S
A	S	I	I	F	O	U	L	A	R	D	M	A

1. Un braccialetto .
2. Due .... napoletana.
3. Due .... di ceramica.
4. Una bottiglia di ....
5. Un .... di seta.
6. Le .... napoletane.
7. Una .... di pelle.
8. Una .... napoletana.
9. I .... da giardinaggio.

_ _ _ _ _ _   _ _ _ _ _!

_ _ _ _ _ _   _ _ _ _ _ _ _

_ _   _ _ _ _ _

_ _'_ _ _ _   _ _ _ _ _ _ _ _ _ _!

Trasforma la frase nella forma del tu:

....

....

8 E tu che regali fai? *Leggi le domande e descrivi qui l'ultimo regalo che hai fatto.*

In quale occasione l'hai fatto? ....

A chi l'hai fatto? .... Che cosa hai regalato? ....

Che cosa ha detto chi ha ricevuto il regalo? ....

U7, D:

9 Che confusione! *Metti in ordine le parole e scrivi le frasi.*

1. prenotato • una • nome • ho • stanza • a • Ferrari ....
2. stato • due • mare • sono • settimane • al ....
3. preso • il • ho • sole ....
4. la • notte • tutta • non • mamma • ha • dormito • la ....
5. siete • a • Marta • tu • e • andati • Firenze • ? ....
6. tuo • stati • dal • Matteo • siete • amico • ? ....

10 **Completa con il passato prossimo.**

1. Luca questa mattina (svegliarsi) .... tardi.
2. Marta ieri non (truccarsi) ....
3. Keiko (svegliarsi) .... alle 7,30, (fare) .... colazione poi (vestirsi) ....
4. Thomas ieri sera (farsi la barba) .... prima di andare a letto.
5. Questa mattina io (alzarsi) .... presto.
6. Ieri sera i ragazzi (addormentarsi) .... presto.

11 **Che cosa dicono?** *Guarda l'immagine e scrivi il dialogo.*

....
....
....
....
....
....
....
....
....

U7, E:

12 **Che tempo fa?** *Guarda la cartina del tempo atmosferico e scrivi com'è il tempo in alcune città italiane.*

Bolzano: ....
Milano: ....
Torino: ....
Ancona: ....
Roma: ....
Napoli: ....
Bari: ....
Catanzaro: ....
Palermo: ....
Cagliari: ....

13 **Com'è il tempo nella tua città?** *Scrivi la descrizione del tempo di oggi e fai una previsione per domani nella tua città.*

Oggi: ....
....
Domani: ....
....

14 Descrizioni. *Guarda le immagini e rispondi alle domande per ogni persona. Usa anche la fantasia. Quanti anni ha? Dov'è? Dove va? Com'è vestito/a? Di che colore sono i vestiti?*

1. ....
....
....
....
....

2. ....
....
....
....
....

3. ....
....
....
....
....

U7, ripasso:

15 *Completa con la finale giusta.*

1. Tobias vuole comprare una camicia ross........ .
2. Ieri Luca si è vestito con l'abito marron......... .
3. Per cena, questa sera, mi metto i pantaloni bl....... e la maglietta bianc...... .
4. Keiko indossa sempre un impermeabile beig....... .
5. Non mi piace il colore viol......... .
6. Clara è quella ragazza con gli occhi azzurr.... .

16 *Scegli fra le tre alternative il participio corretto e completa.*

1. Maria ha .... (parlato • parlito • parluto) con il direttore dell'albergo? Possiamo restare ancora un giorno?
2. Perché non sei .... (venuti • venito • venuto) ieri?
3. Abbiamo .... (perso • perdito • perdato) il numero di telefono del ristorante.
4. Dalla terrazza ho .... (vistato • visitato • visto) un panorama indimenticabile.
5. Hai .... (scritto • scrivato • scrivuto) un messaggio a Keiko?
6. Ho .... (prenduto • preso • prendato) l'ombrello, ma non piove.
7. A Marta hanno .... (rubato • rubito • rubuto) l'ombrello in autobus.
8. Hanno .... (voluto • volato • vogliuto) dormire fino a tardi.

17 *Completa con le preposizioni.*

1. Luca e Maria ...... Capodanno vanno .... montagna.
2. Giovanna va .... supermercato.
3. Carlo telefona .... prenotare due camere matrimoniali.
4. Sai già che cosa regali a Maria .... San Valentino?
5. Avete prenotato un albergo .... centro.
6. Clara non ha dormito .... l'emozione.
7. I genitori di Carlo sono .... gran forma.
8. Mi piace molto la tua camicetta .... righe.

U7, autovalutazione:

18 Sai prenotare una camera in albergo? ☐ *Bene* ☐ *Abbastanza bene* ☐ *Male*

Vuoi passare un periodo all'Hotel Bellavista dal 10 al 21 agosto. Ricostruisci il dialogo al telefono. Poi scegli la tua valutazione.

Receptionist:	Tu:
● Hotel Bellavista, buongiorno.	
	● ....
● Un momento che controllo: sì, abbiamo ancora .... camer.................... liber.................... .	
	● ....
● .... euro con la colazione.	
	● ....
● Sì, tutte le camere hanno il bagno e l'aria condizionata.	
	● ....
● Non c'è problema. L'hotel è in centro, ma ha un parcheggio privato.	
	● ....
● Bene. Mi può dire il Suo nome, per favore?	
	● ....
● Grazie. Può mandare un fax di conferma?	
	● ....
● Allora, è 06 89894545. Io sono Graziella Critti.	
	● ....
●	

19 Sai scrivere un fax di conferma? ☐ *Bene* ☐ *Abbastanza bene* ☐ *Male*

Scrivi su un foglio il testo per la conferma della prenotazione dell'esercizio 18 e confrontalo con quello di pagina 158. Poi scegli la tua valutazione.

20 Vocabolario: i colori e i vestiti. *Completa queste combinazioni di colori e vestiti secondo i tuoi gusti.*

Maglietta gialla, pantaloni .... , ...

Giacca beige, ... , ...

Maglione di lana blu, gonna .... , scarpe ....

21 Vocabolario. *Scrivi nel tuo quaderno le parole che conosci per questi temi.*

L'albergo	Le festività	Che tempo fa?

22 Bilancio. *Come al solito, ricorda di fare il bilancio dell'unità 7.*

È chiaro. Capisco! ....

Non è chiaro. Non capisco! ....

U8, A:

1 Quante volte? *Ricostruisci le indicazioni di frequenza poi scrivi quante volte fai tu le cose elencate sotto, come nell'esempio.*

i • giorni • tutti	tutti i giorni	tre • mesi • ogni	....
volta • alla • settimana • una	....	poche • anno • volte • all'	....
due • volte • settimana • alla	....	i • mesi • tutti	....

Fare la spesa: Faccio la spesa una volta alla settimana.
Fare la spesa: ....
Guardare la TV: ....
Prendere il treno: ....
Mangiare gli spaghetti: ....

U8, B e C:

2 Alla stazione. *Metti in ordine il dialogo.*

- [ ] Grazie. Da quale binario parte, per favore?
- [ ] Ecco il biglietto. Sono 40 euro.
- [ ] Vuole anche il ritorno?
- [1] Vorrei un biglietto per Roma, per favore.
- [ ] C'è l'Intercity delle 10 e 14. Va bene?
- [ ] Sì, va bene. In seconda classe.
- [ ] Sì, è nella carrozza al centro.
- [ ] Un momento che controllo. Dal binario 4.
- [ ] C'è il servizio ristorante?
- [ ] No, solo andata.

3 *Collega le frasi per formare dei mini dialoghi.*

1. Andata e ritorno per Arezzo. Devo cambiare a Firenze?
2. Ultima chiamata del volo AZ 115 con destinazione Barcellona. I passeggeri sono pregati di recarsi all'uscita n. 8.
3. Scusi, mi può dire dov'è la stazione?
4. Scusi, dove posso convalidare il biglietto?

a. Sempre dritto fino all'angolo, poi gira a sinistra: la vede di fronte.
b. Nella macchinetta gialla accanto alla scala.
c. Dobbiamo correre o perdiamo l'aereo. Che uscita ha detto?
d. Sì, la coincidenza è alle 15.20.

4 I ricordi del nonno di Luca. *Completa con i verbi all'imperfetto.*

Quando (essere) .... giovane la mia vita (essere) .... molto diversa. (abitare) .... in una casa molto grande con i miei genitori e i miei nonni. Non (esserci) .... tutte le comodità di adesso, non (esserci) .... la televisione e nemmeno la lavatrice. Ricordo che mia madre (alzarsi) .... molto presto per lavare le nostre cose, pulire la casa, fare da mangiare. Era tutto più faticoso ma, secondo me, (essere) .... più divertente.

5 *Completa con l'imperfetto del verbo giusto.*

andare • avere • essere • esserci • fare • mangiare • mettersi • alzarsi • vivere

1. In vacanza Carlo e Luca .... sempre a letto tardi e .... a mezzogiorno.
2. Ieri il tempo .... meraviglioso: .... caldo e .... il sole.
3. Da bambino io .... sempre la Nutella, ora non mi piace per niente.
4. I miei nonni, tanti anni fa, ... in campagna, ora abitano in centro.
5. Da giovane .... i capelli lunghi e .... solo jeans e magliette sportive.

U8, D:

6 **Una volta, molte volte, mai...** *Formula le domande con l'aiuto dei disegni e rispondi secondo le tue esperienze.*

• Sei mai stato/a Parigi? • Sì, ci sono stato/a molte volte.

1. ....
....

2. ....
....

3. ....
....

4. ....
....

7 **Qual è il tuo sogno?** *Scrivi qui una cosa che non hai mai fatto, ma che desideri tanto fare.*

....
....
....
....
....

8 **Che cosa è cambiato?** *Il signor Verdi è andato in pensione un mese fa. Ricostruisci le frasi che descrivono com'era la sua vita prima e com'è ora.*

Prima:	Ora:
non giocare mai con i nipoti	frequentare a un corso di cucina
alzarsi alle 6 di mattina	andare a trovare i nipoti spesso
stare in ufficio 8 ore	fare un giro in bici tutte le mattine
fare sport solo in vacanza	pranzare sempre con la moglie
mangiare in mensa	dormire fino alle 8
vedere la moglie solo la sera	divertirsi e riposarsi

....
....
....
....
....
....
....

U8, E:

9 **Verbi, verbi, verbi.** *Completa la tabella.*

andare, andato	stare, ...	dare, ...	sapere, ...	fare, ...
vado	....	....	....	....
....	stai	....	....	fai
....	....	dà	sa	....
....	....	diamo	sappiamo	....
....	state	....	....	fate
vanno	....	....	....	....

10 **I pronomi indiretti.** *Rispondi alle domande con il pronome come nell'esempio.*

1. ● A Luca piace nuotare?
   ● Sì, gli piace.
2. ● Ai tuoi amici piace ballare?
   ● ....
3. ● Ti piacciono le canzoni italiane?
   ● ....
4. ● Vi piace la pizza?
   ● ....
5. ● Alla tua amica piace andare al cinema?
   ● ....
6. ● Vi piacciono le vacanze al mare?
   ● ....

11 *Completa le risposte e collegale alla domanda giusta.*

1. Che cosa regali al figlio di Michela?
2. Che cosa scrivi a Maria?
3. Che cosa chiedi al signor Bruni?
4. Che cosa regali ai tuoi amici?
5. Che cosa porti a Susanna?

a. Le .... una cartolina.
b. Gli .... un favore.
c. Gli .... un CD di musica.
d. Gli .... un libro di Harry Potter.
e. Le .... un foulard di seta.

12 **Pronomi diretti e indiretti.** *Completa con il pronome giusto.*

gli gli la le le li lo

1. Vedo Marta e .... saluto.
2. Penso a Paolo e .... telefono.
3. Incontro Giulia e Franco e .... accompagno al cinema.
4. Penso a Michela e .... scrivo una mail.
5. Incontro Marco e .... invito a prendere un caffè.
6. Vado a trovare Cristina e Pietro e .... regalo un CD di Ramazzotti.
7. Vedo Giovanna e Lisa e .... saluto.

13 **Tutti i gusti sono gusti.** *Giacomo e Roberta hanno qualche gusto in comune e qualche altro no. Guarda la tabella e completa il testo con* anche, neanche *o* invece.

Giacomo:

fare regali
vacanze culturali
musica brasiliana
dormire tutto il pomeriggio

ricevere regali
nuotare
le spremute d'arancia

Roberta:

vacanze culturali
dormire tutto il pomeriggio

fare regali
ricevere regali
musica brasiliana
nuotare
le spremute d'arancia

anche neanche invece

1. A Giacomo piace fare regali e ....invece.... a Roberta non piace.
2. A lui non piace ricevere regali e ....neanche.... a lei piace.
3. A Giacomo piacciono le vacanze culturali e .... a Roberta piacciono.
4. A lui piace la musica brasiliana, a lei .... non piace.
5. A lui non piace nuotare e .... a lei piace.
6. A lui piace dormire tutto il pomeriggio e .... a lei piace.
7. A lui non piacciono le spremute d'arancia e .... a lei piacciono.

14 **E a te piace?** *Reagisci con* anche, invece, neanche *secondo i tuoi gusti.*

1. ● Mi piace molto andare al mare in settembre. ● ....
2. ● Non mi piace viaggiare in treno. ● ....
3. ● Mi piace mangiare in mensa. ● ....
4. ● Imparare l'italiano mi piace molto. ● ....
5. ● Non mi piace fare i compiti. ● ....

15 **Sai che...?** *Guarda questi due ragazzi. Secondo te perché si sono lasciati? Quali erano le cose su cui non si trovavano d'accordo? Continua tu.*

● Sai che Laura e Luca non stanno più insieme?
● No? Erano così carini. Stavano bene insieme!
● Sembrava, ma ....
....
....

U8, ripasso:

16 Com'era Carlo da piccolo? *Completa il dialogo fra la nonna di Carlo e Luca.*

Luca: Signora, com'era Carlo da piccolo?
La nonna: .... un bambino molto vivace*. Gli piaceva molto il .... , proprio come adesso: stava sempre .... spiaggia, ... piaceva tanto nuotare e .... con l'acqua. Sembrava un pesce. Era molto diverso da Giuliana.
Luca: Sì, è ....: Giuliana è più tranquilla anche ora.
La nonna: Lei era una bambina timida, ... piaceva stare in casa con me o anche andare in spiaggia, non le piaceva l'acqua.
Luca: E Carlo e Giuliana andavano d'accordo?
La nonna: Non molto, ... volevano mai fare le stesse* cose.
Luca: Ad esempio?
La nonna: Ad esempio a Giuliana .... molto girare per il paese in .... Carlo odiava* la bicicletta, lui voleva usare .... motorino del nonno, anche se era .... piccolo. Ma c'era una cosa che piaceva a tutti e due: la .... dopo cena, il nonno parlava spesso dei suoi ricordi di quando c'era la guerra* e loro due lo ascoltavano a bocca aperta. Questo sì, gli piaceva tanto.

in | troppo | era | così | mare | giocare | le | bicicletta | gli | non | piaceva | sera | il

---

* guerra = conflitto militare fra due nazioni; odiare = non amare; stesse = uguali; vivace = dinamico, con molta energia.

17 Espressioni idiomatiche. *Completa i mini dialoghi.*

1. ● Da quanto tempo studi l'italiano? ● .... Non ricordo.
2. ● È bella quella borsa, ...
3. ● .... Hai visto Paolo con la sua Ferrari nuova? ● Oh sì, bella!

ehi! **boh?** **eh?**

18 Preposizioni. *Completa con la preposizione giusta e l'articolo quando è necessario.*

1. Mary e John sono .... Los Angeles.
2. Tobias abita .... Colonia .... Germania.
3. Keiko viene .... Giappone, ma lavora .... Italia.
4. La farmacia è .... fronte .... stazione.
5. Il ristorante è .... angolo .... via Mazzini.
6. Per la borsa c'è lo sconto .... 30%.
7. Carlo e Luca arrivano .... 9 e un quarto.
8. Prendo gli spaghetti .... vongole.
9. Non sto bene. Vado .... medico.
10. Ci vediamo .... un'ora .... casa tua.
11. Ho bisogno .... un favore: vieni con me .... agenzia viaggi?
12. La stanza 403 è .... quarto piano.
13. Vorrei prenotare una matrimoniale .... tre notti.
14. .... quanto tempo sei .... Italia?

U8, autovalutazione:

19 Sai chiedere informazioni e comprare un biglietto per il treno? ☐ *Bene* ☐ *Abbastanza bene* ☐ *Male*
Sei a Roma e devi andare a Milano. Scrivi il tuo dialogo alla biglietteria della stazione. Chiedi l'orario e il prezzo di un posto in Intercity o Eurostar per il viaggio di andata e ritorno Roma-Milano. Poi scegli la tua valutazione.

Tu:
- ....
- ....
- ....
- ....

Impiegato della biglietteria:
- ....
- ....
- ....
- ....

20 Sai parlare delle tue abitudini e dei tuoi ricordi nel passato? ☐ *Bene* ☐ *Abbastanza bene* ☐ *Male*
Scegli uno di questi titoli e scrivi un breve racconto (50-100 parole). Poi scegli la tua valutazione.

Da piccolo • Ricordi dei miei nonni • Nella mia vita qualcosa è cambiato: prima... ora...

....
....
....
....

21 Vocabolario. *Quali di queste parole del tema "Stazione e treni" non ricordi? Cerca di nuovo nell'unità per trovare che cosa significano. Poi scegli tre parole e formula tre frasi.*

la biglietteria • il supplemento • l'interregionale • il binario • il ritardo • l'arrivo • la partenza • lo scompartimento • il finestrino • il posto • timbrare • prenotare • la macchinetta • la carrozza • il vagone • la locomotiva • i passeggeri • l'andata • il ritorno • la coincidenza

....
....

22 Vocabolario: le preposizioni. *Anche l'uso delle preposizioni si impara come le parole. Due consigli:*
a) ripeti spesso e torna a leggere i dialoghi delle unità che hai già fatto;
b) organizza nel tuo quaderno delle pagine sulle preposizioni divise per temi. Esempi:

Indicazioni di luogo: a + città / in + nomi di regioni e nazioni / da + provenienza; da + persone / di fronte a / ...
Indicazioni di tempo: a mezzogiorno / all'una / alle due / dalle... alle... / per due notti / una volta all'anno / ...
Strutture fisse: avere voglia di + verbo / avere bisogno di + nome / andare a trovare + nome / ...
Tipi di stoffa: a righe, a pois, a quadretti, in tinta unita... di seta, di lana, di cotone /...

23 Bilancio. *Come al solito, ricorda di fare il bilancio dell'unità 8.*

È chiaro. Capisco! ....
Non è chiaro. Non capisco! ....

U9, A:

1 Sono tutti impegnati! *Guarda i disegni e scrivi che cosa stanno facendo gli impiegati di questa ditta: scegli il verbo giusto e usa la struttura* stare + *gerundio.*

parlare con un cliente
studiare un dossier
scrivere una relazione
dormire

1. Il dottor Bruni
....
....
2. La signora Bianchi
....
....
3. La dottoressa Verdi
....
....
4. Il signor Rossi
....
....

2 E loro che cosa stanno facendo? *Completa le frasi con il verbo giusto secondo il modello dell'esempio.*

guardare • studiare • fare • partire • leggere • scrivere • ~~ascoltare~~

Angela è in camera sua: ......sta ascoltando...... un cd di musica brasiliana.

1. Luca è in bagno: .... la doccia.
2. Giuliana è in salotto: .... un libro.
3. Gigi e Pino sono allo stadio: .... la partita.
4. Siamo alla stazione: .... per Milano.
5. Carlo è in cucina: .... un sms a Marta.
6. Tobias e Keiko sono nello studio: ....

3 E tu che cosa stai facendo in questo momento della vita? Scrivi almeno due cose che stai facendo in questi giorni o in questi mesi.

....
....
....
....

Espressioni utili:
studiare l'italiano / frequentare un corso di vela / organizzare una vacanza / leggere un libro / incontrare (nuovi) amici / fare sport / preparare un esame all'università / lavorare (molto / poco)

U9, B:

4 **Perché non facciamo qualcosa insieme?** *Metti in ordine il dialogo tra Beatrice e Luciana.*

- [ ] ● Preparo tutto io a sorpresa. Tu porta i tuoi figli così giocano con i miei e noi ci rilassiamo.
- [ ] ● Sì, è un'ottima idea!
- [ ] ● Domenica? Putroppo domenica non possiamo: abbiamo già un altro impegno. Dobbiamo andare dai nonni a pranzo. Mi dispiace.
- [ ] ● Sabato va benissimo. Che cosa facciamo da mangiare?
- [ ] ● Va bene. Allora noi portiamo il gelato e il vino.
- [ ] ● D'accordo. Vi aspetto verso mezzogiorno.
- [ ] ● Sì, a sabato allora e grazie dell'invito.
- [ ] ● Perché non vieni a pranzo a casa nostra domenica con i bambini e tuo marito?
- [1] ● Senti Luciana, hai voglia di fare qualcosa insieme nel fine settimana?
- [ ] ● E sabato?

5 **Formale.** *Riscrivi il dialogo dell'esercizio 4 con la forma del* Lei.

Beatrice è la signora Rugiano:

● ……………………………………………

● ……………………………………………

● ……………………………………………

● ……………………………………………

● ……………………………………………

Luciana è la signora Caruso:

● ……………………………………………

● ……………………………………………

● ……………………………………………

● ……………………………………………

● ……………………………………………

6 *Guarda l'invito di Giorgio e Giovanna. Purtroppo non puoi partecipare. Scrivi la tua risposta per dire che non vai, scrivi anche perché.*

Cari colleghi e amici,
domenica 24 luglio mia moglie ed io festeggiamo
il 25° anniversario del nostro matrimonio e vi invitiamo
a passare qualche ora allegra insieme a noi presso il
Ristorante La Mirandolina
Strada Statale, 450
40016 San Giorgio Di Piano (BO)

Giorgio e Giovanna Cappelli

È gradita conferma

U9, C:

7 *Trasforma le frasi come nell'esempio.*

Mentre studio ascolto la musica. → Mentre studiavo ascoltavo la musica.

1. Mentre Germana guarda la TV, Pietro legge il giornale. ....
2. Mentre tu prepari la cena, noi puliamo la stanza. ....
3. Marcella legge un libro mentre aspetta l'autobus. ....
4. Clara canta mentre fa la doccia. ....
5. Mentre Carlo balla con Marta, Luca parla con Giuliana. ....
6. Maria ascolta la musica mentre studia. ....
7. Mentre io cucino, tu prepari la tavola. ....
8. Mentre lui lavora come un matto lei telefona alle amiche. ....

8 **Una famiglia speciale.** *Giorgia, la vicina di casa di Luca, ieri è rimasta a casa a studiare. Guarda le immagini e completa il racconto: che cosa facevano i suoi familiari mentre lei studiava?*

Ieri, mentre Giorgia studiava in camera sua, tutti i suoi familiari erano nell'appartamento e ognuno faceva la cosa che preferisce. Suo fratello suonava la chitarra. La mamma ....
Il papà .... Il nonno ....
La nonna ....

9 **Poche regole per non litigare.** *Scrivi qui almeno 3 regole importanti per abitare insieme e andare d'accordo. Formula come nell'esempio:*

Bisogna mettersi d'accordo prima sulle regole.

Regola numero 1: ....
Regola numero 2: ....
Regola numero 3: ....

U9, D:

10 **Descrivere una persona.** *Scrivi le espressioni nella colonna giusta. Se conosci altre espressioni aggiungile tu.*

Aspetto fisico	Carattere
....	....
....	....
....	....
....	....
....	....
....	....
....	....
....	....
....	....
....	....
....	....

allegro	introverso
alto	magro
antipatico	maleducato
arrogante	occhi chiari/scuri
basso	piccolo
bello	porta gli occhiali
brutto	simpatico
capelli rossi/grigi	snello
carino	sorridente
educato	timido
grassottello	un po' robusto
intelligente	vivace

11 **All'agenzia matrimoniale.** *Stai cercando un/una fidanzato/a per un/a tuo/a amico/a. Devi completare tu queste due schede perché lui o lei non vogliono e invece, secondo te, è un'ottima idea.*

Nome (senza il cognome): ....
Data di nascita: ....
Professione: ....
Aspetto fisico:
....
....
Carattere:
....
....

Cerca ☐ compagna ☐ compagno
*Età: ....
*Professione: ....
Aspetto fisico:
....
....
Carattere:
....
....
* non è obbligatorio completare

12 **Prepara un indovinello.** *Su un foglio scrivi la descrizione di un personaggio conosciuto da tutti i tuoi compagni di classe. La prossima volta a lezione ognuno legge la sua descrizione e gli altri devono indovinare chi è il personaggio.*

U9, E:

13 **Ricordi queste espressioni idiomatiche?** *Completa.*

fare il bello e il cattivo tempo
da morire
andare a mani vuote
Ma dai, …
Non è male!
Beata te

1. ● Il nuovo collega non mi è simpatico. Da quando è arrivato vuole sempre .... e non ascolta nessuno.
   ● .... , forse vuole solo aiutare!
2. ● Com'è questo libro, ti piace? ● ....
3. ● Ciao, ho finito e vado a casa! ● ....! Io ho un mal di testa .... e ho ancora tutto questo lavoro!
4. ● Vado a comprare un regalo per Marco. Ci ha invitati alla sua festa e non mi piace ....

U9, F:

14 *Scegli la preposizione corretta.*

Carlo e Giuliana sono fratello e sorella ma sono due persone completamente diverse.
Carlo è un ragazzo .... (di • per • a) 27 anni, molto allegro e estroverso. .... (in • di • a) 16 anni aveva già una ragazza, ... (con • a • fra) 18 ha fatto un giro per l'Europa con gli amici.
Giuliana invece è timida e un po' introversa. Le piace leggere e studiare. Aveva un ragazzo .... (di • in • a) 26 anni ma l'ha lasciato perché era troppo simile a suo fratello.

U9, ripasso:

15 *Completa il racconto di Carlo con i verbi all'imperfetto.*

Devi credermi, Marta, non posso vivere con mia sorella. Quando noi (vivere) .... insieme, facevamo le stesse cose, ma mai nello stesso momento. Mentre io (rilassarsi) .... , lei aveva mille cose da fare e mi (disturbare) .... Ma quando io (volere) .... stare un po' in compagnia, allora lei diceva che era stanca e non (volere) .... gente in casa. E non parliamo delle cose pratiche: io (pulire) .... la casa e lei (cucinare) .... e (sporcare) .... tutta la cucina. Oppure lei (pulire) .... il bagno proprio quando io (dovere) .... fare la doccia. Ho fatto bene a cambiare casa!

16 *Completa l'e-mail di Marta con i verbi al passato prossimo.*

arrabbiarsi • capire • divertirsi • essere • farsi • prendere • svegliarsi

Ciao Giuliana,
grazie mille per la bellissima festa di ieri sera, ... davvero tanto. Questa mattina .... con un po' di mal di testa, ma poi .... un'aspirina, ... una doccia calda ed ora è tutto a posto. Tuo fratello .... molto gentile, come sempre, anche se verso la fine .... e io non .... la ragione. A volte è un po' strano, non trovi?
Ora ti saluto, devo scappare per andare a lezione.
Ci vediamo presto e grazie ancora
Marta

17 *Completa con i pronomi e con il verbo dove necessario.*

1. ● A chi hai scritto un sms?
   ● .... scritt.... a Marta.
2. ● Quando vai in vacanza?
   ● .... vado la settimana prossima.
3. ● A chi hai regalato i libri?
   ● .... regalat.... a Paola.
4. ● Hai bevuto il latte questa mattina?
   ● Sì, ... bevut....
5. ● Oggi devi andare dal medico?
   ● No, non .... devo andare oggi, ma domani.

18 *Trova il contrario di ogni aggettivo e completa le frasi.*

1. ● Secondo me Luca è una persona molto pigra.
   ● Secondo me, invece è molto ....
2. ● Questa festa mi sembra divertente.
   ● Io invece la trovo ....
3. ● Secondo me Keiko è una ragazza ordinata?
   ● Per me, invece, è molto ....
4. ● Carlo è sempre molto generoso anche se sua sorella dice che spesso è ....

U9, autovalutazione:

19 Sai fare una proposta o un invito e reagire alla proposta? ☐ *Bene* ☐ *Abbastanza bene* ☐ *Male*

Scrivi un dialogo secondo le indicazioni. Poi scegli la tua valutazione.

Ruolo A:

Proposta: che cosa fare? quando?

● ....

Ruolo B:

Rifiuto: dire che dispiace e dire perché non è possibile

● ....

Un'altra proposta: altro giorno / altra ora

● ....

Rifiuto: non è possibile ma fare una controproposta

● ....

Accettare la controproposta: chiedere dettagli

● ....

Accordi: definire i dettagli e salutare

● ....

Salutare

● ....

20 Sai parlare di come organizzare una festa? ☐ *Bene* ☐ *Abbastanza bene* ☐ *Male*

Segui il modello dell'esempio e descrivi che cosa bisogna fare per organizzare una festa divertente.
Poi scegli la tua valutazione.

Per organizzare una bella festa bisogna avere l'occasione giusta. Per esempio una festa di laurea. Bisogna dividersi i compiti e mettersi d'accordo. Uno deve pensare alla musica...

Ora tocca a te!

....

....

21 Sai parlare di una situazione problematica e formulare delle regole per andare d'accordo?

☐ *Bene* ☐ *Abbastanza bene* ☐ *Male*

Scegli una di queste situazioni e scrivi alcune regole per andare d'accordo e non litigare.
Poi scegli la tua valutazione.

1. Andare in vacanza insieme agli amici **2.** Abitare in un condominio, cioè in una casa dove ci sono diverse famiglie **3.** Vivere a lungo e felici in coppia

22 Vocabolario. *In questa unità hai imparato molte espressioni per descrivere una persona. Scrivi qui tutte quelle che ricordi. Raggruppa in qualità positive, negative o neutre.*

Positivo: ....

Negativo: ....

Neutro: ....

23 Bilancio. *Come al solito, ricorda di fare il bilancio dell'unità 9.*

È chiaro. Capisco! ....

Non è chiaro. Non capisco! ....

U10, A e B:

1 Quanto costa? *Scrivi il nome di ogni prodotto e il suo prezzo in lettere come nell'esempio.*

gli occhiali da sole
costano settantacinque
euro

4. ....
....
....

1. ....
....
....

5. ....
....
....

2. ....
....
....

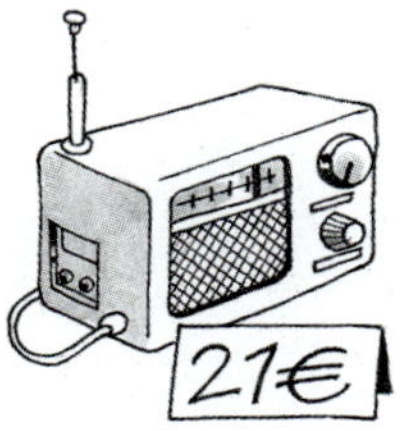

6. ....
....
....

3. ....
....
....

7. ....
....
....

2 Dove vai a comprare queste cose? *Completa con la preposizione e l'articolo se necessario. Poi collega ogni negozio con le cose che vende.*

compro

1. In panetteria
2. ...... profumeria
3. ...... gelataio
4. ...... cartoleria
5. ...... macellaio
6. ...... negozio di ottica
7. ...... fruttivendolo
8. ...... negozio di elettrodomestici

a. penne e matite
b. un asciugacapelli e un tostapane
c. un paio di occhiali da vista
d. un gelato
e. mele, banane e pomodori
f. il pane
g. un profumo e una crema per il viso
h. due bistecche di vitello

3 **Nel negozio di alimentari.** *Guarda la lista della spesa di Giulio e completa.*

- Buongiorno.
- Vorrei, un litro di .... e due etti di .... pecorino.
- Ecco a Lei. Desidera altro?
- Sì, vorrei anche due pezzi di ....
- Vanno bene questi?
- Benissimo. Poi prendo una confezione di ....
- Ecco, questi sono in offerta con lo sconto del 15%.
- Bene.
- Altro?
- È tutto, grazie.
- Grazie a Lei, paga tutto alla cassa. Arrivederci.

4 **C'è qualcosa di sbagliato!** *In questi dialoghi ci sono parole sbagliate: trovale e correggi con la parola giusta, come nell'esempio.*

1.
- Mi può dare una fetta di ~~vino~~? — prosciutto
- Lo vuole crudo, quello dolce di Parma, o cotto?
- Preferisco il cotto.

2.
- Desidera?
- Un litro di formaggio pecorino.
- Subito. Sono 130 grammi. Va bene lo stesso?
- Sì, un po' di più va bene.

3.
- Vuole il solito pezzo di mele?
- Sì, il solito toscano, senza sale, grazie. E anche due pizzette.

4.
- Vorrei quella fetta di cioccolatini.
- È per un regalo? La incarto?
- Sì, grazie.

U10, C:

5 **Alcuni/e o qualche?** *Completa con l'aggettivo indefinito corretto.*

- .... volta in quel supermercato c'è tanta gente che .... persone non entrano subito, ma decidono di tornare più tardi.
- .... ragione c'è: i commessi sono tutti molto gentili e veloci e poi ci sono sempre .... offerte, come per esempio il "tre per due".
- Il "tre per due"? Che cos'è?
- Ma dove vivi? Lo sanno tutti! .... prodotti hanno un prezzo speciale: se ne compri tre, paghi solo il prezzo di due e così un pezzo è gratis. "Paghi due e prendi tre", insomma.

6 **Che cosa metti nella macedonia?** *Completa il dialogo con* di + *articolo,* qualche *o* un po'. *Poi guarda il disegno e completa la ricetta della tua macedonia.*

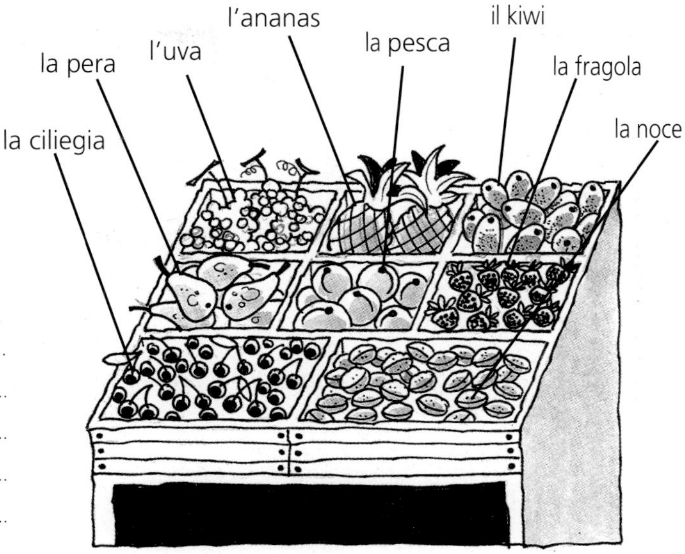

- Tu che cosa metti nella macedonia?
- Ci metto .... pera e .... banane.
- E poi?
- Se è la stagione giusta .... volta metto anche .... di fragole, ... pesche e .... di noci a pezzi. E tu?
- Io ci metto ....
....
....
....
....
....
....

7 **In un negozio di abbigliamento.** *Completa il dialogo in modo corretto: scegli* tra ne, la *o* le. *Poi rispondi alla domanda.*

Commessa: Buongiorno. Posso aiutare?
Giovanna: Buongiorno. Vorrei vedere delle magliette di cotone.
Commessa: Certo signora, ... prendo subito. Che misura?
Giovanna: La media.
Commessa: Benissimo. Ecco qui, ... abbiamo molte e di diversi colori. Dalle più eleganti alle più sportive. Come .... vuole: eleganti o sportive?
Giovanna: A dire la verità, non vorrei spendere molto.
Commessa: Queste colorate costano 15 euro l'una e queste bianche 25 euro l'una.
Giovanna: È difficile scegliere. Questa bianca è molto bella, che dici Maria .... compro? Però, forse mi piace anche quella blu, non so decidere.
Maria: Mamma, allora perché non .... prendi due: una bianca e una blu?
Giovanna: Ma sì, hai ragione. .... prendo tutte e due.

Quante magliette compra Giovanna? Quanto spende?

....

8 **La valigia per il mare.** *È luglio, Lisa parte domani per passare una settimana al mare. Non sa ancora di preciso che cosa mettere in valigia. Non vuole portare né troppo né troppo poco. Ecco la lista delle cose possibili, aiutala tu a scegliere. Fai delle frasi come negli esempi.*

Deve portare delle camicette: ne deve mettere in valigia tre.
Non deve portare il maglione di lana.
....
....
....
....

camicette	pantaloni
magliette di cotone	costume da bagno
gonne	guanti di lana
giacca leggera	cappello di paglia
maglione di lana	scarpe comode
scarpe eleganti	abiti da sera
impermeabile	

U10, D:

9 **Che confusione!** *Metti in ordine le parole di ogni frase nel dialogo in libreria.*

aiutarLa • Buongiorno • posso? — ● ....
trovare • il • Dove • di • posso • "Seta" • libro — ● .... Alessandro Baricco?
controllo… • momento che • Un • la • italiana • piano al • primo • è • narrativa — ● ....
gentile • Grazie. • Molto — ● ....

10 **L'intruso.** *Trova la parola che non c'entra e scrivi una frase come nell'esempio.*

1. mele • pomodori • ~~ragazzi~~ • patate — Non conosco la letteratura italiana per ragazzi.
2. libro • melone • pagina • letteratura — ....
3. scrittore • professore • tascabile • ingegnere — ....
4. libreria • profumeria • edicola • biblioteca — ....
5. saggistica • giallo • verde • narrativa — ....

11 **Dove lo trovo?** *Collega il titolo al reparto della libreria dove possiamo trovare il libro.*

1. *Guida al programma Access* — Narrativa straniera
2. *Il birraio di Preston* (di Andrea Camilleri) — Libro giallo
3. *Manuale di Diritto privato* — Arte e architettura
4. *Guida alla Sardegna* — Poesia, teatro, cinema
5. *La pittura di Sandro Botticelli* — Tempo libero
6. *Il realismo magico di Federico Fellini* — Viaggi e turismo
7. *100 ricette di cucina italiana* — Economia / Giurisprudenza
8. *Ulisse* (di James Joyce) — Informatica

12 **Il mio libro preferito.** *Scrivi qui alcune frasi per descrivere il libro che preferisci tra quelli che hai letto. Segui le parole guida e aggiungi se vuoi un tuo commento personale.*

Tipo / Genere: .... Numero di pagine: ....
Titolo: .... Quando lo hai letto: ....
Autore: .... Commento: ....

U10, E e F:

13 **Che cosa c'è scritto in questi SMS?** *Sai riscrivere le frasi in modo completo?*

1. Stasera c'è una festa da Paolo ci 6 anke tu? ....
2. Ki è Paolo? ....
3. Xke nn m kiami? Tvtb ....
4. Sn tt alla festa porta qlc da bere. ....
5. M mandi un msg x conferma? ....
6. Vengo xo con qke amico. ....
7. È tt il g ke t kiamo e nn rispondi dove 6? ....

14 *Rispondi alle domande con* ci *o i pronomi diretti atoni, e* già *oppure* non… ancora *come negli esempi.*

- ● Carlo è già andato in libreria? ● *No, non ci è ancora andato.*
- ● Marta ha già letto il libro? ● *Sì, l'ha già letto.*

1. ● Avete già fatto i compiti? ● No, ……………………
2. ● Carlo ha già incontrato Luca? ● Sì, ……………………
3. ● Hai comprato il giornale oggi? ● No, ……………………
4. ● Marta ha chiamato Maria? ● No, ……………………
5. ● Keiko ha visto il film? ● Sì, ……………………
6. ● Tobias è andato al cinema? ● No, ……………………

U10, ripasso:

15 *Guarda i disegni e scrivi che cosa ha già fatto Alberto e che cosa non ha ancora fatto, come negli esempi.*

Alberto non ha ancora lavato i piatti.

Alberto ha già comprato un libro.

1. ……………………

2. ……………………

3. ……………………

4. ……………………

16 **Ricordi queste espressioni idiomatiche?** *Completa.*

1. ● …………… di organizzare una festa a casa tua?
   ● …………… veramente preferisco andare fuori a cena.
2. ● Domani arrivano i nostri cugini dalla Germania.
   ● Sì, sono molto contenta. …………… conoscerli.
3. ● Ciao Marco! Sei …………… Complimenti!
   ● Sì, grazie: sto bene. Anche tu hai un bell'aspetto, però!
4. La sera non mangio mai molto: mi piace …………… .
5. Io non mangio la mattina: bevo un caffè e …………… .
6. ● Ciao Luca. …………… è vero che tu e Susanna non state più insieme?
   ● Scusa, eh? Tu non ti fai mai gli affari tuoi?

Che ne dici
in gran forma!
Non vedo l'ora di
Oddio…
restare leggero
scappo fuori
Senti, ma…

U10, autovalutazione:

17 Sai fare la spesa nei negozi italiani? ☐ *Bene* ☐ *Abbastanza bene* ☐ *Male*

Completa i dialoghi con il nome dei prodotti e le indicazioni di quantità giuste. Alla fine di ogni dialogo scrivi in lettere quant'è il prezzo totale secondo te. Poi scegli la tua valutazione.

Dal fruttivendolo:

- Buongiorno, desidera?
- ....
- Quante?
- ....
- Altro?
- ....
- Quanti?
- ....
- Ecco a Lei.
- Quant'è in tutto?
- ....
  ....

Nel negozio di alimentari:

- Prego, a chi tocca ora?
- A me. Vorrei ....
- Quanto?
- ....
- Ecco a Lei. Poi?
- ....
- Quanto?
- ....
- Altro?
- Basta grazie. Quanto pago?
- ....
  ....

Dal macellaio:

- Salve. Che cosa Le do?
- ....
- Quanta?
- ....
- Desidera qualcos'altro?
- ....
- Quante?
- ....
- A posto così?
- Sì, è tutto. Quant'è?
- ....
  ....

18 Sai parlare delle tue abitudini di lettura? ☐ *Bene* ☐ *Abbastanza bene* ☐ *Male*

Scrivi qui almeno 4 frasi su questo argomento. Poi scegli la tua valutazione.

....
....
....

19 Vocabolario. *In questa unità hai imparato il nome di nuovi negozi e dei prodotti che vendono. Scrivi qui il nome dei negozi che ti interessano di più e i prodotti che ci puoi comprare. Ricorda anche l'elenco che hai fatto a pagina 138.*

....
....

20 Vocabolario. *Ricordi che cosa significano queste espressioni relative al cellulare? Con una delle tre scrivi un messaggio SMS a un amico o un'amica italiani. Se vuoi usa anche qualche abbreviazione tipica.*

Ho finito il credito. ....
La batteria è scarica. ....
Non c'è campo. ....

21 Bilancio. *Come al solito, ricorda di fare il bilancio dell'unità 10.*

È chiaro. Capisco! ....
Non è chiaro. Non capisco! ....

Hai completato così il primo livello del tuo corso di italiano. Complimenti! Prima di continuare puoi riguardare il bilancio di tutte le unità e approfondire i punti che non sono ancora molto chiari per te.

Unità Benvenuti!

1 caffè, ciao, spaghetti, grazie, Chianti, gelato

2 /tʃ/: ciao, arrivederci, La dolce vita, calcio; /dʒ/: buongiorno, gelato; /k/: caffè, zucchero, calcio, Chianti, Colosseo; /g/: spaghetti, gondola, grazie

Unità 1

U1, A e B:

1 **1.** 1 Ciao Luca. Come stai? 2 Ciao Carlo. Sto bene, grazie. E tu? 3 Insomma, non c'è male. Che cosa prendi? 4 Un caffè. 5 Anch'io e prendo anche una pasta.

2. 1 Ciao Marina. Come mai qui? 2 Sono qui con un'amica. Come va? 3 In gran forma. E tu? 4 Abbastanza bene, grazie.

3. 1 Buona sera, signor Guidi. Tutto bene? 2 Eh, insomma. Ho mal di testa! E Lei? 3 Oh, mi dispiace! Io sto bene, grazie.

U1, C:

2 **1.** pizza, **2.** bene, **3.** grazie, **4.** Guido; (soluzione possibile) **1.** Stasera mangiamo la pizza!, **2.** Oggi non sto molto bene. **3.** Grazie del regalo!, **4.** Guido è un amico di Paolo.

3 un cappuccino, una spremuta d'arancia, una pasta, un cornetto, uno spumante, un succo di frutta, un'aranciata, una pizza, un caffè, un aperitivo, un po' di salatini, un tramezzino, un tè

U1, D:

4 **informale:** Come ti chiami? Sei italiana? Di dove sei? **formale:** Come si chiama? È italiana? Di dov'è?

5 **maschile:** uno studente, Gilberto è brasiliano. Questo è il signor Kalifa. Signor Mayer, Lei è austriaco? **femminile:** la signora Minamigutschi, un'amica, Questa è Marina. Sono tedesca.

6 **1.** –, –, **2.** il, **3.** –, la, **4.** Il, il

7 **1.** Noi siamo di Mosca. **2.** L'amico di Carlo è di Roma. **3.** Kurt e Anja sono di Berlino. **4.** Io sono di Dublino. **5.** Voi siete di Tokio. **6.** John, tu sei di New York?

Salute!

U1, E:

8 **1.** ho, **2.** hai, **3.** ha, **4.** ha, **5.** abbiamo, **6.** avete, **7.** avete, **8.** hanno

9 **1.** il mio amico spagnolo, avete voglia, D'accordo. **2.** ho fame, basta così, **3.** Sto molto bene, la mia amica americana, Tutto bene?, che cosa

10 **1.** Carlo non ha fame. **2.** Marina non è spagnola. **3.** Il signor Rossi non prende l'aperitivo. **4.** La signora Kenzo non è di Tokio.

11 il cappuccino, il tramezzino, l'amico, lo zucchero, la pasta, la pizza, l'amica, l'aranciata, il latte macchiato, lo spumante, l'insegnante italiana, l'amica inglese

12 **1.** tedesco, **2.** greca, **3.** egiziano, **4.** brasiliana, **5.** francese, **6.** inglese, **7.** giapponese, **8.** cinese

U1, F:

13 **orizzontali:** **2.** dodici, **5.** sedici, **6.** venti; **verticali:** **1.** diciassette, **3.** dieci, **4.** quindici, **5.** sei

14 **1.** Buonanotte, **2.** Arrivederci, **3.** Buonasera, **4.** Buongiorno

U1, ripasso:

15 **1.** Noi siamo di Parigi. **2.** Tu sei svedese. **3.** Marcella è italiana. **4.** Loro sono al bar. **5.** Io sono di New York. **6.** Maria ha sete. **7.** Voi avete fame. **8.** Noi abbiamo un amico qui. **9.** Loro hanno un gelato. **10.** Lei ha un'amica cinese.

16 un amico, un bicchier d'acqua, la dolce vita, buongiorno, il gelato, un cappuccino, un'amica, spaghetti

17 **un/il:** cappuccino, caffè, cornetto, tè; **un/l':** amico, aperitivo; **uno/lo:** spumante, zucchero; **una/la:** pasta, spremuta d'arancia, pizza; **un'/l':** amica, acqua minerale, aranciata

18 **1.** Anch'io. **2.** Anche Robert. **3.** Allora prendo un succo. **4.** Io, invece, prendo un caffè.

19 (Soluzione possibile) **Chiedere aiuto all'insegnante:** ● Che cosa significa "oggi"?...Non ho capito, può ripetere per favore? ● Certo. **Presentazioni:** ● Buongiorno, mi chiamo… e sono brasiliana. ● Piacere. Che cosa desidera? ● Vorrei iscrivermi al corso di italiano. ● Va bene.

U1, autovalutazione:

20 (soluzione possibile) **Chiedere aiuto all'insegnante:** Che cosa significa? Non capisco. Più lentamente, per favore. **Chiedere "come va?" e rispondere:** Ciao/Buongiorno… come va? - Molto bene, grazie. Non va molto bene. Abbastanza bene, grazie. **Presentazioni. Chiedere e dare informazioni sul nome:** Ciao. Come ti chiami? – Mi chiamo… / Come si chiama, signor/signora… - Mi chiamo…, / Sono… - Piacere. **Chiedere e dare informazioni sulla nazionalità e la provenienza:** Di che nazionalità sei/è? Di dove sei/è? Sono… . Sono di… **Prendere qualcosa al bar:** Che cosa prendi/prende? – Un caffè. – Prendi/prende anche una pasta? – No, grazie. Basta così. **Saluti:** Buongiorno. Buona sera. Ciao. Salve. Arrivederci.

Unità 2

U2, A:

1 **1.** corti, diciannove, commesso, perché; **2.** tedesco, sorella; **3.** capelli neri, impiegata; **4.** ricci, l'insegnante

2 Michele ha tre figlie. Maria ha quattro fratelli. Ryan ha tre sorelle. Klaus ha tre nipoti.

U2, B:

3 **1.** e, **2.** c, **3.** d, **4.** b, **5.** a

4 **1.** rossetto, **2.** orologio, **3.** chiave, **4.** telefonino, **5.** occhiali, **6.** agendina, **7.** giornale, **8.** portafoglio, **9.** mela

5 **maschile:** i corsi, gli studenti; **femminile:** le penne, le chiavi

6 **i:** portafogli, nonni, giornali, cappuccini; **gli:** ingegneri, studenti, orologi, spagnoli; **le:** commesse, spazzole, chiavi, ragazze, impiegate, italiane, mamme, pizze

U2, C:

7 **verbi regolari:** parlare, arrivare, lavorare, ricordare, iniziare; chiedere, prendere, vedere; aprire, sentire; finire, capire; **verbi irregolari:** avere, essere, fare, stare; **1.** ricordi, **2.** hanno, **3.** inizia, finisce, **4.** sei, sono, **5.** apre, **6.** chiede, **7.** fa, lavora, **8.** sta, sto, **9.** arriva, vediamo, **10.** senti, capisco, **11.** prendono, **12.** parlo

8 **1.** sentiamo, **2.** parliamo, **3.** finiscono, **4.** siete, **5.** studiamo, **6.** ricordano

9 **1.** Ma dai…, **2.** ti va, Ma dai, **3.** Senti, ma…, **4.** ti va

U2, D e E:

10 **1.** ventiquattro venti zero cinquantadue, **2.** trecentotrentacinque cinquantasei settantotto sessantuno venti, **3.** zero trentanove settantatré quarantacinque novantasei sessantotto

11 Ancona è nelle Marche, Aosta è in Val d'Aosta, Bari è in Puglia, Bologna è in Emilia Romagna, Cagliari è in Sardegna, Campobasso è in Molise, Firenze è in Toscana, Genova è in Liguria, Milano è in Lombardia, Napoli è in Campania, Palermo è in Sicilia, Perugia è in Umbria, Pescara è in Abruzzo, Potenza è in Basilicata, Roma è nel Lazio, Torino è in Piemonte, Trento è in Trentino Alto Adige, Trieste è in Friuli Venezia Giulia, Venezia è in Veneto

12 1. a, per, 2. di, a, in, 3. a, in, 4. per, a, 5. di, in

U2, ripasso:

13 1. c, 2. d, 3. b, 4. a

14 /sk/: 1, 2, 4; /ʃ/: 3, 5

15 **orizzontali:** medico, cuoco; **verticali:** bibliotecario, farmacista, commesso, insegnante, ingegnere, impiegato

1. *Questo lavoro è noioso.* 2. *Questo invece è divertente.*

U2, autovalutazione:

17 (soluzione possibile) **D.**: Lei di dov'è? / Tu di dove sei? **F.**: Chiedere informazioni sulla provenienza. **D.**: Come ti chiami? / Come si chiama? **F.**: Chiedere informazioni sul nome. – **D.**: Come va? / Come sta? / Come stai? **F.**: Chiedere "Come va?" – **D.**: Chi è quel ragazzo biondo? **F.**: Chiedere informazioni su una persona. – **D.**: Che cosa fa? **F.**: Chiedere informazioni sulla professione. – **D.**: Come si chiama in italiano? **F.**: Chiedere una parola in italiano. – **D.**: Posso aprire la finestra? **F.**: Chiedere di fare qualcosa in classe. – **D.**: Posso avere una penna? **F.**: Chiedere per avere qualcosa.

Unità 3

U3, A e B:

1 **a.** ● Scusa, sai dirmi dov'è un'edicola? ● È in piazza San Giovanni. Prendi la prima strada a sinistra e poi gira a destra. ● Grazie, ciao. ● Di niente, ciao.
b. ● Buongiorno, mi sa dire come posso arrivare in via Farini? ● Vede il semaforo là in fondo? La strada a sinistra è via Farini. ● Grazie mille. ● Si figuri, arrivederci.

2 1. Dritto. 2. Poi a destra. 3. A sinistra. 4. Dritto. 5. A destra. 6. A sinistra c'è la fermata dell'autobus.

U3, C:

3 1. c'è, 2. c'è, 3. ci sono, 4. c'è, 5. ci sono, 6. c'è, 7. ci sono, 8. ci sono

4 1. dov'è, 2. c'è, 3. c'è, 4. dov'è

5 1. di fronte all', 2. accanto alla, 3. in fondo alla, 4. fino al, 5. a destra del, 6. all'angolo con

U3, D:

6 1. pasticceria, 2. edicola, 3. libreria, 4. farmacia, 5. tabaccheria, 6. gioielleria

In *gelateria*.

7 1. gioielleria, 2. libreria, 3. pasticceria, 4. distributore

8 1 Buongiorno signora, desidera? 2 Posso vedere quella gonna rossa in vetrina? 3 Naturalmente! 4 Quanto costa? 5 Con lo sconto del 30% sono 45 euro. 6 È un po' cara, ma va bene. Posso pagare con la carta di credito? 7 Certamente. Alla cassa prego.

U3, E:

9 1. Sono le sei meno dieci. 2. Sono le undici e trentacinque. 3. È mezzogiorno e un quarto.

U3, F:

10 1. me, te, noi, noi; 2. voi, loro; 3. lui

11 1. sa, 2. sai, so, 3. sanno, sapete, 4. sappiamo

12 andiamo, vieni, vengono

U3, ripasso:

13 1. sul, 2. del, 3. alla, 4. all', 5. al, 6. della

14 1. mi sa dire dov'è, Può ripetere per favore?, Si figuri. 2. a mani vuote, che ne dici di, Non c'è di che.

15 1. Che cosa, 2. quanto, Quale? 3. Come, 4. Chi

U3, autovalutazione:

17 (soluzione possibile) ● Buongiorno. ● Buongiorno, desidera? ● Vorrei vedere quell'orologio in vetrina. Quanto costa? ● Costa 250 euro. ● È un po' caro. C'è uno sconto? ● Mi dispiace, non c'è sconto. Abbiamo prezzi fissi. Ma può pagare con la carta di credito. ● Sì, va bene questa carta? ● Sì, certo. ● Grazie e arrivederci.

18 **a.** (soluzione possibile) **negozi e altre cose:** l'edicola, la tabaccheria, la gelateria, la gioielleria, la libreria, il bar, la farmacia, l'albergo, il ristorante, il distributore di benzina; **mezzi di trasporto:** l'autobus, il treno, la metropolitana, la Vespa, l'automobile, la moto(cicletta), la bicicletta

Unità 4

U4, A e B:

1 1 Cameriere: (soluzione possibile) Ristorante "Buona Cucina", desidera? 2 Cliente: Buonasera, posso prenotare un tavolo per domani sera? 3 Cameriere: Certo, per quante persone? 4 Cliente: Siamo in quattro. 5 Cameriere: A che nome? 6 Cliente: Marini. 7 Cameriere: Va bene per le otto e mezza? 8 Cliente: Perfetto. Alle otto e mezza in punto siamo lì. Grazie mille. 9 Cameriere: Grazie a Lei e arrivederci.

2 **1.** Da bere? **2.** Posso avere il menù? **3.** È libero questo tavolo? **4.** Avete già scelto? **5.** Sono allergica... **6.** Che cosa mi consiglia?

3 **1.** lo, **2.** lo, **3.** lo, **4.** le **5.** li, **6.** la, **7.** la, **8.** lo, **9.** le, **10.** Li

4 **1.** li mangio, **2.** lo capiamo, **3.** la facciamo, **4.** le scrivo

U4, C:

5 fanno, alle dieci e venti, mangiano, alle due e tre quarti, prenotano, alle nove e mezza

U4, E:

8 **1.** spaghetti, **2.** risotto, **3.** tortellini

9 **1.** bicchiere, **2.** coltello, **3.** cucchiaio, **4.** piatto, **5.** tovaglia

10 **1.** buono, **2.** bene, **3.** buoni, **4.** buona, **5.** bene, **6.** bene, **7.** buone, **8.** buona

11 **1.** buono, **2.** sporco, **3.** cotta, **4.** bene, **5.** leggero, **6.** tardi

12 **1.** Accidenti! **2.** per niente, non è colpa mia

13 **1.** I crauti con wurstel vengono dalla Germania. Sono tedeschi. **2.** La paella viene dalla Spagna. È spagnola. **3.** La bouillabaisse viene dalla Francia. È francese. **4.** Il goulasch viene dall'Ungheria. È ungherese. **5.** Il sushi viene dal Giappone. È giapponese. **6.** La Sachertorte viene dall'Austria. È austriaca. **7.** L'haggisch viene dalla Scozia. È scozzese. **8.** Lo smørrebrod viene dalla Danimarca. È danese.

14 **1.** alla, **2.** a, **3.** al, con, **4.** al, in, **5.** dall', **6.** dal, **7.** dalla, **8.** di, a

U4, ripasso:

15 **1.** Li compro in tabaccheria. **2.** La compro in farmacia. **3.** Lo compro in edicola. **4.** Lo compro in libreria. **5.** La compro in pasticceria. **6.** La compro in un negozio di abbigliamento. **7.** Le compro in cartoleria. **8.** Li compro in tabaccheria/edicola.

16 **avere:** ho, hai, ha, abbiamo, avete, hanno; **sapere:** so, sai, sa, sappiamo, sapete, sanno; **fare:** faccio, fai, fa, facciamo, fate, fanno; **stare:** sto, stai, sta, stiamo, state, stanno; **dire:** dico, dici, dice, diciamo, dite, dicono

17 (soluzione possibile) il cameriere, il maitre, i clienti, il tavolo, la tovaglia, i tovaglioli, i piatti, i bicchieri, i coltelli, le forchette, le bottiglie, il conto

U4, autovalutazione:

18 (soluzione possibile) **Cameriere:** Ristorante La

Rosa, buongiorno. **Tu:** Buongiorno, vorrei prenotare un tavolo per 6 persone. **Cameriere:** Per quando? **Tu:** Per stasera. **Cameriere:** Mi dispiace, ma stasera non abbiamo tavoli liberi. **Tu:** E per domani sera? **Cameriere:** Domani sera abbiamo molti tavoli liberi. A che ora desidera venire? **Tu:** Va bene alle nove? **Cameriere:** Va benissimo. Metto la prenotazione a nome Suo? **Tu:** Sì, certo. Può scrivere Bianchini.

19 (soluzione possibile) **Gli spaghetti sono troppo cotti:** ● Cameriere, gli spaghetti non mi piacciono: sono troppo cotti! ● Mi dispiace, li cambio subito. **Cambi idea:** ● Grazie, ma ho cambiato idea: vorrei le scaloppine. ● Mi dispiace, ma le scaloppine non ci sono più, sono finite. **Chiedi il menù:** ● Posso avere il menù per scegliere un altro secondo? ● Oggi abbiamo solo due secondi: frutti di mare al cognac e cotoletta alla milanese. **Fai una critica e una richiesta:** ● Sono allergico ai frutti di mare e la cotoletta non mi piace. Questo ristorante non mi piace! Non cucinano bene. Prendo la macedonia. ● Mi scusi, non è colpa mia. Oggi c'è un problema in cucina. Le porto subito la macedonia. **Protesti per il conto:** ● Cameriere, nel mio conto c'è un errore: ci sono due piatti di spaghetti! ● Mi scusi, signore. Controllo subito.

Unità 5

U5, A:

1 **Per iniziare:** 1 Pronto Marco, sono Luca. 2 Ciao Luca. Come stai? 3 Non c'è male. Ti disturbo? 4 No, per niente! Dimmi. **Per finire:** 1 Senti, ora devo salutarti. 2 Sì, anch'io devo andare. 3 Allora a domenica, ciao. 4 Ciao.

2 **a.** ● È libero domenica pomeriggio? ● Sì, perché? ● Organizziamo una festa per i bambini. ● Ah, allora porto mio figlio. ● Sì, ma invitiamo anche i genitori. ● Ah, allora veniamo anche io e mia moglie. A che ora? ● A partire dalle 4 del pomeriggio. ● Bene. A domenica. Grazie dell'invito.

b. ● Che cosa fai domani? ● Niente di speciale. ● Ti va di festeggiare con me? ● Certo, è il tuo compleanno? ● Sì,organizzo una festa da Marco. ● D'accordo. Vengo da Marco verso le otto. Che cosa posso portare? ● Se porti qualcosa da bere, va bene.

3 il tuo, il mio, il suo, il suo, il suo, mia, il tuo, la nostra

U5, B:

4 **1.** ti, **2.** vi, **3.** mi, **4.** ti, **5.** vi

5 **1.** mi, **2.** vi, **3.** le, **4.** la, **5.** ci, **6.** ti

6 **Patrizia:** fa una passeggiata, fa la spesa, fa i compiti, esce con gli amici;
Patrizia e Carla: fanno una passeggiata, fanno la spesa, fanno i compiti, escono con gli amici

7 **1.** alla stazione, **2.** all'aeroporto, **3.** a casa sua, **4.** in classe, **5.** al bar, **6.** in piscina

U5, C:

8 **1.** ci addormentiamo tardi, ci svegliamo presto; **2.** vi addormentate tardi, vi svegliate tardi; **3.** si addormentano tardi, si svegliano presto

9 si alza, fa, si veste, fa, esce, si sveglia, va, torna

10 mi, mi, si, si, si, ci

U5, D:

11 i miei studenti, le mie studentesse, i nostri amici; i tuoi cugini, le tue cugine, i vostri impiegati; i suoi commessi, le sue commesse, i loro nonni

12 Luciano è suo padre; Clara è sua madre; Giuliana è sua sorella; Augusto è suo nonno; Savina è sua nonna; Carlotta è sua zia; Rinaldo è suo zio; Nicolò è suo cugino; Franca è sua cugina. Luciano e Clara sono i suoi genitori; Augusto e Savina sono i suoi nonni; Carlotta e Rinaldo sono i suoi zii; Nicolò e Franca sono i suoi cugini.

13 nostro padre, i nostri nonni, i nostri zii, il loro figlio, la loro figlia, i nostri

14 **1.** –, la; **2.** –, –; **3.** i, i; **4.** –, il

U5, E:

15 affitto, letto, bagno, abbastanza, con l', anche, in, villetta, cucina, soggiorno, camere, ha bisogno, vicino

16 (soluzione possibile) **1.** Mio nonno è in soggiorno. **2.** Il libro è sul letto. **3.** Chiudi la porta!

U5, ripasso:

17 buono – cattivo, caldo – freddo, crudo – cotto, leggero – pesante, allegro – triste, occupato – libero, divertente – noioso, grande – piccolo, comodo – scomodo, vicino – lontano, sporco – pulito, luminoso – buio, rumoroso – tranquillo, brutto – bello

18 **1.** andiamo, andiamo, nuotare, usciamo, andiamo; **2.** festeggiano, mangiano; **3.** andate, fate, uscite

19 **1.** d: al, a; **2.** a: al; **3.** b: a; **4.** c: in, al

U5, autovalutazione:

20 (soluzione possibile) **Marcella:** 1 Buongiorno, telefono per l'annuncio dell'appartamento di 100 metri quadrati. 2 Com'è l'appartamento? È in buono stato? 3 Quant'è l'affitto? 4 Posso vedere l'appartamento? 5 Domani pomeriggio, alle 4. 6 Sì, certo. Marcella Biondi, 333 5942569. 7 A domani.

Unità 6

U6, A:

2 **1.** vuole, **2.** vogliono, **3.** voglio, **4.** volete, **5.** vogliamo

3 **1.** Prende il sole e nuota tutti i giorni. **2.** La cucina è molto buona. **3.** È in un altro emisfero.

4 **Diana:** non va mai in centro con l'autobus, vuole raramente andare in discoteca, paga spesso con la carta di credito, va sempre al cinema da sola, esce spesso con sua sorella, va sempre in vacanza in inverno

U6, B:

5 **1.** alcuni, **2.** qualche, **3.** alcune, **4.** alcuni, **5.** qualche, **6.** qualche

U6, C:

6 **1.** Benissimo! Io ci vado sempre. **2.** Ci vado con Maria. **3.** Ci andiamo in agosto. **4.** Ci va con i suoi amici.

7 **1.** Ci torno alle tre. **2.** Ci vado oggi pomeriggio. **3.** Ci vado con mio fratello. **4.** Sì, ci vado spesso.

U6, D:

8 parlare, studiato, andato, avere, visto; stato, fatto, preferito, partito, capire, sentito

9 **1.** Oggi è mercoledì, **2.** Sabato prossimo, **3.** Fra due giorni, **4.** Ieri, **5.** Due giorni fa, **6.** Domenica scorsa

10 **1.** ha visto, **2.** ha comprato, **3.** ha mangiato, **4.** hanno incontrato, **5.** hanno cantato, **6.** hanno fatto

11 **1.** è, **2.** abbiamo, **3.** hanno, sono, **4.** hanno, **5.** è, ha, **6.** hanno

12 **1.** ha finito, **2.** è andata, ha visitato, **3.** ha ascoltato, **4.** sono restate, **5.** sono partiti, **6.** ha passato

13 **Michela:** ha studiato tutta la notte, è andata a dormire alle 6 di mattina e ha dormito fino alle 2 del pomeriggio. **Francesco:** è andato ad un concerto e ha ascoltato musica classica, al concerto ha conosciuto una violinista francese. **Giuseppe:** è andato a giocare a calcio, ha giocato una bella partita e poi è andato a bere qualcosa con gli amici.

U6, E e F:

14 hanno preferito, sono andati, hanno mangiato, hanno ordinato, è arrivata, sono restati, ha cercato, ha trovato, è successo, ha perso, hanno rubato; **mangiano:** incontrano, parlano; **farmacia:** pizzeria, trattoria; **caffè:** venerdì, però, tiramisù, è; **parola:** amici, insieme, cambiare, limone, amica, parlare, pagare, problema

U6, ripasso:

15 Ieri è successo un disastro! Io e Carlo, alle 10, siamo partiti per andare al mare. Siamo arrivati alle 11. Abbiamo fatto un giro in barca a vela e abbiamo parlato con alcune ragazze molto carine. Alla sera siamo andati a mangiare il pesce. Qual è il disastro? Qualcuno ha rubato la macchina con tutte le nostre cose dentro! Aiuto!

16 (soluzione possibile) **Marta:** Vorrei andare in vacanza all'Isola d'Elba. **Impiegata:** in albergo, **Marta:** In albergo. Posso avere qualche informazione sugli alberghi dell'isola? **Marta:** Quanto costa una camera doppia per due settimane? **Marta:** C'è posto? **Marta:** Sì, grazie.

Unità 7

U7, A:

1 (soluzione possibile) pianterreno: reception, bar, sala giochi; primo: sala ristorante, sala conferenze; secondo: camere singole 101-110; terzo: camere singole 111-120; quarto: camere doppie 121-130; quinto: camere doppie 131-140; sesto: camere matrimoniali 141-150, settimo: camere matrimoniali 151-160; ottavo: suites extralusso 1-10, nono: piscina, sauna; decimo: terrazza panoramica, bar/ristorante all'aperto

U7, B:

2 **1.** Telefono per sapere se avete camere libere. **2.** E il prezzo? Quant'è la camera doppia? **3.** Ha bisogno di una camera singola o doppia? **4.** In camera c'è anche l'aria condizionata? **5.** 160 euro a camera compresa la colazione. **6.** Per la conferma è meglio mandare un fax.

3 **cliente:** prenotato, **receptionist:** momento, matrimoniale, bagno, chiave; **cliente:** passaporto

4 1 cliente, 2 receptionist, 3 cliente, 4 receptionist, 5 cliente, 6 receptionist

5 (soluzione possibile) Gentile Direzione, confermo la prenotazione di una camera doppia con bagno e aria condizionata a nome..., dal... al... ottobre incluso, al prezzo di... euro a notte. Cordiali saluti, ...

U7, C:

6 **1.** Sì, l'abbiamo data. **2.** L'ho perso in treno. **3.** No, non l'ho visto. **4.** Sì, l'ho fatta. **5.** Sì, li hanno capiti. **6.** No, non le ho comprate.

7 **orizzontali:** braccialetto, caffettiera, carte da gioco, limoncello, statuette, foulard; **verticali:** CD di musica, cintura, guanti; **1.** braccialetto, **2.** CD di musica, **3.** statuette, **4.** limoncello, **5.** foulard, **6.** carte da gioco, **7.** cintura, **8.** caffettiera, **9.** guanti; **frasi:** Grazie mille! Troppo gentile, ha avuto un'idea bellissima!; (forma del tu) Troppo gentile, hai avuto un'idea bellissima!

U7, D:

9 **1.** Ho prenotato una stanza a nome Ferrari. **2.** Sono stato due settimane al mare. **3.** Ho preso il sole. **4.** La mamma non ha dormito tutta la notte. **5.** Tu e Marta siete andati a Firenze? **6.** Siete stati dal tuo amico Matteo?

10 **1.** si è svegliato, **2.** si è truccata, **3.** si è svegliata, ha fatto, si è vestita, **4.** si è fatto la barba, **5.** mi sono alzato/a, **6.** si sono addormentati

11 (soluzione possibile) ● Ciao, sono Marco. ● Ciao, finalmente ci conosciamo! Io sono Martina e questa è Giulia. ● Sono venuto a prendervi. Vi porto a casa mia in macchina. ● Grazie mille! Abbiamo bisogno di riposare un po'.

U7, E:

12 Bolzano: nuvoloso, Milano: piove, Torino: piove, Ancona: variabile, poco nuvoloso, Roma: sereno, Napoli: sereno, Bari: sereno, Catanzaro: sereno, Palermo: vento, Cagliari: vento

14 (soluzione possibile) **1.** La ragazza ha 25 anni, è a casa sua, si prepara per andare a una festa. È molto elegante. Il suo vestito da sera è bianco e rosso, la borsetta e le scarpe sono rosse. **2.** Il ragazzo ha quindici anni, va in bicicletta al parco, è vestito in modo sportivo e porta lo zaino sulle spalle. Ha una camicia gialla, i jeans blu, le scarpe sono bianche.
3. La signora ha circa sessanta anni, è alla fermata dell'autobus, va in centro. Porta un impermeabile grigio, una maglietta di lana azzurra e una gonna blu, la borsa e le scarpe sono nere. Il suo ombrello è bianco e nero.

U7, ripasso:

15 **1.** rossa, **2.** marrone, **3.** blu, bianca, **4.** beige, **5.** viola, **6.** azzurri

16 **1.** parlato, **2.** venuto, **3.** perso, **4.** visto, **5.** scritto, **6.** preso, **7.** rubato, **8.** voluto

17 **1.** a, in, **2.** al, **3.** per, **4.** per, **5.** in, **6.** per, **7.** in, **8.** a

U7, autovalutazione:

18 (soluzione possibile) **Tu:** Buongiorno. Vorrei prenotare una camera singola. **Receptionist:** Sì, ... abbiamo ancora una camera singola libera. **Tu:** Quanto costa? **Receptionist:** 80 euro con la colazione. **Tu:** Ha il bagno? **Tu:** C'è il parcheggio? **Tu:** Vorrei prenotare subito. **Tu:** Antonio Biondi. **Tu:** Certo. Qual è il vostro numero di fax? Lo mando alla Sua attenzione? **Tu:** Grazie. Arrivederci. **Receptionist:** Grazie a Lei. Arrivederci.

Unità 8

U8, A:

1 tutti i giorni, una volta alla settimana, due volte alla settimana, ogni tre mesi, poche volte all'anno, tutti i mesi

U8, B e C:

2 1 Vorrei un biglietto per Roma, per favore. 2 C'è l'Intercity delle 10 e 14. Va bene? 3 Sì, va bene. In seconda classe. 4 Vuole anche il ritorno? 5 No, solo andata. 6 Ecco il biglietto. Sono 40 euro. 7 C'è il servizio ristorante? 8 Sì, è nella carrozza al centro. 9 Grazie. Da quale binario parte, per favore? 10 Un momento che controllo. Dal binario 4.

3 **1.** d, **2.** c, **3.** a, **4.** b

4 ero, era, abitavo, c'erano, c'era, si alzava, era

5 **1.** andavano, si alzavano, **2.** era, faceva, c'era, **3.** mangiavo, **4.** vivevano, **5.** avevo, mi mettevo

U8, D:

6 (soluzione possibile) **1.** ● Sei mai andato/a a cavallo? ● Sì, ci sono andato/a una volta/molte volte. No, non ci sono andato/a mai. **2.** ● Sei mai stato/a a Pisa? ● Sì, ci sono stato/a una volta/molte volte. No, non ci sono mai stato/a. Hai mai visto la Torre di Pisa? Sì, l'ho vista una volta/molte volte. No, non l'ho mai vista. **3.** ● Sei mai andato/a in barca a vela? ● Sì, ci sono andato/a una volta/molte volte. No, non ci sono mai andato/a. **4.** ● Sei mai andato/a in campeggio? ● Sì, ci sono andato/a una volta/molte volte. No, non ci sono mai andato/a.

8 **prima:** non giocava mai con i nipoti, si alzava alle 6 di mattina, stava in ufficio 8 ore, faceva sport solo in vacanza, mangiava in mensa, vedeva la moglie solo la sera; **ora:** frequenta un corso di cucina, va a trovare i nipoti spesso, fa un giro in bici tutte le mattine, pranza sempre con la moglie, dorme fino alle 8, si diverte e si riposa

U8, E:

9 andare, andato: vado, vai, va, andiamo, andate, vanno; stare, stato: sto, stai, sta, stiamo, state, stanno; dare, dato: do, dai, dà, diamo, date, danno; sapere, saputo: so, sai, sa, sappiamo, sapete, sanno; fare, fatto: faccio, fai, fa, facciamo, fate, fanno

10 (soluzione possibile) **1.** Sì, gli piace. **2.** Sì gli piace. **3.** Sì, mi piacciono. **4.** Sì, ci piace. **5.** Sì le piace. **6.** Sì, ci piacciono.

11 **1.** d: Gli regalo un libro di Harry Potter. **2.** a: Le scrivo una cartolina. **3.** b: Gli chiedo un favore. **4.** c: Gli regalo un CD di musica. **5.** e: Le porto un foulard di seta.

12 **1.** la, **2.** gli, **3.** li, **4.** le, **5.** lo, **6.** gli, **7.** le

13 **1.** invece, **2.** neanche, **3.** anche, **4.** invece, **5.** neanche, **6.** anche, **7.** neanche

15 … a Laura piaceva molto giocare a tennis, fare sport e ascoltare musica; invece a Luca non piacevano queste cose, a lui piaceva solo lavorare

U8, ripasso:

16 era, mare, in, gli, giocare, così, le, non, piaceva, bicicletta, il, troppo, sera

17 **1.** Boh? **2.** eh? **3.** Ehi!

18 **1.** di, **2.** a, in, **3.** dal, in, **4.** di, alla, **5.** all', con, **6.** del, **7.** alle, **8.** con le, **9.** dal, **10.** fra/tra, a, **11.** di, all', **12.** al, **13.** per, **14.** da, in

U8, autovalutazione:

19 (soluzione possibile) **Tu:** Vorrei un biglietto per Milano. Andata e ritorno. Mi può dire gli orari per domani pomeriggio? **Impiegato:** C'è un Eurostar alle 14 e 25, poi un Intercity alle 16 e 45. Quale preferisce? **Tu:** L'Eurostar delle 14 e 25. Devo fare la prenotazione? **Impiegato:** Sì, è obbligatoria. **Tu:** Va bene. Quanto costa il biglietto? **Impiegato:** Il biglietto Roma – Milano costa 45 euro. **Tu:** Ecco a Lei. **Impiegato:** Grazie. Ecco il biglietto con la prenotazione. **Tu:** Arrivederci! **Impiegato:** Arrivederci e buon viaggio!

Unità 9

U9, A:

1 **1.** sta scrivendo una relazione, **2.** sta parlando con un cliente, **3.** sta studiando un dossier, **4.** sta dormendo

2 **1.** sta facendo, **2.** sta leggendo, **3.** stanno guardando, **4.** stiamo partendo, **5.** sta scrivendo, **6.** stanno studiando

U9, B:

4 1 Senti Luciana, hai voglia di fare qualcosa insieme nel fine settimana? 2 Sì, è un'ottima idea! 3 Perché non vieni a pranzo a casa nostra domenica con i bambini e tuo marito? 4 Domenica? Purtroppo domenica non possiamo: abbiamo già un altro impegno. Dobbiamo andare dai nonni a pranzo. Mi dispiace. 5 E sabato? 6 Sabato va benissimo. Che cosa facciamo da mangiare? 7 Preparo tutto io a sorpresa. Tu porta i tuoi figli, così giocano con i miei e noi ci rilassiamo. 8 Va bene. Allora noi portiamo il gelato e il vino. 9 D'accordo. Vi aspetto verso mezzogiorno. 10 Sì, a sabato allora e grazie dell'invito.

5 ● Signora Caruso, ha voglia di fare qualcosa insieme nel fine settimana? ● Sì, è un'ottima idea! ● Perché non viene a pranzo a casa nostra domenica con i bambini e Suo marito? ● Domenica? Purtroppo domenica non possiamo: abbiamo già un altro impegno. Dobbiamo andare dai nonni a pranzo. Mi dispiace. ● E sabato? ● Sabato va benissimo. Che cosa facciamo da mangiare? ● Preparo tutto io a sorpresa. Lei porti i Suoi figli, così giocano insieme con i miei e noi ci rilassiamo. ● Va bene. Allora noi portiamo il gelato e il vino. ● D'accordo. Vi aspetto verso mezzogiorno. ● Sì, a sabato allora e grazie dell'invito.

6 (soluzione possibile) Cari Giorgio e Giovanna, purtroppo non posso venire alla vostra festa, perché ho un altro impegno in famiglia. Tanti Auguri! (la tua firma)

U9, C:

7 1. Mentre Germana guardava la TV, Pietro leggeva il giornale. 2. Mentre tu preparavi la cena, noi pulivamo la stanza. 3. Marcella leggeva un libro mentre aspettava l'autobus. 4. Clara cantava mentre faceva la doccia. 5. Mentre Carlo ballava con Marta, Luca parlava con Giuliana. 6. Maria ascoltava la musica mentre studiava. 7. Mentre io cucinavo, tu preparavi la tavola. 8. Mentre lui lavorava come un matto lei telefonava alle amiche.

8 leggeva il giornale, puliva i vetri, cucinava, navigava su Internet/scriveva un'e-mail

U9, D:

10 **aspetto fisico:** alto, basso, bello, brutto, capelli rossi/grigi, carino, grassottello, magro, occhi chiari/scuri, piccolo, porta gli occhiali, snello, un po' robusto; **carattere:** allegro, antipatico, arrogante, educato, intelligente, introverso, maleducato, simpatico, sorridente, timido, vivace

U9, E:

13 fare il bello e il cattivo tempo, Ma dai, Non è male!, Beata te, da morire, andare a mani vuote

U9, F:

14 di, a, a, di

U9, ripasso:

15 vivevamo, mi rilassavo, disturbava, volevo, voleva, pulivo, cucinava, sporcava, puliva, dovevo

16 mi sono divertita, mi sono svegliata, ho preso, mi sono fatta, è stato, si è arrabbiato, ho capito

17 1. l'ho scritto, 2. ci, 3. li ho regalati, 4. l'ho bevuto, 5. ci

18 1. attivo, 2. noiosa, 3. disordinata, 4. avaro

U9, autovalutazione:

20 (soluzione possibile) **Per organizzare una festa:** bisogna avere una casa grande, gli amici devono aiutare a pulire la casa, bisogna organizzare la musica (scegliere i CD e uno deve fare il DJ), bisogna informare i vicini perché la festa è un po' rumorosa, due o tre amici devono fare la spesa e preparare i panini.

22 (soluzione possibile) **positivo:** allegro, attivo, bello, carino, divertente, educato, generoso, intelligente, ordinato, simpatico, sorridente; **negativo:** antipatico, arrogante, avaro, brutto, disordinato, maleducato, pigro, noioso, **neutro:** alto, basso, capelli biondi/neri/rossi/grigi, occhi chiari/scuri, grassottello, magro, snello, un po' robusto, piccolo, introverso, estroverso, timido, porta gli occhiali

Unità 10

U10, A e B:

1 1. il binocolo costa centoquattordici euro, 2. gli occhiali da vista costano centosessantacinque euro, 3. il profumo costa quarantacinque euro, 4. il tostapane costa ventisette euro, 5. le banane costano un euro e ottanta centesimi, 6. la radio costa ventuno euro, 7. la penna a sfera costa sessantasei centesimi

2 1. f: in panetteria, 2. g: in profumeria, 3. d: dal gelataio, 4. a: in cartoleria, 5. h: dal macellaio, 6. c: nel negozio di ottica, 7. e: dal fruttivendolo, 8. b: nel negozio di elettrodomestici

3 latte, formaggio, pane, biscotti

4 1. vino – prosciutto, 2. un litro – una fetta, 3. mele – pane, 4. fetta – confezione

5 qualche, alcune, qualche, alcune, alcuni

U10, C:

6 qualche, delle, qualche, un po', delle, un po'; (soluzione possibile) qualche fetta di ananas, qualche kiwi, delle pesche, un po' di ciliegie, qualche fragola, un po' di uva, qualche pera, un po' di noci

7 le, ne, le, la, ne, le; Ne compra due e spende 40 euro.

8 (soluzione possibile) Deve portare dei costumi da bagno. Non deve portare il maglione e neanche i guanti di lana. Deve portare delle scarpe comode. Non deve portare delle scarpe eleganti. Deve portare una giacca leggera: ne deve mettere in valigia solo una per uscire la sera. Non deve portare l'impermeabile. Deve portare degli abiti semplici e leggeri: deve mettere in valigia un cappello di paglia, delle gonne (ne deve mettere due), delle camicette e delle magliette di cotone (ne deve mettere quattro o cinque). Non deve portare i pantaloni e neanche gli abiti da sera.

U10, D:

9 ● Buongiorno, posso aiutarLa? ● Dove posso trovare il libro *Seta* di Alessandro Baricco? ● Un momento che controllo... La narrativa italiana è al primo piano. ● Grazie. Molto gentile.

10 **1.** ragazzi, **2.** melone, **3.** tascabile, **4.** biblioteca, **5.** verde;
(soluzione possibile) **1.** Non conosco la letteratura italiana per ragazzi. **2.** Hai mai mangiato il melone con il prosciutto? **3.** Finalmente ho trovato un'edizione tascabile di quel romanzo! **4.** Quando frequentavo l'università studiavo spesso in biblioteca. **5.** Questa maglietta verde mi piace, la compro.

11 **1.** Informatica, **2.** Libro giallo, **3.** Economia/Giurisprudenza, **4.** Viaggi e turismo, **5.** Arte e architettura, **6.** Poesia, teatro, cinema, **7.** Tempo libero, **8.** Narrativa straniera

U10, E e F:

13 **1.** Stasera c'è una festa da Paolo, ci sei anche tu? **2.** Chi è Paolo? **3.** Perché non mi chiami? Ti voglio tanto bene. **4.** Sono tutti alla festa, porta qualcosa da bere. **5.** Mi mandi un messaggio per conferma? **6.** Vengo anch'io con qualche amico. **7.** È tutto il giorno che ti chiamo e non rispondi, dove sei?

14 **1.** No, non li abbiamo ancora fatti. **2.** Sì, l'ha già incontrato. **3.** No, non l'ho ancora comprato. **4.** No, non l'ha ancora chiamata. **5.** Sì, l'ha già visto. **6.** No, non ci è ancora andato.

U10, ripasso:

15 **1.** Alberto ha già preparato la cena. **2.** Alberto non ha ancora lavato l'automobile. **3.** Alberto non ha ancora visto il film. **4.** Alberto ha già scritto un SMS.

16 **1.** Che ne dici, Oddio..., **2.** Non vedo l'ora di, **3.** in gran forma!, **4.** restare leggero, **5.** scappo fuori, **6.** Senti, ma...

U10, autovalutazione:

17 (soluzione possibile) **Dal fruttivendolo:** Vorrei delle mele. Un chilo. Sì, vorrei anche dei pomodori. Mezzo chilo. Sei euro. **Nel negozio di alimentari:** del pane. Mezzo chilo. Vorrei anche del latte. Un litro. Quattro euro. **Dal macellaio:** Vorrei della carne di vitello. Mezzo chilo. Sì, vorrei anche delle bistecche. Tre, grazie. Undici euro.

Test: Livello A1 (Unità 1-4)

1 Vocabolario, espressioni e strutture

Sandra è nuova nel corso e si presenta alla classe. Scegliete le forme corrette.

Punti:

Buongiorno, io sono Sandra, sono ☐ **da** ☐ **di** Monaco.
Sono ☐ **nuovo** ☐ **nuova** ☐ **in** ☐ **a** classe e ora mi presento.
☐ **Abito** ☐ **Abita** vicino ☐ **dalla** ☐ **alla** scuola con due ragazze
☐ **svedesi** ☐ **svedese** molto ☐ **simpatici** ☐ **simpatiche**. ☐ **Frequento** ☐ **Parlo**
il corso di italiano perché ☐ **ho** ☐ **sono** molti amici ☐ **italiano** ☐ **italiani** e anche per lavoro.
☐ **A** ☐ **In** Germania ☐ **faccio** ☐ **fo** la commessa in ☐ **un** ☐ **uno**
negozio di abbigliamento. Che cosa ☐ **mi piace** ☐ **mi piacciono** fare nel tempo libero? Faccio
molto sport e ☐ **vengo** ☐ **vado** con ☐ **gli** ☐ **i** amici nei ristoranti
☐ **italiani** ☐ **italiano**. Mi ☐ **piace** ☐ **piacciono** molto i tortellini: il cuoco ☐ **di** ☐ **del**
Ristorante "Da Massimo" a Monaco ☐ **li** ☐ **le** fa molto bene. A Monaco ☐ **ci sono** ☐ **c'è**
molti ristoranti italiani. La mia famiglia è piccola: ho solo una sorella che
☐ **si chiama** ☐ **si chiami** Kerstin e ☐ **ha** ☐ **è** 23 anni e ha i capelli corti e
☐ **lunghi** ☐ **biondi**. Kerstin non frequenta un corso di italiano ma anche lei
☐ **capite** ☐ **capisce** molte parole italiane.

Punteggio totale 25. Risultato personale: ___ / 25

2 Comprensione orale globale

Ascoltate i due dialoghi e scegliete per ogni informazione: sì, non, non lo so.

Punti:

1.41 **Dialogo 1:**

		sì	no	non lo so
1.	Le due persone sono amiche.	☐	☐	☐
2.	Una desidera comprare un dizionario inglese-italiano.	☐	☐	☐
3.	La libreria è grandissima.	☐	☐	☐
4.	Quando parlano è mattina.	☐	☐	☐
5.	Prima di andare in libreria vanno al ristorante.	☐	☐	☐
6.	Prendono due cappuccini.	☐	☐	☐

1.42 **Dialogo 2:**

		sì	no	non lo so
7.	Le due persone sono amiche.	☐	☐	☐
8.	Le due persone stanno molto bene.	☐	☐	☐
9.	Quando parlano è sera.	☐	☐	☐
10.	L'ingegnere mangia qualcosa al bar.	☐	☐	☐
11.	La signora ha una figlia.	☐	☐	☐
12.	La signora cucina bene.	☐	☐	☐

Punteggio totale 12. Risultato personale: ___ / 12

3 Comprensione orale dettagliata

Ascoltate i 5 mini dialoghi. Completate con l'informazione giusta e rispondete alle domande.

1.43 Parte 1: | **Punti:**

1. Al semaforo .... , poi va .... fino alla seconda strada e lì gira .... Di fronte c'è ....
2. La gonna in vetrina costa .... La gonna rossa costa ....

1.44 Parte 2:

3. Che cosa prende la signora De Luca? ....
4. Qual è la nazionalità di Peter? ....
   Da dove viene John? ....
5. Che lavoro fa la zia Giovanna? ....
   A che ora arriva Giovanna? ....
   Chi è Paola? ....

Punteggio totale 12. Risultato personale: ___ / 12

4 Comprensione globale di un testo scritto

Leggete i tre testi. Poi scrivete per ogni testo il titolo giusto.

Un messaggio – Una bella città – Nuove abitudini alimentari

1. ....

La cattedrale è una chiesa molto bella anche se non è finita. In centro ci sono molti negozi di abbigliamento ma c'è anche l'università. È l'università più antica d'Europa. Mi piace molto vivere qui: ci sono molti studenti e alla sera ci sono tante cose da fare.

2. ....

Oggi in Italia sempre più gente non va a casa a pranzo ma preferisce mangiare qualcosa al bar, in una tavola calda o nella mensa aziendale. Per fortuna la tradizione del mangiar bene resta comunque: la sera e nel week end gli italiani frequentano volentieri pizzerie, osterie o anche ristoranti tradizionali.

3. ....

Ciao Maria. Scusa ma stasera non vengo alla festa di Tobias: devo studiare matematica. Buon divertimento.

Punteggio totale 3. Risultato personale: ___ / 3

5 Comprensione dettagliata di un testo scritto

Leggete il testo della e-mail di Frank e completate il modulo d'iscrizione a destra.

Gentile Cultura Italiana,
mi chiamo Frank Smith e sono inglese, vorrei frequentare un corso per due settimane. Ho 34 anni e sono impiegato. Sono madrelingua inglese e parlo molto bene il tedesco. Abito a Londra al 23 Vauxhall Bridge Road. Lascio la mia e-mail FraSmi@ntlworld.com, tel. +440277265896.
Aspetto una vostra risposta.
Distinti saluti,
Frank Smith

Modulo di iscrizione ai corsi
Cognome ....
Nome ....
Età .... Professione ....
Indirizzo ....
Telefono .... e-mail ....
Conosce altre lingue? ....
Quali? ....

Punteggio totale 9. Risultato personale: ___ / 9

Test: Livello **A2** (Unità 5-10)

1 Vocabolario, espressioni e strutture

Leggete l'e-mail che Giulio scrive al fratello Luciano e scegliete le forme corrette.

Punti:

Caro Luciano,
☐ **ti** ☐ **le** scrivo perché ho una bella notizia: finalmente ☐ **sono** ☐ **ho** trovato casa!
☐ **Lo** ☐ **La** descrivo: due camere ☐ **da** ☐ **di** letto, un soggiorno, una bella cucina, due bagni e un ☐ **balcone** ☐ **letto** di 60 mq. Sandra è molto felice perché è proprio di fronte ☐ **al** ☐ **del** suo ufficio e può andare al lavoro ☐ **a** ☐ **in** piedi e anche i ragazzi non sono lontani ☐ **a** ☐ **da** scuola.
Questa mattina si ☐ **sono** ☐ **hanno** ☐ **svegliati** ☐ **svegliato** presto e ☐ **hanno** ☐ **sono** giocato a calcio sul terrazzo fino ☐ **di** ☐ **a** mezzogiorno e Sandra si ☐ **ha** ☐ **è** ☐ **arrabbiata** ☐ **arrabbiato**.
Come vedi, ☐ **abbiamo** ☐ **siamo** cambiato casa ma la vita continua sempre uguale.
E tu? Stai bene? Stai ☐ **lavorando** ☐ **lavorato** molto?
Quando vieni ☐ **a** ☐ **per** Roma? Ho visto la fotografia ☐ **di** ☐ **della** tua figlia: è bellissima!
Fortunatamente è uguale alla mamma. Sto ☐ **scherzato** ☐ **scherzando**! Anche tu da bambino ☐ **eri** ☐ **sei stato** molto bello.
Com'è il tempo a Londra in questo periodo?
Qui a Roma, anche se siamo a fine ottobre, la gente indossa ancora magliette leggere di cotone perché fa ☐ **caldo** ☐ **freddo.** Purtroppo io in ufficio, come sai, devo sempre ☐ **vesto** ☐ **vestire** con giacca e ☐ **cappello** ☐ **cravatta**, ma per fortuna c'è ☐ **l'aria** ☐ **il riscaldamento** condizionata.
Ieri sera ☐ **sono** ☐ **ho** andato ad un concerto Jazz con Sandra e ☐ **abbiamo** ☐ **siamo** incontrato Francesco, il tuo compagno di liceo ☐ **con** ☐ **con la** sua moglie.
☐ **Li** ☐ **ci** ho ☐ **visti** ☐ **visto** molto felici insieme, ☐ **come** ☐ **mentre** sempre.
Lui non cambia mai: ☐ **gli** ☐ **li** piacciono sempre le belle donne. Ma è un tipo che mi piace: ☐ **simpatico** ☐ **antipatico** e aperto; lei è un po' ☐ **timida** ☐ **brutta** ma è carina e secondo me è molto intelligente.
Adesso ☐ **la** ☐ **ti** saluto, vado a dormire perché domani ☐ **mi** ☐ **si** devo alzare presto.
Un abbraccio
Giulio

Punteggio totale 35. Risultato personale: ___ / 35

2 2.47 Comprensione orale globale

Luciano legge l'e-mail di Giulio e poi gli telefona. Ascoltate la telefonata e scegliete per ogni informazione: sì, no, non lo so.

Punti:

	sì	no	non lo so
1. Luciano va a Roma per lavoro.	☐	☐	☐
2. Linda è la figlia di Luciano.	☐	☐	☐
3. Lucy è la moglie di Luciano.	☐	☐	☐
4. Lucy va in Italia per la prima volta.	☐	☐	☐
5. Luciano e la sua famiglia vanno a Roma in aereo.	☐	☐	☐
6. Giulio non è molto contento della visita di Luciano.	☐	☐	☐

Punteggio totale 6. Risultato personale: ___ / 6

3 Comprensione orale dettagliata

Ascoltate i 6 mini dialoghi. Poi completate con l'informazione giusta e rispondete alle domande.

2.48 **Parte 1:**

Punti:

1. Mario si veste in modo classico: ....
   Lella si mette un vestito ....
   E sopra una .... È elegantissima.
2. **Serena**: Senti, ma .... tuo zio abita a Londra?
   Sergio: .... , credo. Io ero un bambino quando ci è andato.
3. Seguono le previsioni del tempo per domani ....
   Al nord: .... con probabili piogge e rischio .... in pianura.
   Al centro: .... con tendenza al miglioramento.
   Al sud e nelle isole: .... o ....
   .... sulla costa. Temperature secondo le medie stagionali.

2.49 **Parte 2:**

4. Che cosa compra la signora Bianchi? ....
5. Che tipo di libro cerca Stefano? ....
   Quale lingua desidera praticare? ....
6. Perché Paola non va alla festa stasera? ....
   Che cosa fa invece Paola? ....
   A che ora va da Simona Chiara? ....

Punteggio totale 18. Risultato personale: ___ / 18

4 Comprensione globale di un testo scritto

Leggete i tre testi. Poi scrivete per ogni testo il titolo giusto.

Tutti svegli fino a mattina – La parata storica delle gondole – Pompei fra passato e presente

1. ....

L'antica cittadina, famosa in tutto il mondo, ha attirato anche quest'anno moltissimi turisti: non solo alla ricerca di quella vita che si è fermata nel 79 dopo Cristo, ma anche per i concerti e gli spettacoli di grandi artisti del nostro tempo.

2. ....

Sull'esempio di Parigi anche Roma, la città eterna, ha offerto una lunga notte di arte e cultura. Naturalmente tutti i musei sono rimasti aperti per una serata indimenticabile. Ma non solo. Fino all'alba cittadini e turisti sono andati alla ricerca di incontri, letture pubbliche, concerti jazz e eventi unici, fra il Colosseo e il lungo Tevere. Per dormire c'era tempo il giorno dopo.

3. ....

Che favola! Che festa indimenticabile! In un sabato caldo di settembre le barche più belle hanno percorso i canali della città che vive fra terra e mare, fra un pubblico numeroso di turisti e cittadini.

Punteggio totale 3. Risultato personale: ___ / 3

5 Comprensione dettagliata di testi scritti

A. *Andrea descrive alla sua amica il luogo che è andato a visitare. Leggete il testo e scegliete l'alternativa che corrisponde a questo luogo.*

Andrea: Sono entrato in un piccolo ingresso che porta al soggiorno. Vicino al soggiorno c'è la cucina, di fronte c'è la camera da letto e, in fondo, una piccola stanza da bagno. In tutte le camere ci sono finestre grandi.
La strada è un po' rumorosa.

Che cos'è?

☐ Una villetta a due piani in campagna.
☐ Un appartamento in città: due camere e servizi.
☐ Un monolocale in un antico palazzo ristrutturato.

B. *Leggete il fax di prenotazione e rispondete alle domande.*

Albergo Rosa
Alla cortese attenzione
del signor Tacconi

Valeria Bianchini
Viale V. Emanuele II, 24
00153 Roma
Fax. 06 / 758093

Roma, 15 luglio

Oggetto: informazioni per prenotazione camera doppia

Gentile signor Tacconi,
sono interessata alla prenotazione di una camera doppia con bagno per il 14 e 15 settembre. Vorrei sapere il costo della camera, compresa la colazione.
È possibile pagare con la carta di credito? Quali carte accettate?
La prego di rispondere al mio numero di fax indicato sopra. Confermo la prenotazione entro la fine di questa settimana.

Cordiali saluti
Valeria Bianchini

1. Per quanti giorni vuole prenotare la signora Bianchini? ....
2. Che tipo di camera vuole prenotare? ....
3. È interessata alla colazione in albergo? ....
4. Come può rispondere alla signora Bianchini il signor Tacconi? (scrivete il fax in un foglio a parte)

C. *Stefano parla di alcuni luoghi di vacanza. Quali sono? Sottolineateli nella lettera di Stefano.*

> Cara Federica,
>
> sono tornato dopo molto tempo in quella casa in montagna dove andavamo tutte le estati: ti ricordi come era bella? Anche ora è sempre molto carina con i suoi fiori alle finestre e la sua piccola porta in legno. Ho fatto lunghe passeggiate al lago e ho preso il sole per ore mentre leggevo un bel libro, come ci piaceva fare nel giardino.
> E tu, sei andata ancora in quel campeggio a Sperlonga? Ti ricordi quando pioveva come ci bagnavamo? Stavamo stretti in tre sotto quella tenda e poi decidevamo sempre di andare al bar del campeggio ad aspettare la fine della pioggia con un bel bicchiere di birra. Sandro invece ha preferito prendere in affitto un appartamento a Porto San Giorgio con la sua ragazza, ma solo per una settimana, perché non hanno tanti soldi, ma vogliono fare qualche bagno e prendere un po' di sole.
> Scrivimi presto e dimmi cosa fai.
> Forse le prossime vacanze possiamo farle insieme. Che ne dici?
>
> Ciao Stefano

Punteggio totale di A, B e C: 8. Risultato personale: ___ / 8

6 Comprensione di testi scritti e conoscenza della realtà italiana

A. *Marco è a Bologna e deve essere a Modena prima delle 17.00. Quale treno deve prendere?*

☐ Intercity 1340 da Roma per Milano, in partenza alle 15.50, ferma a Parma,Piacenza, Lodi, Milano.
☐ Regionale 2036 da Bologna per Piacenza, in partenza alle 15.47, ferma in tutte le stazioni.
☐ Interregionale 1537 da Ancona per Milano, in partenza alle 17.07, ferma a Modena, Reggio Emilia, Parma, Piacenza, Fiorenzuola, Lodi, Milano.

B. *Leggete le descrizioni dei 4 libri. Associate ogni descrizione al titolo giusto e al reparto giusto della libreria.*

1. Tutti i segreti per decorare tutti i tipi di tessuti. Dalle tovaglie alle magliette, niente per voi è impossibile con una buona guida e tanta pazienza.
2. È un romanzo sul piacere di leggere un romanzo; protagonista è il lettore che per dieci volte comincia a leggere un libro ma…
3. Saper cucinare piatti deliziosi in pochi minuti è indispensabile per chi lavora e non ha molto tempo. Alcuni consigli per organizzare la spesa e realizzare rapidamente buoni piatti unici.
4. È la storia di un orribile personaggio pieno di peli che incontra una principessa molto intelligente e che, soprattutto, non ha paura di niente.

Titolo:		Reparto:	
Italo Calvino, *Se una notte d'inverno un viaggiatore*	☐	Letteratura per ragazzi	☐
Il mostro peloso	☐	Tempo libero	☐
Decorazioni su stoffa	☐	Tempo libero	☐
La cucina rapida	☐	Narrativa italiana	☐

Punteggio totale di A e B: 4. Risultato personale: ___ / 4

Trascrizioni

Qui di seguito si trovano tutte le trascrizioni dei dialoghi e dei testi di ascolto che non sono riportati nelle pagine delle attività corrispondenti.

Unità Benvenuti!

1.2

Buongiorno - Grazie - Spaghetti - Torre di Pisa - Michelangelo - Chianti - Azzurro - Lasagne alla bolognese - Pastasciutta - Colosseo - Amore - Pizza - Leonardo da Vinci - Umberto Eco - Campari - Brunello di Montalcino - Gondola - Cappuccino - Ti amo

1.4

Buongiorno - Arrivederci - Grazie - Ciao

1.5

Gelato - Caffè - Chianti - Spaghetti - Zucchero

Unità 1

1.10

1. **Lisa:** Giovanna, che cosa prendi?
Giovanna: Un caffè e un cornetto.
Lisa: Anch'io prendo un cornetto. E tu Marina?
Marina: No, grazie. Basta così.
2. **Barista:** Buongiorno.
Carlo: Vorrei un aperitivo.
Barista: Subito.
3. **Carlo:** Che cosa prendi? Una spremuta?
Amica: No, prendo un cornetto e un caffè.

1.12

Zero - uno - due - tre - quattro - cinque - sei - sette - otto - nove - dieci.

1.13

Undici - dodici - tredici - quattordici - quindici - sedici - diciassette - diciotto - diciannove - venti.

1.14

- Sono Gianni Primavera. - Mi chiamo Nicola Prati. - Si chiama Paola Donati. - È Stefano Carta. - Sono Chiara Peppi.

1.15

- Sono Gianni Rossi. - Lei non è italiana? - Lei è la signora Verdi. - Prende un cornetto? - È un amico? - Ma non sono di Tokio.

Unità 2

1.18

● Dottor Rossi, quanti anni ha? ● Ho 33 anni.
● Quanti anni hai? ● Ho 22 anni.
● Quanti anni ha tua madre? ● Ha 49 anni.
● Quanti anni ha Cesare? ● Ha 95 anni.
● Quanti anni ha tuo padre? ● Ha 68 anni.
● Quanti anni ha Franca? ● Ha 74 anni
● Quanti anni ha Luigi? ● Ha 56 anni.
● Quanti anni ha Virginia? ● Ha 81 anni.

1.20

Carlo: Dove vive Marta?
Luca: In Brasile.
Carlo: Dove esattamente?
Luca: A San Paolo
Carlo: Tobias è tedesco?
Luca: No, è austriaco ma vive in Germania.
Carlo: È ingegnere, vero?
Luca: Sì, lavora a Colonia.
Carlo: Maria è greca, no?
Luca: Sì, è di Atene, ma ora vive e lavora in Toscana, a Siena.

Intervallo 1

1.23 L'immagine nascosta

20 - 13 - 5 - 6 - 9 - 19 - 17 - 4 - 14 - 15 - 10 - 29 - 8 - 11 - 3 - 1 - 18 - 2 - 7 - 12 - 16 - 22 - 23 - 32 - 46 - 55 - 63 - 84 - 99 - 35 - 41 - 57 - 28 - 74 - 89 - 26 - 37

Unità 3

1.25

1. ● Buongiorno, mi sa dire come posso arrivare alla stazione?
● Non è lontano; dopo la piazza a sinistra poi sempre dritto fino all'incrocio e ancora a sinistra.
● Grazie mille.
● Si figuri, arrivederci.
2. ● Scusa, sai dirmi dov'è una farmacia?
● In piazza S. Matteo, prendi la prima strada a destra e poi dopo circa 100 metri gira a sinistra. La farmacia è vicino all'ufficio postale.
● Grazie, ciao.
● Di niente, ciao.
3. ● Scusa, un'informazione. Per arrivare in via Rossi?
● Ah, è un po' lontano a piedi. Comunque… sempre dritto per questa strada, poi la seconda a sinistra e dopo 5 minuti arrivi in via Rossi.
● OK, molte grazie.
● Prego, figurati.

4. ● Scusi, dov'è il teatro comunale?
● Subito dopo l'incrocio a destra. Di fronte al Ristorante del Teatro.
● Grazie tante.
● Non c'è di che.

1.26

1. **Donna:** Scusi, mi sa dire dov'è **l'Hotel Duomo**?
Vigile: Non è lontano. Sempre dritto su questa strada, fino alla piazza poi a destra.
Donna: Grazie mille.
Vigile: Prego. Buongiorno.

2. **Ragazzo:** Buongiorno, c'è **una farmacia** qui vicino?
Vigile: Sì. Continua dritto fino al secondo incrocio. **La farmacia comunale** è sulla sinistra, all'angolo, vicino al *Caffè Italia*.
Ragazzo: Tante grazie.
Vigile: Di niente.

3. **Uomo:** Scusi, per andare **alla stazione**?
Vigile: È un po' lontano a piedi. Comunque... Lei gira qui a sinistra, poi prende la prima a destra, poi sempre dritto. Al semaforo, dopo la fermata dell'autobus va a sinistra. Poi ancora a sinistra e arriva **alla stazione**.
Uomo: Molte grazie. Arrivederci
Vigile: Si figuri.

4. **Donna:** Salve. Mi sa dire se c'è **un meccanico per auto** qui vicino?
Vigile: Sì, **l'autofficina** è proprio qui vicino. La prima a sinistra, poi a destra: è accanto al distributore di benzina.
Donna: Grazie. Molto gentile.
Vigile: Prego. Buongiorno.

1.29

1. ● Scusi, mi sa dire che ore sono?
● Certo, è l'una.
2. ● Scusa, sai dirmi l'ora?
● Sono le tre e un quarto
3. ● Mamma, che ore sono?
● Le cinque meno venti.
4. ● Carlo, hai l'orologio?
● È mezzanotte in punto.
5. ● Scusi, che ora è, per favore?
● Sono le due.

1.31

Narratore: *Poco dopo, di nuovo alla fermata dell'autobus...*
Maria: Ciao ragazzi! Dove andate?
Luca: Andiamo da Tobias, vieni anche tu con noi?
Maria: Volentieri. Ma non vengo con voi subito, prima vado a comprare qualcosa.
Carlo: Ciao, a più tardi.

1.33

1. **Donna:** Quanto costa?
Uomo: 1 euro.
2. **Donna:** Quale prendo?
Uomo: La minigonna.
3. **Donna:** Quale?
Donna: Quella rossa.

Unità 4

1.35

Cameriere: Avete già scelto?
Cliente donna: Per me tagliatelle ai funghi, per il bambino spaghetti al pomodoro.
Cliente uomo: Io prendo un risotto alla pescatora.
Cameriere: E poi che cosa posso portare?
Cliente uomo: Io vorrei una cotoletta alla milanese.
Cliente donna: Io invece prendo le scaloppine al vino bianco.
[...]
Cameriere: Desiderate ancora qualcosa?
Cliente uomo: Io un tiramisù.
Cliente donna: Lo fate voi?
Cameriere: Certo, è produzione della casa.
Cliente donna: Allora due.

1.36

1. ● Come sono le lasagne? ● Buonissime. Le fa la nostra cuoca bolognese.
2. ● Com'è la cotoletta? ● È speciale. La fa il nostro cuoco milanese.
3. ● Come sono gli spaghetti al pomodoro?
● Eccellenti. Li fa il nostro cuoco napoletano.
4. ● Com'è il risotto alla pescatora? ● Molto buono. Lo faccio io.

🎧 1.37

Maria: Tu mangi in mensa a pranzo?
Carlo: No, preferisco mangiare un panino. Poi a cena cucino io e mangio bene.
Maria: Io invece faccio una buona colazione a casa. E poi a pranzo vado in mensa.
Carlo: E io la mattina prendo solo un caffè e poi scappo fuori per andare a lezione.
Maria: Ma tu a che ora fai colazione?
Carlo: Alle 8, 8 e mezza.
Maria: Io più tardi: alle 9. E pranzo all'una e mezza.
Carlo: Io no, a mezzogiorno e mezza faccio la pausa pranzo. Poi la sera ceno alle 8 circa, e tu?
Maria: Dipende, normalmente ceno alle 7, 7 e mezza, perché non mi piace mangiare tardi. E poi a cena mangio poco: un'insalata, uno yogurt o un po' di frutta; preferisco restare leggera.

🎧 1.39

Al bar:
Donna: Buongiorno. Un cappuccino, per favore!
Barista: Prima deve fare lo scontrino alla cassa.
Al ristorante:
Cliente: Scusi, qui c'è un errore nel conto!
Cameriera: Oh, mi dispiace! Controllo subito.

Test di livello A1

🎧 1.41

Comprensione globale - Dialogo Uno
Lucia: Ciao!
Massimo: Salve, come va?
Lucia: Bene grazie. E tu, come stai?
Massimo: Non c'è male. Dove vai?
Lucia: Vado in libreria, vorrei comprare un libro.
Massimo: Non conosco librerie qui vicino.
Lucia: C'è la "Libreria Italia", non è molto grande, ma ci sono molti libri nuovi. Vuoi venire con me?
Massimo: Non ho voglia di andare a piedi. Prendiamo l'autobus?
Lucia: No, è vicino. Andiamo sempre dritto per questa strada, al semaforo andiamo a destra e arriviamo.
Massimo: Va bene, d'accordo. Vengo. Prima però facciamo colazione al bar, prendiamo un bel cappuccino e una pasta.
Lucia: Va bene, ma non mi piace il cappuccino, preferisco il tè.
Massimo: Perfetto, tu prendi il tè e io il cappuccino.

🎧 1.42

Comprensione globale - Dialogo Due
Uomo: Buongiorno, signora. Come sta?
Donna: Buongiorno, ingegnere. Sto abbastanza bene, grazie. E Lei?
Uomo: Insomma, non molto bene. Ho mal di testa.
Donna: Oh, mi dispiace. Va a mangiare a casa?
Uomo: No, oggi mangio un panino al bar, perché alle 2 ho un appuntamento in centro.
Donna: Ah, bene. Io invece vado a casa. Devo cucinare per mia figlia e mio marito. Arrivederci.
Uomo: Arrivederci.

🎧 1.43

Comprensione dettagliata - Parte 1:
1. ● Scusi, come posso arrivare alla stazione?
● Al semaforo a destra, poi va sempre dritto fino alla seconda strada e lì gira a sinistra. Di fronte c'è la stazione.
● Grazie mille.
2. ● Quanto costa la gonna in vetrina?
● 65 €.
● C'è rossa?
● No, rossa l'abbiamo nell'altro modello.
● Quanto costa quella rossa?
● 87 €.
● Va bene, la prendo.

🎧 1.44

Comprensione dettagliata - Parte 2:
3. Al bar
Barista: Buongiorno signori De Luca, come va?
Signor De Luca: Bene, grazie.
Barista: Prendete il cappuccino?
Signor De Luca: Sì, grazie.
Signora De Luca: No, per me una pasta e un caffè.
Barista: Subito.
4. Al corso di italiano
Peter: Io sono Peter, sono svizzero e tu?
John: Io sono John, piacere. Vengo da Londra e tu?
Peter: Da Zurigo. Hai voglia di prendere qualcosa al bar?

John: Sì, volentieri.

5. Arriva la zia

Chiara: Oggi arriva mia zia Giovanna da Roma. Viene per lavoro.

Giulio: Ah, che lavoro fa?

Chiara: È medico. Domani va a un congresso.

Giulio: A che ora arriva?

Chiara: Oggi pomeriggio alle quattro meno un quarto.

Giulio: Viene da sola?

Chiara: No, c'è anche Paola, la figlia. Paola è molto simpatica.

Unità 5

2.2

Maria: Pronto?

Paola: Pronto Maria, sono Paola. Ti disturbo?

Maria: Ciao Paola. No, per niente! Come stai?

Paola: Bene grazie. E tu?

Maria: In gran forma. Dimmi.

Paola: Allora... oggi è il mio compleanno.

Maria: Davvero!?! Auguri! Bisogna festeggiare.

Paola: Infatti, organizzo una festa per sabato. Sei libera? Naturalmente invito anche il tuo ragazzo.

Maria: Sabato? Sì, io vengo molto volentieri. Pietro purtroppo non può. Sai, prepara il suo ultimo esame.

Paola: Mhm, beh comunque lui può venire anche più tardi.

Maria: Vediamo. Allora sabato da te? A che ora?

Paola: No, no. La festa non è a casa mia. Il mio appartamento è troppo piccolo. Andiamo dalla mia amica Giulia. Lei ha una bella casa grande. Hai qualcosa per scrivere? Ti do l'indirizzo.

Maria: Sì, sono pronta.

Paola: Allora l'indirizzo è via delle Rose, 42.

Maria: Ah, d'accordo. So dov'è.

Paola: Bene. Il telefono è 051 78 99 306.

Maria: 0517899306. Senti, a che ora?

Paola: Diciamo a partire dalle 7 e mezza, 8 di sera e poi... fino a notte...

Maria: Certo. E che cosa posso portare?

Paola: Mah... niente.

Maria: Posso fare una torta alla frutta. Sai che mi piace preparare i dolci.

Paola: Se hai tempo, grazie. La tua torta alla frutta è buonissima.

Maria: Va bene. Allora a sabato. Ciao e grazie dell'invito.

Paola: Ciao a sabato.

2.3

Carlo: Pronto?

...

Carlo: Ciao Marta! Che sorpresa! Come va? Tutto bene?

...

Carlo: Certo. Ti accompagno volentieri. Allora, vediamo quando posso: martedì purtroppo ho lezione dalle 9 all'una. Nel pomeriggio studio statistica con Luca fino alle 19. Mercoledì all'una devo andare dal dentista, ma alle 3 sono libero. Va bene per te?

...

Carlo: OK. Bene. Mercoledì, alle 3 da Marta. Senti, tu vieni alla festa di Paola?

...

Carlo: Ti accompagno io.

...

Carlo: Ma con la mia moto è più bello. Dai, ti porto io.

...

Carlo: Ma no, insisto. Prendo io la macchina e vi porto tutti io.

2.7

Impiegata: Agenzia Prontocasa, buongiorno.

Carlo: Buongiorno, telefono per l'annuncio dell'appartamento in zona universitaria. È per una mia amica. Vorrei avere delle informazioni.

Impiegata: Sì, senz'altro. Allora, sono circa 75 metri quadrati, due camere con soggiorno, bagno e cucinotto.

Carlo: Com'è l'appartamento? È in buono stato?

Impiegata: Sì, eccellente. È completamente ristrutturato.

Carlo: A che piano si trova?

Impiegata: Al quarto piano. Ma c'è l'ascensore.

Carlo: Quant'è l'affitto?

Impiegata: Sono 700 euro, escluse le spese.

Carlo: E le spese sono molte?

Impiegata: Circa 50 euro al mese.

Carlo: Possiamo vedere l'appartamento?

Impiegata: Certo, possiamo fare domani alle dieci e mezza, oppure mercoledì alle quindici.
Carlo: Preferisco mercoledì alle 15.
Impiegata: Perfetto. Mi può lasciare il Suo nome e il suo numero di telefono, per favore?
Carlo: Sono Carlo Guerra. Il mio cellulare è 3402602767.
Impiegata: Benissimo, a mercoledì allora.
Carlo: Arrivederci e grazie.

2.8

1. Voi siete inglesi?
2. Loro sono gli studenti inglesi.
3. Noi siamo spagnoli.
4. Che casa accogliente!
5. Sì, però il soggiorno è troppo piccolo.
6. Prendo le lasagne.
7. Io preferisco una bruschetta.
8. Posso avere un tovagliolo pulito?
9. È questo il bagno?
10. A che ora è la sveglia?

Unità 6

2.11

Impiegata: Agenzia "Tutto Vacanze", buongiorno.
Giorgio: Buongiorno. Senta, il 29 agosto festeggio 25 anni di matrimonio e voglio fare una sorpresa a mia moglie. Una vacanza a Capri di una settimana.
Impiegata: In albergo o in appartamento?
Giorgio: Preferisco in albergo.
Impiegata: Un attimo solo che prendo alcuni depliant... Ecco, ho qui un elenco completo: dagli alberghi a 4 stelle alle pensioni.
Giorgio: Oddio... da quattro stelle per me è un po' troppo caro. E la pensione forse un po' troppo modesta. Lei ha qualche consiglio?
Impiegata: Beh, ci sono degli alberghi che in questo periodo fanno delle promozioni a prezzi davvero speciali. Questo ad esempio... è un tre stelle e nella settimana dal 27 agosto al 2 settembre compreso, Lei paga cinque notti al posto di sette.
Giorgio: E quanto costa?
Impiegata: In camera doppia con bagno, pernottamento più colazione sono 700 euro invece di 840 a settimana per due persone.
Giorgio: Non è male. Ci sono ancora posti?
Impiegata: Controllo subito! Sì, è fortunato, c'è ancora qualche stanza libera. Vuole prenotare adesso?
Giorgio: Sì, sì immediatamente.

2.12

Maria: Allora, mamma, sei contenta?
Giovanna: Molto. Vado a Capri, mi sembra un sogno!
Maria: Ma io non ho capito una cosa, ci andate in treno o in macchina?
Giovanna: Mah, io ci vorrei andare in treno, tuo padre invece preferisce andarci in macchina, perché dice che si sente più libero.

2.13

Maria: Ieri ho parlato con papà e mi ha dato la grande notizia.
Luca: Quale notizia?
Maria: Come, non lo sai? Due giorni fa ha prenotato una vacanza a Capri per festeggiare le nozze d'argento con la mamma.
Luca: Ho capito, ma dov'è la grande notizia?
Maria: La casa libera per una settimana, no?
Luca: Sì, sì, la casa libera... ma io devo studiare. La settimana prossima ho un esame!
Maria: Sai niente di Tobias?
Luca: Certo, sabato scorso ho incontrato lui e Katrin. Hanno fatto una settimana di vacanza.
Maria : Dove?
Luca: In Toscana. Hanno fatto un giro in bicicletta.
Maria: Carlo, che brutta faccia che hai!
Carlo: Certo, ho dormito male ieri. Non ho potuto dormire perché al bar sotto casa mia gli studenti che hanno finito gli esami hanno cantato tutta la notte. E fra due giorni c'è il mio esame, non so come fare.
Maria: Dai, stai tranquillo. Sai che la settimana scorsa ho visto l'appartamento nuovo di Marta? È molto carino.
Carlo: Sì, è vero. Lei è molto contenta.

2.14

- Signor Pini, perché prende il caffè al bar? La invito a casa mia.
- Dov'è casa sua? È in città?
- È qui a due passi, in centro.
- Lei è molto gentile. È una zona molto bella, non è vero?
- Sì, c'è molto verde, non è male.

Unità 7

2.16

1. ● Ho prenotato una stanza a nome Rossi.
   ● Un attimo che controllo.
2. ● La 313, per favore.
   ● Ecco a Lei.
   ● Grazie mille.
3. ● A che piano, signora?
   ● La mia camera è al secondo piano, grazie.
4. ● Grand Hotel Miramare, buongiorno.
   ● Buongiorno, vorrei sapere se avete ancora una camera doppia libera per la prossima settimana.
   ● Un momento, vedo subito.

2.17

Receptionist: Hotel Bentivoglio, buongiorno.
Carlo: Buongiorno, telefono per sapere se avete una camera libera per due persone dal 15 al 23 settembre, per 8 notti.
Receptionist: Un attimo che controllo. Ha bisogno di una camera doppia o matrimoniale?
Carlo: Di una matrimoniale.
Receptionist: Vediamo... Purtroppo in settembre abbiamo solo camere doppie. Può andare bene lo stesso?
Carlo: Sì, può andar bene. Mi può dire il prezzo?
Receptionist: 140 euro a notte per la camera doppia, compresa la colazione.
Carlo: Come sono le camere? L'aria condizionata c'è, no?
Receptionist: Sì, certamente. Le camere hanno tutti i servizi: bagno con doccia e vasca da bagno, telefono diretto, frigobar, TV satellitare...
Carlo: Bene allora, posso confermare subito?
Receptionist: Mh... per la conferma è meglio mandare un fax.
Carlo: Perfetto, lo mando immediatamente. Mi può dire con chi ho parlato?
Receptionist: Sono Pietro Bellucci.
Carlo: Benissimo, mando il fax alla Sua attenzione.
Receptionist: Benissimo, grazie e arrivederci.
Carlo: Grazie a Lei.

2.18

Franca: Carlo, come stai? Che piacere vederti! Ma come sei abbronzato!
Carlo: Sì, sono stato due settimane al mare e ho preso il sole.
Franca: Beato te, noi non abbiamo fatto ancora le vacanze. Vogliamo approfittare di questi giorni in Italia.
Carlo: Sì, a proposito, mamma e papà si scusano. Sono venuto io perché loro oggi devono ancora lavorare, ma da domani sono in ferie e possono passare tutto il giorno con voi.
Franca: Va benissimo, Carlo. Ora anche noi siamo stanchi e vogliamo andare in albergo a riposarci.
Carlo: Il viaggio è stato molto faticoso?
Franca: Insomma. Il problema è che non abbiamo trovato posto nel vagone letto. Così abbiamo dovuto viaggiare di giorno. Siamo partiti alle 5 e 30 questa mattina. Ci siamo alzati alle 4 e abbiamo dormito solo 4 ore. Ieri sera abbiamo dovuto preparare le valigie e ci siamo addormentati a mezzanotte. E tua sorella come sta?
Carlo: È in gran forma e anche lei non vede l'ora di vedervi. La mamma poi non ha dormito tutta la notte per l'emozione. Domani ci incontriamo tutti e parliamo con calma, ora vi accompagno in albergo.

2.19

Ed ora le previsioni del tempo per domani 16 settembre:
Mattina: in tutta l'Italia fa ancora caldo, temperature attorno ai 27 gradi al nord, e 30 gradi al centro e al sud. Sereno.

Pomeriggio: il tempo cambia, diventa nuvoloso.
Sera: aumenta la nuvolosità, piove su tutta la penisola.
Temperature in diminuzione: fa più freddo in tutta l'Italia.

2.20

Caro - vicino - mela - città - negozio - mille - birra - bella - casa - male - mare - chiaro - caldo - freddo.

2.21

Paolo è il primo a sinistra, lui è il fratello più grande. Accanto a lui c'è il padre. A destra c'è la madre. Accanto a lei c'è il fratello più piccolo.

Unità 8

2.23

1. ● Buongiorno, vorrei un biglietto per Roma.
   ● Per Roma c'è l'Intercity delle 13 e 20. Il supplemento in seconda classe è di 10 euro.
   ● L'Intercity va bene.
   ● Solo andata?
   ● No, andata e ritorno.
2. ● Scusi, va a Rimini questo treno?
   ● No, il regionale per Rimini parte dal binario 7.
   ● Grazie.
3. ● Ma quando arriva? Ha già 5 minuti di ritardo.
   ● Senti? Dice che è in arrivo.
   Annuncio: *Interregionale 1267 è in arrivo al binario quattro. Interregionale per Bologna proveniente da Ancona è in arrivo al binario quattro.*
4. *Attenzione prego. Treno Eurostar 417 proveniente da Milano per Roma viaggia con circa dieci minuti di ritardo.*

2.24

Annuncio 1: Gentili viaggiatori benvenuti sul treno Intercity 456 per Pisa Centrale. La prima classe è in testa al treno. La seconda carrozza è riservata al ristorante. Vi auguriamo un buon viaggio.
Annuncio 2: Gentili viaggiatori vi diamo il benvenuto sull'Eurostar 560 per Napoli Centrale. Le carrozze di prima classe sono in testa. Il servizio ristorante è in coda al treno. Seconda classe al centro. Trenitalia vi augura buon viaggio.

2.25

Luca: Senti, ma da quanto tempo i tuoi nonni stanno a Ischia?
Carlo: Da più di vent'anni, credo. Io ero molto piccolo.
Luca: Non li vai a trovare molto spesso, però.
Carlo: Da quando abito a Bologna, ci vado poco. Da bambino, invece, quando abitavo a Napoli, ci andavo ogni fine settimana e poi ci passavo l'estate con mia sorella.
Luca: Tre mesi a Ischia? Non era un po' noioso?
Carlo: No! Io e Giuliana stavamo sempre al mare, facevamo tanti bagni, giocavamo, e poi io avevo una fidanzatina.
Luca: Una fidanzatina? Ma quanti anni avevi?
Carlo: Boh?! Non so esattamente: nove, dieci? Ricordo che si chiamava Anna, era molto carina e aveva i capelli neri lunghi, lunghi. Ero innamorato davvero, mi sentivo così bene con lei e non capivo perché. Strano, eh?
Luca: Strano? Ma tu sei sempre innamorato, ogni volta che vedi una donna non capisci più niente. Ehi, guarda la bionda sul binario. Carina, eh?
Carlo: Sì, non è male.

2.27

● Lisa e Marco non stanno più insieme.
● No! Erano così carini, stavano bene insieme!
● Sembrava così. Ma avevano gusti e interessi completamente diversi. Per esempio a Marco piaceva fare sport tutti i giorni.
● Ma anche a lei piace lo sport, no?
● Sì, ma a lei piace solo il tennis e a lui, invece, il tennis non piace per niente.
● Ma non è una ragione sufficiente per separarsi, mi sembra.
● È vero, ma loro non avevano proprio niente in comune. Ogni fine settimana litigavano: Lisa voleva fare escursioni, andare in altre città o visitare mostre d'arte. Lei è così: le piace scoprire sempre cose nuove. Lui preferiva restare a casa per guardare lo sport alla TV e poi invitare gli amici a cena. Lui è così: gli piace stare tranquillo. E poi a Marco non piace il cinema. Lisa invece va al cinema una volta alla settimana. Così quando Marco voleva restare a casa lei andava al cinema con Francesco. Alla fine ha lasciato Marco e ora sta con Francesco.

2.28

1. ● Ragazzi, che cosa facevate in Via Mazzini?
   ● Aspettavamo l'autobus.
2. ● Quando andavamo a sciare cosa bevevamo contro il freddo?
   ● Non ti ricordi? Bevevamo una grappa o due.
3. ● Chi aspettavano Luca e Carlo?
   ● Non aspettavano nessuno, guardavano le ragazze.
4. ● Perché in vacanza i ragazzi non si alzavano mai presto?
   ● Perché non avevano un orologio.

2.29

Gentile - il semaforo - il vigile - l'angolo - la città - la farmacia - la fidanzatina - la vacanza - la visita - lontano - nonni - simpatico.

Unità 9

2.30

1. **Luca:** Ehi Giuliana, che cosa stai facendo qui tutta sola?
Giuliana: Niente, sto scrivendo un sms a un'amica e sto ascoltando la musica. Questa canzone è bellissima!
Luca: È vero! Ti va di bere qualcosa?
Giuliana: Perché no?

2. **Carlo:** Sei bellissima, stasera, molto elegante. Che ne dici di ballare tutta la sera con me?
Marta: Ma dai...! Tu scherzi sempre!

3. **Carlo:** Ti stai divertendo?
Luca: Molto, è una festa molto bella. Tua sorella è stata davvero brava a organizzare tutto.
Carlo: Mia sorella, eh? Perché non cambiamo discorso? Non voglio parlare di Giuliana.
Luca: No, dai! Perché non mi spieghi che cosa è successo?
Carlo: Scusa, ma non mi va. Ora preferisco raggiungere Marta in terrazza.

2.32

Carlo:

Volete sapere perché sono arrabbiato? Ora vi racconto. Mia sorella ha deciso di organizzare una festa per la sua laurea e ha chiesto il mio aiuto. Ho accettato, perché sono un ragazzo ingenuo, e sapete cosa è successo? Mentre io correvo come un matto per preparare tutto, lei cosa faceva? Telefonava alle amiche. Mentre io pulivo la casa, andavo a fare la spesa e preparavo panini per tutti, lei parlava di quale abito mettersi, di quale profumo scegliere, chiedeva consiglio alle amiche sulle scarpe, sul trucco, e intanto io lavoravo da solo. E adesso sono stanco morto!

2.33

Ieri mattina mentre Gianni dormiva ancora, Teresa ascoltava musica a tutto volume. Quando Teresa voleva usare il bagno per poi uscire in fretta, Gianni faceva un bagno rilassante.
Nel pomeriggio Teresa studiava e Gianni telefonava nella stessa stanza.
La sera poi, mentre Gianni cenava con la sua ragazza in soggiorno, Teresa stava sul divano a guardare la TV.

2.36

Mare - tazza - sedia - palla - latte - pera - caffè - sole - stella - luna - tavolo - gomma - penna - matita.

Unità 10

2.38

In profumeria:
- Il profumo costa 55 euro.
- I rossetti vengono 15 euro l'uno.
- Il bagnoschiuma costa 3,50 euro.
- Il libro viene 23,80 euro.

In cartoleria:
- Le matite costano 30 centesimi l'una.
- Una penna viene 50 centesimi.
- La gomma costa 70 centesimi.
- Le banane vengono 1 euro.

Nel negozio di ottica:
- Gli occhiali da sole costano 100 euro.
- Gli occhiali da vista costano 80 euro.
- Il prezzo del binocolo è di 250 euro.
- La torta viene 25 euro.

Nel negozio di elettrodomestici:
- L'asciugacapelli viene 25 euro.
- La radio costa 15 euro.
- Il tostapane costa 18 euro.
- Il prezzo del prosciutto è di 40 euro al chilo.

2.39

Allora, vediamo... devo andare in panetteria a comprare
due pezzi di pane
poi vado dal macellaio, ho bisogno di

2 kg di carne macinata e
3 bistecche di vitello
dopo devo andare dal fruttivendolo per
1/2 kg di pomodori
4 o 5 banane e
1 kg di mele
Ah, sì voglio anche
un chilo e mezzo di patate
e infine vado nel negozio di alimentari e lì compro il resto:
un litro di latte e un etto di burro
poi
del *formaggio pecorino, una fetta*
6 uova e
1 confezione di biscotti per la colazione.

2.40

Fruttivendolo: Buongiorno signora, desidera?
Sig. ra Maria: Delle banane, per favore.
Fruttivendolo: Queste due vanno bene?
Sig. ra Maria: No, ne vorrei quattro. Poi vorrei delle mele, un chilo.
Fruttivendolo: Le mele sono in offerta. Due chili con lo sconto del 50%.
Sig.ra Maria: Va bene, allora ne compro due chili.
Fruttivendolo: Altro?
Sig. ra Maria: Sì, vorrei anche un chilo e mezzo di patate e dei pomodori.
Fruttivendolo: Ecco a Lei le patate. E i pomodori, quanti?
Sig.ra Maria: Mah... ne volevo mezzo chilo, però sono molto belli. Ne prendo un chilo.
Fruttivendolo: Signora, ha visto? Abbiamo dei meloni italiani buonissimi. Se preferisce Le do anche solo mezzo melone.
Sig. ra Maria: No, no. Mi piace il melone. Lo prendo tutto. Però lo sceglie buono, vero?
Fruttivendolo: Ecco, questo è buonissimo. Desidera altro?
Sig. ra Maria: No, basta così. Grazie.

2.41

1. ● Buongiorno, vorrei regalare un libro a mio marito. Non legge romanzi, preferisce libri di informazione sull'attualità e la politica.
   ● La saggistica è al primo piano.
2. ● Salve, signorina. Mi sa dire dove trovo un'edizione non troppo cara del romanzo di Umberto Eco *"Il nome della rosa"*?
   ● Sì, certo. I libri tascabili sono tutti qui a sinistra.
3. ● Senta, ho bisogno di un consiglio. Vorrei regalare un libro a un'amica, ma non un libro di letteratura, sa? Qualcosa di più pratico.
   ● Andiamo nel reparto tempo libero. Può scegliere un libro di cucina, oppure non so... qualcosa sulla casa, oppure sul giardinaggio. Dipende anche dagli interessi della Sua amica.
4. ● Buongiorno, cerco un libro sulla scultura. Più precisamente su Michelangelo e gli artisti del suo periodo.
   ● I libri sull'arte sono là in fondo, prego.
5. ● Scusi, dove trovo *"Cent'anni di solitudine"* di García Márquez?
   ● La narrativa straniera è al primo piano, signore.

2.43

Indovina: che libro è?

È la storia di un bambino, un bambino un po' particolare. All'inizio era un burattino di legno e ogni volta che diceva una bugia il suo naso diventava sempre più lungo. Sono sicura che lo conoscete e, almeno una volta, avete visto un suo disegno. Volete sapere l'autore? Carlo Collodi. Allora, di che libro sto parlando?

2.46

L'angolo della pubblicità

1. *Ehi, sveglia! Comincia la giornata con una doccia di energia!*
   Da oggi puoi farlo, con nuovo **Blublu** il bagnoschiuma tonificante con le microsfere agli enzimi naturali.
2. ● Pronto, mamma?... Stasera siete a cena da noi, vero?
   ● Ma, cara! Come fai? Quando hai fatto la spesa?
   ● Questo è il mio segreto...
   Cibi Prontoforno Masini! E sai che cosa mangi!
3. ● Carlo, ma come sei abbronzato! In novembre ... dove sei stato?
   ● Sono tornato ieri dai Caraibi!
   ● Di nuovo!!? Dove li trovi i soldi?
   ● Faccio la spesa al *Superspesa*
   ● ... ditelo agli amici: *Al Superspesa compri sempre tre e paghi due*!

Test di livello A2

2.47

Comprensione orale globale

Giulio: Pronto?

Luciano: Ciao Giulio, sono Luciano.

Giulio: Luciano che sorpresa, come stai? Hai ricevuto la mia e-mail?

Luciano: Certo! E anch'io ho una bella notizia per te. Vengo a Roma!

Giulio: Davvero? Ma è meraviglioso! Quando?

Luciano: Il 28 ottobre, per dieci giorni.

Giulio: Vieni con tutta la famiglia, vero?

Luciano: Naturalmente, ho già comprato i biglietti per tutti e tre. Linda è molto eccitata perché è il suo primo viaggio in aereo, anzi no, il secondo, ma il primo aveva solo tre mesi e ovviamente non ricorda niente.

Giulio: Adesso parla italiano?

Luciano: Sì, molto bene. Ha solo tre anni e mezzo ma è una bambina molto intelligente. Parla italiano e inglese senza problemi.

Giulio: E Lucy? È contenta del viaggio?

Luciano: Molto contenta. Lei viene sempre volentieri in Italia. È innamorata del nostro Paese, lo sai, per questo mi ha sposato.

Giulio: Tu non cambi mai, eh? Vengo a prenderti io all'aeroporto, a che ora arrivi?

Luciano: Alle 11 e mezza a Fiumicino.

Giulio: Benissimo, vado a dare la bella notizia a Sandra e ai ragazzi.

Luciano: Ok, a presto e un bacio a tutti.

Giulio: Anche a te, a Lucy e a Linda. Ciao, ciao.

2.48

Comprensione orale dettagliata - Parte 1

1. **Lella:** Ehi, Mario, come ti vesti domani al matrimonio di Laura?

   Mario: In modo classico: completo giacca e pantaloni neri. E tu Lella?

   Lella: Io mi sono comprata un vestito di seta verde. E sopra ho una giacca rosa. Sono elegantissima.

2. **Serena:** Senti, ma da quanto tempo tuo zio abita a Londra?

   Sergio: Da più di dieci anni, credo. Io ero un bambino quando ci è andato.

3. Seguono le previsioni del tempo per domani 7 novembre.
   Al nord: nuvoloso con probabili piogge e rischio di nebbia in pianura.
   Al centro: variabile con tendenza al miglioramento.
   Al sud e nelle isole: sereno o poco nuvoloso. Vento forte sulla costa.
   Temperature secondo le medie stagionali.

2.49

Comprensione orale dettagliata - Parte 2

4. **Fruttivendolo:** Buongiorno Signora Bianchi, desidera?

   Signora Bianchi: Vorrei mezzo chilo di patate, per favore.

5. **Elena:** Che tipo di libro stai cercando?

   Stefano: Non lo so esattamente. Un libro tedesco. Però non mi piacciono i romanzi, preferisco qualcosa con informazioni sull'attualità. Ma non deve essere troppo difficile. Sai, devo praticare la lingua.

6. **Chiara:** Paola che fai stasera? Vieni con me a una festa?

   Paola: Guarda Chiara mi dispiace, ma sono stanca morta: preferisco restare a casa a guardare la TV.

   Chiara: E tu Simona? Hai voglia di venire?

   Simona: Sì, volentieri. Andiamo insieme. A che ora?

   Chiara: Vengo verso le 9, 9 e 30 a casa tua.

   Simona: D'accordo. Ti aspetto.

Istruzioni dei giochi

Giochi di ruolo nelle unità

Unità 2

Sezione E, pagina 28

Un modulo da compilare

Ruolo B: sei un amico o un'amica di Marta e rispondi alle domande della segretaria della scuola per compilare il modulo di iscrizione al corso di italiano di Marta. Ecco gli appunti con le informazioni necessarie:

Marta Veloso
24 anni
brasiliana
studentessa
via Palestro 16, 40123 Bologna
Telefono 3397627634
marta80@hotmail.com
brasiliano, inglese, italiano

Unità 3

Sezione D, pagina 39

Comprare un regalo

Ruolo B: sei all'aeroporto e desideri comprare un regalo per un'amica o un amico. Hai solo 80 Euro e non hai un'idea precisa. Vai in un negozio di articoli da regalo vari. Chiedi di vedere più cose. Chiedi anche uno sconto.

Unità 7

Sezione B, pagina 80

Ruolo B: Lavori alla reception dell'Albergo Bellavista, 3 stelle. Rispondi alla telefonata di un cliente che desidera prenotare 2 stanze: una matrimoniale e una doppia per il periodo dal 15 al 20 luglio compreso. Ecco le informazioni necessarie per rispondere:

Camere libere per luglio: una camera matrimoniale e due camere singole.

Prezzo: fissa tu il prezzo delle camere: .... € a notte.

Servizi: decidi tu quali di questi servizi ci sono nelle camere:

☐ bagno con doccia o vasca da bagno
☐ telefono
☐ TV satellitare
☐ aria condizionata
☐ frigobar
☐ balcone con vista sul mare

Conferma prenotazione: chiedi un fax alla tua attenzione.

Giochi degli intervalli

Intervallo 1

La corsa al ripasso, pagina 33
Materiale necessario: un dado e tanti segnaposto quanti sono i concorrenti.
Descrizione: formate dei gruppi di tre o quattro persone e giocate con un solo libro, aperto a pagina 33. Lanciate il dado e avanzate del numero di caselle corrispondenti.
Ecco i compiti dei vari tipi di caselle:
Disegno: dite che cosa c'è nel disegno.
Testo: reagite con la frase o con le strutture richieste.
Stop: state fermi un turno.
Dado: lanciate il dado e giocate di nuovo.
Attenzione: se le vostre risposte non sono corrette, dovete tornare indietro di tre caselle.

Intervallo 2

In giro per l'Italia, pagina 55
Materiale necessario: un sacchetto con cartellini con i numeri da 1 a 23, una tabella segnapunti disegnata alla lavagna.
Descrizione: formate due squadre A e B, ma ogni concorrente apre il suo libro a pagina 55.
Per iniziare: un rappresentante di ogni squadra apre il libro a caso, inizia a giocare la squadra che ha trovato il numero di pagina più basso.
La squadra che inizia estrae un numero dal sacchetto e deve risolvere correttamente il compito della casella col numero corrispondente.
Se la risposta è corretta, la squadra guadagna un punto, se no l'altra squadra ottiene la possibilità di rispondere alla stessa domanda e guadagnare il punto.
Poi è il turno della seconda squadra e così via.
Vince chi ottiene il maggior numero di punti.
Attenzione: indovinare la città della foto vale 2 punti anziché 1.
Ecco i compiti dei vari tipi di caselle:
Disegno: dite che cosa c'è nel disegno.
Testo: reagite con la frase o con le strutture richieste.
Foto: dite quale città è.

Intervallo 3

La battaglia delle parole, pagina 77
Descrizione: formate delle coppie e giocate uno contro l'altro. Ognuno apre il libro a pagina 77, senza mostrarlo all'altro.
Le regole del gioco sono molto simili a quelle della classica "battaglia navale", ma qui ogni nave contiene una parola. L'obiettivo è quello di "colpire" e "affondare" tutte le navi, ma qui per affondare la nave bisogna anche indovinare la parola che contiene.
Per prima cosa scrivete insieme l'elenco delle parole che volete usare. Poi sistemate nella prima griglia tutte le parole dell'elenco. Questa è la vostra griglia: non dovete mostrarla all'avversario. *Per iniziare:* aprite a caso il libro e leggete il numero di pagina, inizia chi ha letto il numero più alto. Ognuno ha diritto a fare una sola domanda a ogni turno.
Per trovare le parole dell'avversario, chiamate una casella della griglia con le coordinate (lettera e numero, ad esempio: *B,3*). Se la casella chiamata contiene la lettera di una parola, l'avversario dice "*colpita*" e voi segnate una crocetta (X) nella casella corrispondente della seconda griglia. Se la casella è vuota, l'avversario dice "*vuota*" e voi segnate un tondino nella casella corrispondente (O).
Quando la casella chiamata è l'ultima di una parola, dite "*quasi affondata*", e chiedete qual è la parola. Solo quando l'avversario indovina la parola, questa è "*affondata*".

Intervallo 4

Ripasso super rapido, pagina 99
Materiale necessario: un dado e tanti segnaposto quanti sono i concorrenti.
Descrizione: formate dei gruppi di tre o quattro e giocate con un solo libro, aperto a pagina 99. Lanciate il dado e avanzate del numero di caselle corrispondenti.
Ecco i compiti dei vari tipi di caselle:
Disegno: dite che cosa c'è nel disegno.
Testo: reagite con la frase o con le strutture richieste.
Alt!: Il passaggio a livello è chiuso: state fermi un turno.
Dado: lanciate il dado e giocate di nuovo.
Attenzione: se le vostre risposte non sono corrette, dovete tornare indietro di tre caselle.

Grammatikregister

Die Ziffern beziehen sich auf die Lektion, in der der betreffende Grammatikstoff behandelt wird, und gleichzeitig auf die Kapitel in der nachfolgenden Grammatikübersicht.

a + Ort 2
a cinque anni 9
all'arrabbiata 4
Adjektiv
Genus, Plural 2
Farben 7
Adverb auf –mente 3
al, alla 3
alcuni/-e 6, 10
andare 3
aprire 2
Artikel
bestimmter 1, 2
unbestimmter 1
avere 1
bene – buono 4
c'è – ci sono 3
c'è – è 3
chiamarsi (Sing.) 1
ci 6
con 2
dal medico 4
da... a 6
da + *Zeit* 8
da + *Zweck* 10
Demonstrativpronomen
questo, quello 3
di + *Ort* 2
di + *Artikel* 3
dovere 3
essere 1
fare 4
finire 2
fra 6
Fragewörter
che? che cosa? 3
Fragesatz 2
la gente 3
Gerundium 9
già 10
Häufigkeitsadverbien 6, 8
in + *Ort* 2
Imperfekt 8, 9
Imperfekt – Passato prossimo 8
Indefinitpronomen 6
lavarsi 5
lo, la (*Objektpronomen*) 4, 5
mai, non... mai 8
Mengenangaben 10
mi, ti, si (*Reflexivpronomen*) 5
ne 10
nel 3
non 1
non... mai 8
non... ancora 10
Objektpronomen
direkte unbetonte 4, 5
indirekte unbetonte 7, 8
indirekte betonte 8
Ordnungszahlen 7
Ortsangaben 2
parlare 2
Partizip Perfekt 6
Angleichung 7
Passato prossimo 6
bei reflex. Verben 7
Besonderheiten 9
per 2
Personalpronomen 1
nach per, con 3
piacere 4
Possessivpronomen 5
Präpositionen
a + *Infinitiv* 5
in + *Zeit* 5, 6
a, in + *Ort* 5
a + *Artikel* 3
di cotone 7
Präsens
regelmäß. Verben 2
reflex. Verben 5
prendere (Sing.) 1
qualche 6, 10
quello/-a 3
questo/-a 3
Reflexivpronomen 5
reflexive Verben 5
Richtungsangabe 2
stare (Sing.) 1
stare + *Gerundium* 9
Substantiv
Genus 1
Plural 2
Superlativ, absoluter 9
Teilungsartikel 10
tra 6
tu – Lei 1
tutti/-e 10
Uhrzeit 3
un, una 1
un mio amico 5
uno spumante 1
uscire 5
venire 3
veramente 3
Verneinung 1
vivere 2
volere 6
vorrei 6
Zahlen
0 – 20 1
20 – 1 *Milliarde* 2
Zeitadverbien 6

Aussprache und Schreibung

Das italienische Alphabet hat 21 Buchstaben. Die Buchstaben j, k, w, x, y kommen fast ausschließlich in Fremdwörtern vor. Sie finden das Alphabet auf Seite 11.

Die Konsonanten

Im Italienischen gibt es Konsonantenverbindungen, denen eine bestimmte Aussprache entspricht:

-ca- / -co- / -cu- / -ch-	/k/	Carlo, Colosseo, cuoco, Michelangelo
-ci- / -ce-	/tʃ/	cinese, dolce, ciao, cioccolata
-ga- / -go / -gu- / -gh-	/g/	Garda, Gondola, guardate, spaghetti
-gi- / -ge-	/dʒ/	giro, gelato, Gianna
-sci- / -sce-	/ʃ/	finisce, sci, lascio, sciarpa

Beachten Sie: In den Konsonantengruppen -cia- / -gia- etc. wird das **i** *normalerweise nicht ausgesprochen, sondern bewirkt nur, dass das c bzw. g weich gesprochen wird: Gianna /dʒanna/*
Ebenso wird das **i** *in den Gruppen -scia-, scio- und -sciu- nicht gesprochen.*
Eine Besonderheit: Zum Buchstabieren werden die Namen von Städten verwendet. Dabei heißt der Buchstabe c zwar "ci" /tʃi/, wird aber mit "Como" wiedergegeben.

-gli-	/ʎ/	figlio, sveglia
-gn-	/ɲ/	lasagne, bagno
-qu-	/ku/	quadro, qui

Der Buchstabe **q** *wird immer in Verbindung mit* **u** *verwendet. Achtung: dieses* **u** *bildet zusammen mit nachfolgenden Vokalen einen Diphthong: z.B: quadro /kwadro/, qui /kwi/.*

-pp- / -tt- / -ss- , etc troppo, letto, rosso

Doppelkonsonanten werden etwas länger als ein einfacher Konsonant gesprochen, und ein vorangehender Vokal ist dann kurz.

Besonderheit: ein **h** *am Wortanfang wird nicht gesprochen:* hotel /otel/, ha /a/

Die Vokale

Auch wenn in der Aussprache von e und **o** *zwischen offenen und geschlossenen Lauten unterschieden wird und es dementsprechend 7 Vokale gibt* **/i/, /e/, /ɛ/, /a/, /ɔ/, /o/, /u/,** *wird der Unterschied in der Schreibung nur beim* **e** *und nur am Wortende mit einem Akzent gekennzeichnet: caffè /kaff'ɛ/, perché /perk'e/. Viele Italiener beachten die unterschiedliche Aussprache von* **e** *und* **o** *nicht.*

Wortbetonung

Die meisten italienischen Wörter werden **auf der vorletzten Silbe** *betont:* panorama
Es gibt aber auch andere Möglichkeiten:
Betonung auf der drittletzten Silbe: telefono
Betonung auf der viertletzten Silbe: telefonano
Betonung auf der letzen Silbe: caffè
Achtung – nur bei Wörtern mit betontem Endvokal wird ein Akzent geschrieben!
In einigen Fällen dient der Akzent zur Markierung verschiedener Bedeutungen:
la *(Artikel od. Objektpronomen)* – là *("dort ");* però *(Konjunktion* "aber"*)* – il pero *("die Birne")*

Grammatik nach Lektionen

Unità 1

Der Artikel (L'articolo)

Der Artikel richtet sich in Genus (männlich/weiblich) und Zahl (Singular/Plural) nach dem Substantiv. Er hat verschiedene Formen je nach dem Anfangsbuchstaben des Substantivs.

lo zucchero **un'a**mica
il signore **una m**ia amica

Der Artikel: Männlich Singular – Formen **(L'articolo maschile singolare – forme)**		
	bestimmt	**unbestimmt**
vor **Konsonant**	**il c**appuccino	**un c**appuccino
vor **Vokal** *und* **h**	**l'a**peritivo	**un a**peritivo *(ohne Apostroph)*
vor **s + Konsonant** (sb, sc, sp...) *und* **z - gn - ps - x - y**	**lo sp**umante	**uno sp**umante

Der Artikel: Weiblich Singular – Formen **(Articolo femminile singolare – forme)**		
	bestimmt	**unbestimmt**
vor **Konsonant**	**la** pasta	**una** pasta
vor **Vokal** *und* **h**	**l'a**ranciata	**un'a**ranciata

Der Gebrauch des bestimmten Artikels – Besonderheiten **(Particolarità nell'uso dell'articolo determinativo)**	
Die Anreden signore, signora… *und Titel* dottore, professore *etc. werden ohne Artikel verwendet, wenn die betreffenden Personen direkt angesprochen werden.*	- Buongiorno, Signora Bianchi. Cappuccino? - Buongiorno, Dottor* Pieri. Tutto bene?
Der Artikel wird dagegen verwendet, wenn: *- über eine Person gesprochen wird* *- jemand vorgestellt wird* *- nach der Identität gefragt wird.*	Giovanna, come sta **il** signor* Bianchi? Questa è **la** signora Richter. Buongiorno, Lei è **il** signor…?

* *Die Endung* **-e** *von signore, dottore entfällt vor dem Namen.*

Das Genus der Substantive: Singular **(Il genere del sostantivo)**

Im Italienischen sind die Substantive entweder männlich oder weiblich.

Substantive auf **-o** *sind in der Regel* **männlich**, *solche auf* **-a** *in der Regel* **weiblich**.	**männlich:** **weiblich:**	il cappuccin**o**, l'alberg**o**, lo zi**o** la pizz**a**, l'aranciat**a**
Substantive auf **-e** *können sowohl männlich als auch weiblich sein. Daher ist es unerlässlich, die Substantive gleich mit dem dazugehörigen Artikel zu lernen.*	**männlich:** **weiblich:**	il caff**è**, lo spumant**e**, la set**e**, la fam**e**

Substantive auf **-è** *(Akzent!) sind sehr oft männlich: il t<u>è</u>, il caff<u>è</u>.*

Das Genus der Adjektive: Singular **(L'aggettivo singolare)**

Die Endung des Adjektivs richtet sich immer nach dem Substantiv, auf das es sich bezieht.

Die meisten Adjektive haben im Maskulinum Singular die Endung **-o**;	Ciao, sono Carlo, sono italian**o**.
im Femininum die Endung **-a**.	Ciao, sono Rita, sono italian**a**.

Andere Adjektive haben die Endung **-e,** *sowohl für die männliche als auch für die weibliche Form.*	Paul è ingles**e**. Anche Mary è ingles**e**.

Das Personalpronomen **(Il pronome personale soggetto)**

In Abweichung vom Deutschen werden die Personalpronomen im Italienischen in der Regel nicht verwendet. Sie werden ***nur*** *dann gebraucht, wenn sie besonders betont sind und wenn es um die Unterscheidung von einer anderen Person bzw. eines anderen Subjekts geht.* *Das Pronomen* ***muss*** *verwendet werden:* *- wenn das Verb fehlt* *- um eine Frage zu beantworten, die mit dem Fragepronomen „chi...?" eingeleitet wird.*	● **Io** sono inglese. E **tu**? ● Sono di Atene, sono greco. ● **Lei** è italiana, vero? ● Sì, **e voi**? ● **Chi** è Paul? ● Sono **io**.

Anche *wird dem Personalpronomen vorangestellt und vor* **io** *apostrophiert.*	● E Lei, come sta? ● Anch'io sto bene, grazie!

Höflichkeitsformen **(Forme di cortesia):**

Lei (3ª *pers. sing.*) ➛ *Achten Sie auf die Verbform: Es wird eine einzelne Person angesprochen: 3. Pers.* ***Sing***.*!*

Voi (2ª *pers.pl.*) ➛ *Es werden mehrere Personen angesprochen.*

Die Verben prendere, stare, chiamarsi (I verbi *prendere, stare, chiamarsi*)

Io **prendo** una pizzetta, e tu, cosa **prendi**? Luca **prende** un caffè.

Io **sto** bene. E tu, come **stai**? Come **sta**, signora?

Io mi **chiamo** Sally. E tu, come ti **chiami**? Lei, come si **chiama**?

Das Präsens der Verben essere *und* avere (Il presente indicativo dei verbi *essere* e *avere*)

	essere		**avere**
(io)	sono	(io)	ho
(tu)	sei	(tu)	hai
(lui/lei/Lei)	è	(lui/lei/Lei)	ha
(noi)	siamo	(noi)	abbiamo
(voi)	siete	(voi)	avete
(loro)	sono	(loro)	hanno

Die Verneinung non (La negazione *non*)

Die Verneinung **non** *steht* ***vor*** *dem Verb:*

Ho sete. ➛ **Non** ho sete.

Das Personalpronomen steht ***vor*** **non***:* Io **non** ho sete.

Die Zahlen von 1 bis 20 (I numeri da 1 a 20)

1	uno	11	undici
2	due	12	dodici
3	tre	13	tredici
4	quattro	14	quattordici
5	cinque	15	quindici
6	sei	16	sedici
7	sette	17	diciassette
8	otto	18	diciotto
9	nove	19	diciannove
10	dieci	20	venti

Unità 2

Der bestimmte Artikel im Plural (L'articolo determinativo plurale – forme)

männlich		**weiblich**	
vor **Konsonant**	**i** fratelli	*vor* **Vokal**	**le** amiche
vor **Vokal**	**gli** amici	*und vor* **Konsonant**	**le** sorelle
vor **s** + **Konsonant**	**gli** studenti		
vor **z**, **gn**, **ps**, **x**, **y**	**gli** zeri		

Der Plural der Substantive (Il plurale dei sostantivi)

Substantive auf **-a, -o, -e (Sostantivi in -a, -o, -e)**	
Substantive auf **-a** *bilden in der Regel den Plural auf* **-e**.	la sorell**a** ➝ le sorell**e** la penn**a** ➝ le penn**e**
Substantive auf **-o** *und auf* **-e** *bilden den Plural auf* **-i**, *egal ob sie männlich oder weiblich sind.*	il cors**o** ➝ i cors**i** il giornal**e** ➝ i giornal**i** la chiav**e** ➝ le chiav**i**

Substantive auf **-io (Sostantivi in –io)**	
Substantive auf **-io** *haben in der Pluralform nur ein* **-i**, *wenn diese Endung unbetont ist* **-io** ➝ **-i**.	l'orolog**io** ➝ gli orolog**i** il portafogl**io** ➝ i portafogl**i**
Wenn die Endung betont ist, bleibt die Pluralendung **-i**: *also* **-ii**.	lo z**io** ➝ gli z**ii**

Substantive auf **-co, -ca (Sostantivi in -co, -ca)**	
Männliche Substantive auf **-co** *können zwei Pluralformen haben:*	
1. auf **-chi** *bei Betonung auf der vorletzten Silbe (Ausnahme:* l'amico - gli amici)	il tedes**co** ➝ i tedes**chi**
2. auf **-ci** *bei Betonung einer anderen Silbe.*	il medi**co** ➝ i medi**ci**
Die Pluralform der weiblichen Substantive auf **-ca** *ist auf* **-che**.	l'ami**ca** ➝ le ami**che**

Substantive auf -sta **(Sostantivi in –sta)**	
Substantive auf **-sta** *haben im Singular (m/w) eine einzige Form, im Plural zwei.*	il farmaci**sta** ➝ i farmaci**sti** *(männlich)* la farmaci**sta** ➝ le farmaci**ste** *(weiblich)*

Der Plural der Adjektive (Il plurale degli aggettivi)

Adjektive auf **-a, -o, -e, -io, -ca, -co (Aggettivi in -a, -o, -e, -io, -ca, -co)**			
		Sing.	**Plur.**
Diese Adjektive bilden den Plural mit den gleichen Endungen wie die Substantive.	nera - nere	**-a**	➝ **-e**
	corto - corti	**-o**	➝ **-i**
	giapponese - giapponesi	**-e**	➝ **-i**
	riccio - ricci	**-io**	➝ **-i**
	unica - uniche	**-ca**	➝ **-che**
	unico - unici	**-co**	➝ **-ci / -chi**
	tedesco - tedeschi		

***Adjektive auf* -go (Aggettivi in –go)**	
Adjektive auf **-go** *bilden die Pluralform immer auf* **-ghi**.	lun**go** - lun**ghi**

Ortsangaben mit den Präpositionen a, in, di (Le preposizioni a, in, di nelle indicazioni di luogo)

Die Präposition **a** *wird zur Ortsangabe auf die Fragen „wo?" und „wohin?" in Verbindung mit* ***Städten*** *verwendet.*	Dove lavora Tobias? Lavora **a** Colonia.
Mit ***Regionen*** *und* ***Ländern*** *wird dagegen* **in** *verwendet.*	Ha parenti **in** Sicilia. Marta vive **in** Brasile.
Die ***Herkunft*** *wird durch das Verb* **essere + di** *wiedergegeben.*	Di dov'è Tobias? Tobias è **di** Vienna.

***Die Präpositionen* per, con (Le preposizioni per, con)**

Die Präposition **per** *hat oft die Bedeutung „für" oder "um zu".*	È **per** Tobias? Sono qui **per** studiare l'italiano.
Die Präposition **con** *hat die Bedeutung „mit".*	Sono a Roma **con** Ryan. Tobias è il ragazzo **con** i capelli lunghi.

***Der Fragesatz* (La frase interrogativa)**

Nach einem Fragewort (wo?, warum?, wann?...) steht das Subjekt ***nach*** *dem Verb.*	Dove vive **Marta**? Come è **il libro**?
Bei Fragesätzen ohne einleitendes Fragewort bieten sich zwei Möglichkeiten.	È **tedesco** Tobias? **Tobias** è tedesco?
Wichtig: *Der Fragesatz ist an der Intonation erkennbar, die ganz ähnlich wie im Deutschen ist.*	*Aussagesatz:* Tobias è tedesco. ↘ *Fragesatz:* Tobias è tedesco? ↗

Das Präsens der regelmäßigen Verben (Il presente indicativo dei verbi regolari)

Die regelmäßigen Verben werden nach ihrer Infinitivendung in drei Gruppen eingeteilt: Verben auf **-are**, **-ere** *und* **-ire**. *Die Infinitivendung wird durch die entsprechenden Konjugationsendungen ersetzt.*

	parlare		**vivere**		**aprire**
io	parl**o**	io	viv**o**	io	apr**o**
tu	parl**i**	tu	viv**i**	tu	apr**i**
lui/lei/Lei	parl**a**	lui/lei/Lei	viv**e**	lui/lei/Lei	apr**e**
noi	parl**iamo**	noi	viv**iamo**	noi	apr**iamo**
voi	parl**ate**	voi	viv**ete**	voi	apr**ite**
loro	parl**ano**	loro	viv**ono**	loro	apr**ono**

Beachten Sie!

Die drei Konjugationen haben ***die gleiche*** *Endung für die 1. (io) und 2. (tu) Pers. Sing. und für die 1. (noi) Pers. Plural. Die Konjugationen der Verben auf* **-ere** *und* **-ire** *unterscheiden sich* ***nur*** *in der 2. Pers. Plural.*

Besonderheiten der Verben auf –ire (Particolarità dei verbi in –ire)

Eine besondere Gruppe stellen die Verben auf **-ire** *mit Stammerweiterung dar, die nur in der 1. und 2. Pers. Plural regelmäßige Formen aufweisen.*

	finire		
io	fin**isco**	noi	fin**iamo**
tu	fin**isci**	voi	fin**ite**
lui/lei/Lei	fin**isce**	loro	fin**iscono**

Die Zahlen – von 20 bis 1 Milliarde (I numeri)

20 venti	30 trenta	100 cento	1.000 mille
21 ventuno	40 quaranta	200 duecento	2.000 duemila
22 ventidue	50 cinquanta	300 trecento	3.000 tremila
23 ventitré	60 sessanta	400 quattrocento	9.000 novemila
24 ventiquattro	70 settanta	500 cinquecento	10.000 diecimila
25 venticinque	80 ottanta	600 seicento	100.000 centomila
26 ventisei	90 novanta	700 settecento	1.000.000 un milione
27 ventisette		800 ottocento	2.000.000 due milioni
28 ventotto		900 novecento	1.000.000.000 un miliardo
29 ventinove			

Die Zahlen von 20 bis 100 verlieren den Endvokal ***vor*** *uno und otto.*
Ab 100 bleibt der Endvokal bestehen.

Die Zahlenkombinationen mit der Endzahl **-tre** *bekommen einen Akzent:* **-tré**.

venti	ven**tu**no, ven**to**tto
novanta	novan**tu**no, novan**to**tto
centouno	centootto
duecentouno	duecentootto
ventitr**é**, quarantatr**é**, centotr**é**	

Unità 3

Präpositionen mit Artikel (Le preposizioni articolate)

Die Präpositionen **di, a, da, in, su** *verschmelzen mit dem nachfolgenden bestimmten Artikel zu einem Wort.*

	il	lo	la	l'	i	gli	le
di	del	dello	della	dell'	dei	degli	delle
a	al	allo	alla	all'	ai	agli	alle
da	dal	dallo	dalla	dall'	dai	dagli	dalle
in	nel	nello	nella	nell'	nei	negli	nelle
su	sul	sullo	sulla	sull'	sui	sugli	sulle

Die Präposition **per** *bleibt unverbunden.*	Un francobollo **per la** Germania.
Im modernen Italienischen wird die Präposition **con** *meist nicht mehr mit dem Artikel verbunden.*	Posso pagare **con il** bancomat?
Eine zusammengesetzte Form ist zwar möglich, aber nicht sehr gebräuchlich.	Posso pagare **col** bancomat?

Questo *und* quello (I dimostrativi questo e quello)

Questo *und* **quello** *sind sowohl Demonstrativadjektive als auch -pronomen.* **Questo** *gibt die Nähe zum Sprechenden wieder,* **quello** *bezeichnet etwas, das sich weiter weg befindet.*	Quanto costa **quella** scatola in vetrina? (Adj.) **Quella** costa solo 1 €. (Pron.) Se prende **questa** c'è lo sconto se prende **quella**, no!

Die Uhrzeit (L'ora)

Es gibt zwei Möglichkeiten die Uhrzeit anzugeben: In informellen oder in formellen Situationen (TV, Radio, Bahnhof, Flughafen usw.).

Informell **(In situazioni colloquiali)**	
Es werden die Zahlen von 1 bis 12 verwendet. *Die Uhrzeit wird mit dem Verb* **essere** *in der 3. Pers. Sing. oder Plural +* **le** *wiedergegeben.* *Ausnahmen:* **l'**una *(Singular),* mezzogiorno, mezzanotte *(ohne Artikel).*	● Che ore **sono**? ● **Sono le** tre. ● Che ora **è**? ● **È l'**una / **è** mezzogiorno / **è** mezzanotte.
Für die Minutenangabe wird **e** *verwendet.*	Sono le tre **e** un quarto / le tre **e** mezzo, **-a** *(Beide Formen sind korrekt.)*
Für Angaben ab X h 40 wird **meno** *benutzt.*	Sono le quattro **meno** venti / **meno** un quarto / **meno** dieci.

***Formell* (In situazioni ufficiali)**	
Hier werden die Zahlen von 1 bis 24 verwendet, das Verb ***essere*** *in der 3. Pers. Plural +* ***le****. Die Minutenangabe wird durch die Zahlen von 1 bis 59 und* ***e*** *wiedergegeben.*	Sono le ventidue e quindici. 22:15 Sono le ventidue e trenta. 22:30 Sono le ventidue e quarantacinque. 22:45

Die Personalpronomen in Verbindung mit Präpositionen (I pronomi personali con le preposizioni)

Nach einer Präposition werden folgende Formen der Personalpronomen eingesetzt: **me – te – lui – lei – Lei – noi – voi – loro**	Vieni **con me** in discoteca? Venite **con noi** stasera? Questo è **per te.**

C'è – ci sono

Mit **c'è/ci sono** *fragen Sie, ob etwas existiert oder vorhanden ist.* **C'è** *wird im Singular,* **ci sono** *im Plural verwendet.*	**C'è** un distributore? **Ci sono** dei negozi?

Chi c'è? - Che cosa c'è? - Dov'è?

Auf die Frage **Chi c'è? Che cosa c'è?** *wird mit* **C'è**... *geantwortet. Auf die Frage* **Dov'è?** *(Wo ist / befindet sich ...?) wird mit* **È**... *geantwortet.*	**Che cosa c'è** in centro? **C'è** un cinema. **Dov'è** Mario? **È** al bar.

Die unregelmäßigen Verben *dovere, potere, sapere, andare, venire* (I verbi irregolari)

Unregelmäßige Verben verändern nicht nur die Endung, sondern auch den Verbstamm.

	dovere	**potere**	**sapere**	**andare**	**venire**
io	devo	posso	so	vado	vengo
tu	devi	puoi	sai	vai	vieni
lui/lei/Lei	deve	può	sa	va	viene
noi	dobbiamo	possiamo	sappiamo	andiamo	veniamo
voi	dovete	potete	sapete	andate	venite
loro	devono	possono	sanno	vanno	vengono

Andare *oder* venire?

Das Verb **andare** *bedeutet „gehen"* *und das Verb* **venire** *„kommen".*	Senti, io **vado** da Mario. Va bene, Carlo. **Vengo** da te domani.

La gente

Das Substantiv **gente** *wird im Singular gebraucht, auch das Verb steht im Singular.*	Non **viene molta gente**. *(Verb im Singular!)*

Unità 4

Die Präposition a *bei Speisen und Uhrzeit* (La preposizione con i nomi dei cibi e delle ore)

Die Präposition **a** + *Artikel gibt, unter anderem, die Art und Weise der Speisezubereitung wieder.*	Prendo le penne **all'**arrabbiata e il filetto **alla** griglia. Io preferisco le scaloppine **al** vino bianco.
In Zeitangaben hat die Präposition **a (a – all' – alla)** *die Bedeutung „um".*	● **A** che ora viene? ● **A** mezzogiorno / **All'**una e un quarto. **Alle** due / **alle** tre.

Die Präposition da *in Ortsangaben* (La preposizione da nelle indicazioni di luogo)

Mit der Präposition **da** + *Artikel wird die Herkunft angegeben.*	Luca viene **dall'**Italia. Gli spaghetti vengono **dalla** Cina.
Die Präposition **da** *wird - in der Bedeutung „zu jdm. fahren" oder „bei jdm. sein - bei Personen verwendet.*	Vado **da** Giorgio. Vado **da** lui. Andiamo **dal** medico. Oggi mangiamo alla pizzeria "**da** Mario".

Buono *oder* bene?

Buono ist ein ***Adjektiv***. Es verhält sich wie alle Adjektive und richtet sich in Geschlecht und Zahl ***nach dem Substantiv***.	È **buono** il ragù? Sono **buoni** gli spaghetti? Questa bruschett**a** non è **buona**. Le scaloppin**e** sono **buone**.
Bene ist ein ***Adverb***, beschreibt eine ***Tätigkeit*** und ist ***unveränderlich***.	Cucinano **bene**. Non parlo ancora **bene** l'italiano. Stiamo abbastanza **bene**.

***Häufig verwendete Adverbien* (Altri avverbi di uso frequente)**

tardi – presto – subito – immediatamente – veramente – raramente

Beachten Sie: *Viele Adverbien der Art und Weise enden auf* **-mente.**

***Die direkten unbetonten Objektpronomen* lo – la – li – le (I pronomi diretti atoni)**

Pronomen ersetzen Substantive. *Die unbetonten Pronomen* **lo – la – li – le** *stimmen in Geschlecht und Zahl mit dem ersetzten Substantiv überein.* *Sie stehen* ***vor*** *dem konjugierten Verb und* ***nach*** *der Verneinung.*	● Chi fa il **risotto**? ● **Lo** faccio io. ● Chi fa gli **spaghetti**? ● **Li** fa Carlo. ● Fai tu la **crostata**? ● No, non **la** faccio io, **la** fa Maria.

Mi piace – mi piacciono

Nach **mi piace** *steht ein Substantiv im Singular oder ein Infinitiv.* **Mi piacciono** *wird ausschließlich mit Substantiven im Plural verwendet.*	**Mi piace** mangiare al ristorante. **Mi piace** il risotto, ma non **mi piacciono** gli spaghetti.

***Die Verben* mangiare, preferire, fare (I verbi mangiare, preferire, fare)**

	mangiare	**preferire**	**fare**
io	mangio	preferisco	faccio
tu	mangi	preferisci	fai
lui/lei/Lei	mangia	preferisce	fa
noi	mangiamo	preferiamo	facciamo
voi	mangiate	preferite	fate
loro	mangiano	preferiscono	fanno

Beachten Sie: *Die Verben auf* **-iare** *haben in der Konjugationsendung nur ein* **-i**.

Unità 5

Die Possessivpronomen – Formen (I possessivi – le forme)

Singular	Plural
il **mio** libro la **mia** amica	i **miei** libri le **mie** amiche
il **tuo** libro la **tua** amica	i **tuoi** libri le **tue** amiche
il **suo** libro la **sua** amica	i **suoi** libri le **sue** amiche
il **nostro** libro la **nostra** amica	i **nostri** libri le **nostre** amiche
il **vostro** libro la **vostra** amica	i **vostri** libri le **vostre** amiche
il **loro** libro la **loro** amica	i **loro** libri le **loro** amiche

Der Gebrauch der Possessivpronomen (L'uso dei possessivi)

Possessivpronomen richten sich in Geschlecht und Zahl nach ihrem Beziehungswort.	Paolo viene con **la** sua macchin**a**.
*Den Possessivpronomen wird der **Artikel** vorangestellt. (!)*	Oggi è **il mio** compleanno. Questa è **la nostra** insegnante.
Die 3. Pers. Plural **loro** *bleibt **unverändert**.*	È il **loro** amico? È la **loro** amica?
Die Possessivpronomen können auch von **un/uno**, *usw. und* **dei/degli** *usw. begleitet werden.*	Vado da **un mio** amico. Devo vedere **dei miei** amici.
Besonderheiten: Die Possessivpronomen stehen bei **a casa mia/tua/sua…** ***nach*** *dem Substantiv, und zwar* ***ohne Artikel***.	Venite a casa **mia**? Ceniamo a casa **vostra**?

Die Possessivpronomen bei Verwandtschaftsbezeichnungen (I possessivi con i nomi di parentela)

Nur *(!) vor Verwandtschaftsbezeichnungen im* ***Singular*** *(mit Ausnahme von* **loro***) haben Possessivpronomen* ***keinen Artikel****.*	Questo è **mio** cugino. *(Singular)* È **tuo** fratello? *(Singular)* Sono **le mie** cugine. *(**Plural** = mit Artikel)*
Der Artikel wird verwendet, wenn: - *es sich um veränderte Formen handelt,* - *ein Adjektiv folgt* - *oder bei Bezeichnungen familiärer Art wie* **mamma**, **papà**, **babbo**.	Conosci **la mia** sorellina? Questo è **il mio** caro cugino Marco. **La mia** mamma non sta bene.

Die Präposition a + *Infinitiv* (La preposizione a con l'infinito)

Die Präposition **a** *nach Bewegungsverben oder Zustandsverben gibt den Zweck / die Absicht an.*	Sto a casa **a fare** i compiti. Vado **a fare** la spesa. Esco **a mangiare**.

Die Präpositionen a *und* in *bei Ortsbezeichnungen* (Le preposizioni a e in con indicazioni di luogo)

a + *Artikel gibt einen Ort oder eine Richtung an.*	Vado **al** cinema. Andiamo **al** bar. Sei **al** ristorante? Sono **alla** stazione.	Vado **all'**aeroporto. Vai **al** mercato? Sono **al** mare. Vai **alla** spiaggia?
Beachten Sie: *Manchmal steht die Präposition* ***ohne Artikel****.*	Oggi resto **a** casa. Vado **a** teatro. Vado **a** scuola.	
Auch die Präposition **in** *kann einen Ort oder eine Richtung angeben:* - *bei Substantiven auf* **-ia**, - *bei weiteren Substantiven, die aber keiner bestimmten Gruppe zuzuordnen sind.*	Andiamo **in** pizzeria? Oggi vado **in** piscina. / **in** banca. *Ci vediamo* **in** *centro /* **in** *città?*	

***Die Präposition* in *bei Zeitangaben* (La preposizione *in* nelle indicazioni di tempo)**

Für Zeitangaben mit Monaten wird **in** *verwendet.*	Il mio compleanno è **in** marzo. Parto **in** gennaio.

***Die Präpositionen* da ... *a bei Zeitangaben* (Le preposizioni *da* ... a con indicazioni di tempo)**

Anfang und Ende einer Zeitspanne werden durch **da... a...** *(+ Artikel) angegeben.*	Sono in ufficio **dalle** 9.00 **alle** 13.00.

Uscire – *Präsens* (Il presente del verbo uscire)

Das Verb **uscire** *hat regelmäßige Endungen.*		**uscire**
	io	esco
In den ersten drei Personen Singular und in der dritten Plural wird **-u** *zu* **-e**.	tu	esci
	lui/lei/Lei	esce
	noi	usciamo
	voi	uscite
	loro	escono

***Die regelmäßigen reflexiven Verben – Präsens* (Il presente dei verbi riflessivi regolari)**

Die reflexiven Verben werden immer vom Reflexivpronomen begleitet.

	lavarsi	**svegliarsi**	**vestirsi**
io	**mi** lavo	**mi** sveglio	**mi** vesto
tu	**ti** lavi	**ti** svegli	**ti** vesti
lui/lei/Lei	**si** lava	**si** sveglia	**si** veste
noi	**ci** laviamo	**ci** svegliamo	**ci** vestiamo
voi	**vi** lavate	**vi** svegliate	**vi** vestite
loro	**si** lavano	**si** svegliano	**si** vestono

***Die Reflexivpronomen* (Il pronome riflessivo)**

Die Reflexivpronomen stehen ***vor*** *dem konjugierten Verb und* ***nach*** *der Verneinung.*	**mi** **ti**	Oggi **mi** alzo alle otto. Oggi **non mi** alzo presto.
Die Pronomina können an den Infinitiv angehängt werden, der Endvokal des Infinitivs fällt dabei weg.	**si** **ci** **vi** **si**	Maria va a lavar**si**.

Die direkten unbetonten Objektpronomen (Il pronome diretto atono)

	mi	
	ti	
Die Höflichkeitsform ist die 3. Pers. Sing.	**La**	**La** vedo domani, Signora? **La** vedo domani, dottore?
	la	Chi è Laura? Non **la** conosco
Das Pronomen **lo** *bezieht sich nicht nur auf Personen oder Dinge, sondern auch auf Sachverhalte.*	**lo**	Chi accompagna **Luca**? **Lo** accompagno io. Sai **quando arrivano**? No, non **lo** so.
	ci,	
	vi	
	li *(m.)* / **le** *(f.)*	

Die Pronomen **lo, la, La** *können vor* ***Wörtern mit Anfangsvokal*** *oder* **h** *apostrophiert werden.*	**Lo** (**L'**) accompagni tu? **La** (**L'**) accompagnate voi?

Unità 6

Zeitangaben mit da … a, in, tra fra, … fa (Le indicazioni di tempo con da… a, in, tra/fra, … fa)

Eine Zeitspanne wird mit **da… a** *angegeben.*	Sono in vacanza **da** agosto **a** settembre.
Der Zeitpunkt einer Tätigkeit in Verbindung mit Monaten und Jahreszeiten wird durch **in** *wiedergegeben.*	Mi piace andare in vacanza **in** primavera, **in** maggio.
Die Präpositionen **tra/fra** *geben einen zukünftigen Zeitpunkt an: „in zwei Tagen".*	**Fra** due giorni c'è l'esame.
Fa *wird nachgestellt und bezieht sich auf die Vergangenheit: „vor zwei Tagen".*	Due giorni **fa** ho incontrato Tobias.

Die Indefinitpronomen qualche, alcuni/alcune (Gli aggettivi indefiniti qualche, alcuni/alcune)

Qualche *ist* ***unveränderlich****, und es folgt eine* ***Singularform****.*	Ho **qualche** consiglio. *(ein paar Tipps)* C'è **qualche** stanza libera? *(einige Zimmer)*
Bei **alcuni** *(m.) und* **alcune** *(w.) folgt die* ***Pluralform****.*	Ho **alcuni** consigli. *(ein paar Tipps)* Ci sono **alcune** stanze libere? *(einige Zimmer)*

Das Pronominaladverb ci (La particella di luogo ci)

Ci *bezeichnet einen schon genannten Ort.*	● Quando vai in Germania? ● **Ci** vado in estate.
Ci *steht vor dem konjugierten Verb und nach der Verneinung.*	● Vai in Sicilia? ● *No, non* **ci** *vado.*

Unregelmäßige Verben: volere – *Präsens* (I verbi irregolari: presente di volere)

	volere	
io	voglio	Voglio fare rafting tutti i giorni.
tu	vuoi	Vuoi venire con noi?
Lei/lui/lei	vuole	Giorgio non vuole uscire.
noi	vogliamo	Luca ed io vogliamo andare in barca.
voi	volete	Volete uscire con noi?
loro	vogliono	Vogliono prendere il sole.

In höflichen Fragen wird **voglio** *durch* **vorrei** *ersetzt (Konditionalform).*	**Vorrei** una camera doppia.

Das Passato prossimo (Il passato prossimo)

Mit dem **Passato prossimo** *wird eine noch nahe Vergangenheit wiedergegeben.*

	capire	**andare**
io	ho capito	sono andato**/-a**
tu	hai capito	sei andato**/-a**
Lei/lui/lei	ha capito	è andato**/-a**
noi	abbiamo capito	siamo andati**/-e**
voi	avete capito	siete andati**/-e**
loro	hanno capito	sono andati**/-e**

Das **Passato prossimo** *wird aus einem der Hilfsverben* **avere** *oder* **essere** *und dem* ***Partizip Perfekt*** *zusammengesetzt. Das Partizip der regelmäßigen Verben wird wie folgt gebildet:* and**are** – vend**ere** – part**ire** and**ato** – vend**uto** – part**ito**	**Ho** preno**tato** due giorni fa. **Avete** vend**uto** la casa? **Hanno** fin**ito** la settimana scorsa. Tobias **è** part**ito** ieri. Noi **siamo** torn**ati** oggi.

Das Partizip Perfekt richtet sich in Geschlecht und Zahl nach dem Subjekt.	Katrin è partit**a**. Anche Tobias è partit**o**. Katrin e Anna sono partit**e**. Markus e Tobias sono partit**i**.
Bei gemischten Subjekten – männlichen und weiblichen – steht das Partizip Perfekt in der männlichen Form.	Katrin e Tobias sono partit**i**.
Mit **avere** *bleibt das Partizip Perfekt unverändert.*	Katrin e Tobias hanno **fatto** un giro in bici. Katrin ha **fatto** un giro in bici.
Die meisten Verben bilden das Passato prossimo mit dem Hilfsverb **avere**.	**Ho** cenato da Mario. **Ho** dormito molto.
Das Hilfsverb **essere** *wird u.a. bei folgenden Verben verwendet:* - **stare**, **restare**, **essere**, **succedere** - *Bewegungsverben wie* **andare**, **venire**, **tornare**, *etc.*	Anna **è stata** in città. Perché non **siete venuti**? **Sono tornati** ieri.
Einige Verben, besonders solche auf **-ere**, *haben eine unregelmäßige Partizipform.*	essere ➛ stato perdere ➛ perso scrivere ➛ scritto venire ➛ venuto fare ➛ fatto succedere ➛ successo vedere ➛ visto (veduto) scegliere ➛ scelto

Unità 7

Die Präpositionen a, per, di (Le preposizioni a, per, di)

Für Zeitangaben mit Pasqua, Pentecoste, Natale, Capodanno *usw. werden* **a** *oder* **per** *verwendet.*	**A/per** Natale vado in Sardegna. Cosa fai **a** Pasqua?
Die Präposition **per** *beschreibt:* *- die Dauer,* *- den Zweck oder Grund.*	Vorrei prenotare una camera **per** due notti. Telefono **per** prenotare due camere. Non ho dormito **per** l'emozione.
Bei (Textil-)Materialien und Bekleidung bezeichnet die Präposition **di** *das Material,* **a** *beschreibt Eigenschaften wie Design, Muster usw.*	Franca si mette una camicetta **di** cotone **a** righe e Thomas una **a** quadretti. Una gonna **in** tinta unita.

Das Adjektiv – die Farben (L'aggettivo – i colori)

Die Mehrzahl der Farbadjektive hat vier Endungen.	l'ombrello bianc**o** la gonna bianc**a**	i pantaloni bianch**i** le scarpe bianch**e**
Einige Farbadjektive enden auf **-e**, *die Pluralendung ist* **-i**.	la giacca verd**e** l'ombrello verd**e**	le giacche verd**i** gli ombrelli verd**i**
Eine kleine Gruppe von Farbadjektiven ist ***unveränderlich***.	Thomas si mette la giacca **beige** e i pantaloni **blu**.	
Wird die Farbe von einem weiteren Adjektiv begleitet, so haben beide die männliche Singular-Endung, auch bei Substantiven im Plural.	una giacca verd**e** scur**o** due giacche verd**e** scur**o**	

Die direkten unbetonten Objektpronomen: Angleichung des Partizips Perfekt **(I pronomi diretti atoni: accordo del participio)**

Erinnern Sie sich? *Wird das Passato prossimo mit* **avere** *gebildet, bleibt das* ***Partizip Perfekt unverändert***.	A chi ha regalat**o** la statuett**a**?
Aber mit den Objektpronomen **lo, la, li, le** *wird das* ***Partizip Perfekt angeglichen***!	E a chi hai regalato **i CD**? **Li** ho regalat**i** al nonno.
Vor dem Hilfsverb **avere** *werden* **lo, la, La** *in der Regel apostrophiert.*	A chi hai regalato la bors**a**? **L'**ho (**la** ho) regalat**a** a Maria.

Passato prossimo der reflexiven Verben **(Il passato prossimo dei verbi riflessivi)**

Die reflexiven Verben bilden das Perfekt mit dem Hilfsverb **essere***; das Partizip Perfekt richtet sich in Geschlecht und Zahl nach dem Subjekt.*	**svegliarsi** mi sono svegliat**o/-a** ti sei svegliat**o/-a** si è svegliat**o/-a** ci siamo svegliat**i/-e** vi siete svegliat**i/-e** si sono svegliat**i/-e**	Maria si è svegliat**a** presto. I bambini si sono svegliat**i** tardi

Die Ordnungszahlen **(I numeri ordinali)**

Die Ordnungszahlen richten sich in Geschlecht und Zahl nach ihrem Bezugswort.	al prim**o** pian**o** la prim**a** settiman**a**
Die Ordnungszahlen von 1 bis 10 sind unregelmäßig.	primo — sesto secondo — settimo terzo — ottavo quarto — nono quinto — decimo
Ab 11 bilden sich die Ordnungzahlen mit der Endung **-esimo***: undic***esimo**.	dodici → dodicesimo ventuno → ventunesimo cento → centesimo mille → millesimo
Die Zahlen mit Endziffer **tre** *und* **sei** *verlieren den Endvokal nicht:*	ventitré → ventitr**e**esimo ventisei → ventise**i**esimo Abito al trentatr**e**esimo piano. Siamo al quarantase**i**esimo piano.

Unità 8

Die Präposition da *bei Zeitangaben* (La preposizione da nelle indicazioni di tempo)

Lebensabschnitte werden mit der Präposition **da** *bezeichnet: „Als Kind …".*	**Da bambino** andavo spesso al mare. **Da giovane** la mia vita era diversa. **Da grande** voglio fare il pilota.
Da *hat auch die Bedutung „seit".*	Abito qui **da vent'anni**. Sono qui **da una settimana**.

Mai / non... mai

Mai *in der Bedeutung „nie" wird mit* **non** *verwendet.* **Non** *steht* ***vor*** *und* **mai** ***nach*** *dem konjugierten Verb.*	Sei già stato in Sicilia? No, **non** ci sono **mai** stato.
Mai *in der Bedeutung "einmal, jemals" wird ohne* ***non*** *verwendet.*	Sei **mai** stato a New York? Se **mai** vieni a Roma, telefona!

Die Objektpronomen (I pronomi indiretti)

Gebrauch der indirekten unbetonten Objektpronomen (Uso del pronome indiretto atono)

Das unbetonte Objektpronomen ersetzt Personenangaben, die durch die Präposition **a** *eingeführt werden.*	Chi telefona **a Carlo**? **Gli** telefona Paola.
Im Satz steht es ***vor*** *dem konjugierten Verb und* ***nach*** *der Verneinung.*	**Non gli ho** ancora risposto.
Die dritten Personen Plural (männlich und weiblich) haben die gleiche Form.	Hai scritto ai tuoi **amici**? Sì, **gli** ho scritto. Hai telefonato alle tue **amiche**? Ma certo, **gli** ho telefonato un'ora fa.

In formellen Kontexten kann die 3. Pers. Plural **gli** *durch* **loro** *ersetzt werden.* **Loro** *wird dem Verb nachgestellt: Diamo* **loro** *un libro.*

Die indirekten unbetonten Objektpronomen (I pronomi indiretti atoni)

Chi	**mi**	ha telefonato?
Ieri	**ti**	ha telefonato Lisa.
A che ora	**Le**	telefono, dottore?
Ho telefonato a Carlo e	**gli**	ho detto di venire stasera.
Ho telefonato a Paola e	**le**	ho detto che andiamo da lei.
Che cosa	**ci**	hanno portato?
Ragazzi,	**vi**	telefono domani!
Ho telefonato ai miei amici e	**gli**	ho detto del concerto.
Ho telefonato alle mie amiche e	**gli**	ho raccontato tutto.

Gebrauch der indirekten betonten Objektpronomen (Uso del pronome indiretto tonico)

Die betonten Pronomen werden in Gegenüberstellungen verwendet oder um die Person besonders hervorzuheben	**A lei** piace solo il tennis, **a lui** invece il calcio. Anche **a voi** piace leggere gialli?

Die indirekten betonten Objektpronomen (I pronomi indiretti tonici)

Luisa gioca spesso tennis, ma	**a me**	questo sport non piace.
E	**a te**	piace il tennis?
Sono sicuro che	**a Lei**	piace l'Italia.
Mi hanno detto che	**a lui**	piace fare sport.
Sono sicura che	**a lei**	piacciono i tortellini.
Sai,	**a noi**	non piace guardare la TV.
So che	**a voi**	piace la Ferrari.
Hanno detto che	**a loro**	piace molto la Sardegna.

Das Imperfekt – regelmäßige und unregelmäßige Formen (L'imperfetto – forme regolari e irregolari)

	andare	**avere**	**capire**	**fare**	**essere**
io	andavo	avevo	capivo	facevo	ero
tu	andavi	avevi	capivi	facevi	eri
lui/lei/Lei	andava	aveva	capiva	faceva	era
noi	andavamo	avevamo	capivamo	facevamo	eravamo
voi	andavate	avevate	capivate	facevate	eravate
loro	andavano	avevano	capivano	facevano	erano

Eine gute Nachricht: Fast alle Verben im Imperfekt sind regelmäßig! Diese neue Verbzeit ist ganz einfach: das **-re** *des Infinitivs wird durch die Endungen* **-vo**, **-vi** *etc. ersetzt*	andare → avere → capire → stare →	anda ave capi sta	**-vo** **-vi** **-va** **-vamo** **-vate** **-vano**

Die Zeiten der Vergangenheit – Gebrauch des Imperfekts und des Passato prossimo (I tempi del passato – uso dell'imperfetto e del passato prossimo)

Imperfekt *wird verwendet, um Folgendes auszudrücken:*	
- Gewohnheiten	Ci **passavo** l'estate (**ogni** estate).
- Eigenschaften von Personen und Orten	**Era** molto carina. **Aveva** i capelli neri. Il posto **era** un po' noioso.
- Gefühle, Empfindungen	**Ero** innamorato, mi **sentivo** bene con lei.
- Ausschnitte aus einem Handlungsablauf.	Quando **abitavo** a Napoli…

Passato prossimo *wird verwendet, um Folgendes auszudrücken:*	
- Datum oder Zeitpunkt einer bestimmten Begebenheit	**È arrivato** ieri.
- wie oft man etwas gemacht hat.	L'**ho visto** due volte.

Beachten Sie: *Ein Satz im Imperfekt antwortet oft auf die Frage:* Come era…?*; ein Satz mit* Passato prossimo *auf die Frage:* Che cosa è successo?

Verb piacere *siehe Kap. 4.*

Unità 9

Altersangaben mit a, di (Le preposizioni che indicano l'età di una persona: a, di)

Die Altersangabe in Verbindung mit einem Substantiv wird mit der Präposition **di** *gemacht.*	Una ragazza **di 24 anni** già laureata!
a *gibt an, in welchem Alter etwas stattgefunden hat.*	**A cinque anni** ha cominciato a leggere e **a sei** era la più brava di tutti.

Gebrauch des Imperfekts (Uso dell'imperfetto)

Das Imperfekt wird gebraucht, um vergangene Ereignisse zu schildern, die gleichzeitig geschehen sind und von unbestimmter Dauer waren.	Lei **chiedeva** consiglio alle amiche e intanto io **lavoravo**.
Nach **mentre** *muss das Imperfekt verwendet werden.*	**Mentre** io pulivo la casa, lei **parlava** di quale vestito mettere.
Wenn das zweite Ereignis nicht von Dauer war, sondern nur momentan, so muss dies durch das Passato prossimo zum Ausdruck gebracht werden.	Mentre **andavo** a fare la spesa, **ho incontrato** un amico.

stare + *Gerundium* (stare + gerundio)

stare + *Gerundium bezeichnet einen Vorgang, der* ***gerade jetzt*** *stattfindet (Verlaufsform).*	**Sto scrivendo** = scrivo adesso, in questo momento
Fast alle Verben bilden das Gerundium regelmäßig:	
parlare → parlando	Con chi **stai parlando**?
leggere → leggendo	Cosa **stai leggendo**?
dormire → dormendo	Luca **sta dormendo**.
Folgende Verben sind unregelmäßig:	
fare → facendo	Cosa **stanno facendo**?
dire → dicendo	
bere → bevendo	**Stanno bevendo** un cocktail.

Passato prossimo – *Besonderheiten* (Particolarità del passato prossimo)

Die Verben **dovere**, **potere** *und* **volere**, *wenn sie als Hauptverb verwendet werden, bilden das Partizip mit* **avere**.	Hai comprato la frutta? No, non **ho potuto**. Sei andato dall'avvocato? No, non **ho potuto**.
Folgt diesen Verben ein Infinitiv, so übernehmen sie das mit diesem Verb verwendete Hilfsverb.	**Ho dovuto** lavorare anche durante le vacanze. (ho lavorato ➛ ho dovuto lavorare) Maria si **è dovuta** alzare presto. (si è alzata ➛ si è dovuta alzare)

***Der absolute Superlativ* (Il superlativo assoluto)**	
Der absolute Superlativ wird mit dem Suffix **-issimo** *oder durch das Adverb* **molto** *gebildet.* *Wichtig: im Deutschen wird diese Form mit „sehr" wiedergegeben.*	Ha dei capelli ner**issimi**. (ner**o** ➛ ner**issimo**) *(sehr schwarze Haare)* È una ragazza **molto** bella. *(sehr schön)*

Unità 10

Die Präpositionen da, in (Le preposizioni da, in)

Erinnern Sie sich? Die Präposition **in** *gibt eine Richtung an oder den Ort, an dem wir uns befinden.*	Vai **in** macelleria? Sono **in** gioielleria.
Wird dieser durch eine Person ausgedrückt, verwenden wir **da** *oder* **da** *+ Artikel.*	Vai **dal** macellaio? Sono **dal** gioielliere.
Ist die Richtungsangabe näher bestimmt, wird **in** *+ Artikel verwendet.*	Vado **in** profumeria. Vado **nella** profumeria all'angolo. Vado **in** negozio. Vado **nel** negozio di alimentari.
Die Präposition **da** *gibt den Zweck eines Gegenstandes an.*	Mi piace il costume **da bagno** blu.

Die Präposition di *bei Mengenangaben* (La preposizione di nelle indicazioni di quantità)

Die Präposition **di** *wird bei Mengenangaben gebraucht.*	Vorrei un po' **di** pasta, una bottiglia **d'**olio e un etto **di** burro.

Der Teilungsartikel: del, dell', dello, della… (Il partitivo: del, dell', dello, della …)

Eine ***unbestimmte Menge*** *wird durch die Präposition* **di** + ***Artikel*** *angegeben.*	Vorrei **del** formaggio, **dell'**insalata, **dei** pomodori e **dello** speck.

di + Artikel = qualche, alcuni/alcune

Eine ***unbestimmte Anzahl*** *von Dingen oder Personen kann wie folgt angegeben werden:*		
di + *Artikel*	Vorrei **delle** mele.	Vorrei **dei** libri.
qualche + *Substantiv im Singular*	Vorrei **qualche** mela.	Vorrei **qualche** libro.
alcuni/-e + *Substantiv im Plural*	Vorrei **alcune** mele.	Vorrei **alcuni** libri.

Die Pronomen ne *und,* lo, la, li, le + tutti/-e (I pronomi ne, lo, la, li, le)

Ne *steht für einen Teil eines Ganzen, von dem zuvor bereits die Rede war.*	Quante mele prende? **Ne** prendo due. *(nur einen Teil davon)*
Wird auf das Ganze Bezug genommen, so werden die Pronomen **lo**, **la**, **li**, **le** + **tutti/-e** *gebraucht.*	Quante mele prende? **Le** prendo **tutte**. Quanti pomodori? **Ne** vuole un chilo? **Li** vuole **tutti**?

Die Adverbien già *und* non… ancora (Gli avverbi già e non… ancora)

Già *bezieht sich auf etwas, das „schon" geschehen ist.*	A Roma ci sono **già** stato spesso.
Non… ancora *bezieht sich auf etwas, das „noch nicht" geschehen ist.*	Ma **non** hai **ancora** finito!?
Già *und* **ancora** *stehen in der Regel zwischen Hilfsverb und Partizip Perfekt.*	Sono **già** partiti?

Lektionsvokabular

- Die Vokabeln sind nach den Lektionsabschnitten, in denen sie jeweils zum ersten Mal erscheinen, aufgelistet und in Gruppen zusammengefasst, wenn es sich um grammatikalisch ähnliche Strukturen handelt oder es sich aufgrund ähnlicher Bedeutungen anbietet; ansonsten sind sie in chronologischer Reihenfolge.
- Sätze oder Ausdrücke, bei denen es sinnvoller ist, die Bedeutung der ganzen Wortgruppe anstatt die der einzelnen Wörter zu bestimmen, sind vor den Vokabeln aufgeführt.
- In diesem Glossar sind alle Vokabeln der Texte und Dialoge gemäß den Lektionsabschnitten angeordnet, die in jeder Lektion mit den Buchstaben des Alphabets bezeichnet sind; Sie finden hier ebenso eine Auswahl an Wörtern, die für das Textverständnis der beiden Abschnitte "*L'angolo di...*" und "*Italia Oggi*" wichtig sind.
- Nützliche Wendungen für den Unterricht finden Sie auf S. 256.
- Wird bei einem Wort nicht die vorletzte Silbe betont, ist der betonte Vokal unterstrichen; bei Diphthongen (Doppelvokalen) wird ebenfalls der betonte Vokal unterstrichen.

Willkommen! (Benvenuti!)

Conoscete...?	Kennt ihr / Kennen Sie ...?
Buongiorno, mi chiamo...	Guten Tag, ich heiße ...
Piacere, io sono...	Angenehm, ich bin ...
di nuovo	noch einmal, wieder
poi	dann
ora	jetzt, nun
la presentazione	Vorstellung
l'alfabeto	Alphabet
fare lo spelling	buchstabieren
il gioco	Spiel

Unità 1 – Al bar

A

Dove sono?	Wo sind sie?
Che cosa dicono?	Was sagen sie?
Chi parla?	Wer spricht?
Che cosa significa...?	Was bedeutet ...?
Non lo so.	Ich weiß es nicht.
Ora ho capito.	Jetzt habe ich es verstanden.
È chiaro. Capisco!	Es ist klar. Ich verstehe!
Non è chiaro. Non capisco!	Es ist unklar. Ich verstehe nicht!
Non parlo bene l'italiano.	Ich spreche nicht gut Italienisch.
Più lentamente, per favore	Langsamer, bitte!
Ciao.	Hallo./Tschüs./Ciao.
Salve.	Hallo. / Guten Tag.
Buongiorno, Signora Bianchi.	Guten Tag, Frau Bianchi.
Buongiorno, Dottor Pieri.	Guten Tag, Doktor Pieri.
Oggi prendo anche una pasta.	Heute nehme ich auch ein süßes Teilchen/Gebäck.
Vorrei una pizza.	Ich möchte eine Pizza.
Sì.	Ja.
Come mai qui?	Warum (bist du) hier? / Was machst du hier?
Sono qui con Marina.	Ich bin mit Marina hier.
Questa è Giovanna.	Das ist Giovanna.
Come va?	Wie geht's?
Tutto bene?	Alles in Ordnung?
Abbastanza bene.	Recht gut.
Bene, grazie. E lei?	(Es geht mir) gut, danke. Und Ihnen?
Insomma, oggi non c'è male.	Also, heute geht es mir nicht schlecht / kann ich nicht klagen.
qui	hier
anche	auch
un cappuccino	ein Cappuccino
un gelato	ein Eis
una pizza al rosmarino	eine Pizza mit Rosmarin
una spremuta d'arancia	ein frisch gepresster Orangensaft
un succo di frutta	ein Fruchtsaft
un caffè	ein Espresso
una pasta	ein süßes Gebäck / süßes Teilchen
un amico	ein Freund
un'amica	eine Freundin
bene	gut
male	schlecht

B

Come va?	Wie geht's?
Come stai/sta?	Wie geht es dir/Ihnen?
Sto bene.	Mir geht es gut.
E tu... / E lei...?	Und du/dir ... / Und Sie/Ihnen ...?
Anch'io.	Ich/Mir auch.
Non troppo bene.	Nicht so gut.
Ho mal di testa.	Ich habe Kopfschmerzen.
Oh, mi dispiace!	Oh, das tut mir Leid!
Sei in gran forma!	Du bist topfit / gut in Form!
oggi	heute
molto bene / benissimo	sehr gut

C

Che cosa prendi?	Was nimmst du?
No.	Nein.
Basta così.	Das genügt so.
subito	sofort
un cornetto	ein Croissant
un aperitivo	ein Aperitif
un tè	ein Tee

una pizzetta	eine kleine Pizza
un'aranciata	eine Orangenlimonade
un bicchiere d'acqua	ein Glas Wasser
un tramezzino	ein Tramezzino (dreieckiges Sandwich)
uno spumante	ein Sekt
un latte macchiato	ein Latte macchiato (Milch mit etwas Espresso)

D

Questa è la signora Richter.	Das ist Frau Richter.
Molto piacere.	Sehr erfreut.
Tu sei inglese?	Bist du Engländer/-in?
Sono tedesca.	Ich bin Deutsche.
Sono di Berlino.	Ich bin/komme aus Berlin.
Di dove sei?	Woher kommst du?
Lei non è italiana, vero?	Sie sind keine Italienerin, nicht wahr?
Sono giapponese.	Ich bin Japanerin.
Ma non sono di Tokio.	Aber ich komme nicht aus Tokio.
Lei è il signor…?	Sie sind Herr …?
Come ti chiami?	Wie heißt du?
Come si chiama?	Wie heißen Sie?
Di che nazionalità siete?	Welcher Nationalität seid ihr?

essere		sein	
(io)	sono	(noi)	siamo
(tu)	sei	(voi)	siete
(lui/lei/Lei)	è	(loro)	sono

chiamarsi		heißen	
(io)	mi chiamo	(noi)	ci chiamiamo
(tu)	ti chiami	(voi)	vi chiamate
(lui/lei/Lei)	si chiama	(loro)	si chiamano

prendere		nehmen	
(io)	prendo	(noi)	prendiamo
(tu)	prendi	(voi)	prendete
(lui/lei/Lei)	prende	(loro)	prendono

il vicino	Nachbar
la vicina	Nachbarin
americano/-a	Amerikaner/-in
arabo/-a	Araber/-in
australiano/-a	Australier/-in
austriaco/-a	Österreicher/-in
brasiliano/-a	Brasilianer/-in
canadese	Kanadier/-in
cinese	Chinese/Chinesin
coreano/-a	Koreaner/-in
danese	Däne/Dänin
egiziano/-a	Ägypter/-in
finlandese	Finne/Finnin
francese	Franzose/Französin
giapponese	Japaner/-in
greco/-a	Grieche/Griechin
inglese	Engländer/-in
irlandese	Ire/Irin
messicano/-a	Mexikaner/-in
norvegese	Norweger/-in
olandese	Holländer/-in
scozzese	Schotte/Schottin
spagnolo/-a	Spanier/-in
svedese	Schwede/Schwedin
svizzero/-a	Schweizer/-in
tedesco/-a	Deutscher/Deutsche

E

Ragazzi, avete voglia di… ?	Jungs/Kinder, habt ihr Lust zu …?
Va bene.	In Ordnung.
D'accordo.	Einverstanden.
Ho sete.	Ich habe Durst.
Ho fame.	Ich habe Hunger.
Allora prendo…	Dann nehme ich …
Per favore.	Bitte.

qualcosa	etwas
il barista	Barkeeper, -besitzer
il mio amico	mein Freund
dopo	nachher, danach
invece	jedoch
l'aperitivo della casa	Aperitif des Hauses
a base di frutta	auf Fruchtbasis
molto	sehr; viel
buono/-a	gut
freddo/-a	kalt
caldo/-a	warm, heiß
poco	wenig
alcolico/-a	alkoholisch
la madre	Mutter
la mamma	Mama
lo zucchero	Zucker

avere		haben	
(io)	ho	(noi)	abbiamo
(tu)	hai	(voi)	avete
(lui/lei/Lei)	ha	(loro)	hanno

F

il numero	Zahl
già	schon

G

Come si dice?	Wie sagt man das?
Come si scrive?	Wie schreibt man das?
il nome	Vorname
il cognome	Name

L'angolo…

Sapete… ?	Wisst ihr / Wissen Sie …?
Buonanotte.	Gute Nacht.
Buonasera.	Guten Abend.
Arrivederci.	Auf Wiedersehen.
Alla prossima volta.	Bis zum nächsten Mal.

il messaggio	Nachricht
salutare	(be)grüßen, verabschieden
prossimo/-a	nächste/-r/-s

Italia Oggi

la moneta	Münze
tutte (le monete)	alle (Münzen)
l'Euro	Euro
il Centesimo	Cent
il lato	Seite
l'immagine	Bild
l'Unione Europea	Europäische Union
l'altro/-a	andere
ogni	jeder
il Paese	Land
tipico	typisch
l'informazione (f.)	Information
il valore	Wert
la persona	Person
famoso	berühmt

Unità 2 – In classe

A

Chi parla?	Wer spricht?
Di chi parlano?	Über wen sprechen sie?
Che cosa chiede?	Was fragt er/sie?
Ha un figlio.	Er/Sie hat einen Sohn.
È ingegnere.	Er/Sie ist Ingenieur.
So che è di Tokio.	Ich weiß, dass er/sie aus Tokio kommt.
Ha 27 anni.	Er/Sie ist 27 Jahre alt.
Fa la commessa. / È commessa.	Sie ist Verkäuferin.
E quel ragazzo biondo?	Und der blonde junge Mann dort?
È castano/bruno/biondo.	Er hat kastanienbraune/braune Haare. / Er ist blond.
Ha i capelli lunghi/corti/lisci/ricci/biondi/castani	Er/Sie hat lange/kurze/glatte/gelockte/blonde/kastanienbraune Haare.
Perché ha parenti italiani.	Weil er italienische Verwandte hat.
Parlate della vostra famiglia.	Sprecht/Sprechen Sie von eurer/Ihrer Familie.

lo studente	Student, Schüler
la studentessa	Studentin, Schülerin
il compagno	Klassenkamerad
la compagna	Klassenkameradin
sposato	verheiratet
il figlio unico	einziger Sohn, Einzelkind
la famiglia	Familie
il nonno / la nonna	Großvater/-mutter
il fratello	Bruder
la sorella	Schwester
il figlio / la figlia	Sohn/Tochter
il nipote / la nipote	Neffe, Enkel / Nichte, Enkelin
nuovo	neu
la ragazza	Mädchen, junge Frau
il ragazzo	Junge, junger Mann
carino	hübsch
lavorare	arbeiten
vivere	leben
parlare	sprechen
Colonia	Köln
la Germania	Deutschland
il marito	Ehemann
il negozio di abbigliamento	Kleidergeschäft
la professione	Beruf
l'occupazione	Tätigkeit, Beschäftigung
il lavoro	Arbeit
l'età	Alter
l'impiegato	Angestellter
l'impiegata	Angestellte
il/la farmacista	Apotheker/-in
l'insegnante (m. e f.)	Lehrer/-in
l'ingegnere (m. e f)	Ingenieur/-in
fare	machen, tun

(io) faccio	(noi) facciamo
(tu) fai	(voi) fate
(lui/lei/Lei) fa	(loro) fanno

B

Scusa, …	Entschuldige, …
Come si chiama in italiano?	Wie heißt das auf Italienisch?
Come si dice "fare questo"?	Wie sagt man "dies tun"?
Posso aprire la finestra?	Kann ich das Fenster aufmachen?
Sì, certo.	Ja, sicher.
Posso avere … una penna, per favore?	Kann ich … bitte einen Stift … haben?
Vediamo…	Schauen wir mal …
Ecco la penna!	Da ist der Stift!
Ecco gli occhiali!	Da ist die Brille!
Tirate fuori un oggetto.	Holt / Holen Sie einen Gegenstand heraus.

la finestra	Fenster
aprire	öffnen, aufmachen
sempre	immer
la cosa	Sache, Ding
molte cose	viele Dinge, vieles
la borsa	Tasche
la chiave	Schlüssel
il giornale	Zeitung
il telefonino	Handy
la mela	Apfel
la spazzola	Haarbürste
lo specchietto	Taschenspiegel
l'orologio	Uhr

il rossetto	Lippenstift
la caramella	Bonbon
l'agendina	Kalender
la banana	Banane
il portafoglio	Geldbeutel
gli occhiali da sole	Sonnenbrille

C

Pronto?	Hallo? (am Telefon)
Senti, oggi arriva Marta.	Hör mal, heute kommt Marta.
Ti va di venire con me?	Hast du Lust, mit mir mitzukommen?
Per studiare l'italiano.	Um Italienisch zu lernen.
Senti, ma com'è?	Hör mal, wie ist sie so?
Chi è la tua amica?	Wer ist deine Freundin?
Ma dai!	Ach komm!
Non ricordi la mia e-mail?	Erinnerst du dich nicht an meine E-Mail?
Tu non cambi mai, eh?	Du änderst dich nie, oder?
Ci vediamo alle 3 davanti alla stazione.	Wir sehen uns um drei Uhr vor dem Bahnhof.
Perché…?	Warum …?
oggi pomeriggio	heute Nachmittag
il telefono	Telefon
la stazione	Bahnhof
l'aeroporto	Flughafen
volentieri	gerne
domani	morgen
curioso	neugierig
frequentare	besuchen
iniziare	beginnen
il corso di italiano	Italienischkurs
l'appuntamento	Verabredung
la scuola	Schule
l'iscrizione	Einschreibung, Anmeldung
finire	beenden
studiare	lernen, studieren
la matematica	Mathematik
vedere	sehen
arrivare	ankommen
ricordare	sich erinnern
cambiare	(ver)ändern, *hier:* sich ändern
il medico	Arzt
il cuoco	Koch
la bibliotecaria	Bibliothekarin

D

Quanti anni ha/hai?	Wie alt sind Sie / bist du?
il più veloce	der Schnellste
la lavagna	Tafel

E

Dove vive?	Wo lebt sie/er?
(Conosce) altre lingue?	(Können Sie) weitere / noch andere Sprachen?
Quali?	Welche?
il ruolo	Rolle
l'appendice	Anhang
il modulo	Formular
compilare	ausfüllen
la segretaria	Sekretärin
la lingua madre	Muttersprache
l'indirizzo	Adresse
la e-mail	E-Mail
aspettare	warten
esattamente	genau
a Roma	in Rom
in Italia	in Italien
in Toscana	in der Toskana
conoscere	kennen (lernen), können

(io) conosco	(noi) conosciamo
(tu) conosci	(voi) conoscete
(lui/lei/Lei) conosce	(loro) conoscono

F

Ripetete!	Wiederholt! / Wiederholen
Sie!	
Parlo un po' lo spagnolo.	Ich spreche ein bisschen Spanisch.
Anche per me.	Auch für mich.
Usa queste penne.	Benutze diese Stifte.
Grazie mille!	Tausend Dank!

L'angolo…

Qual è?	Welcher ist es?
il giornale	Zeitung
l'intruso	Eindringling
il titolo	Überschrift, Titel
l'argomento	Thema
diverso dagli altri	anders als die anderen

Italia Oggi

l'abbreviazione	Abkürzung
lungo	lang
la sigla della provincia	Kürzel der Provinz
la città	Stadt
grande	groß
piccolo	klein
l'unità amministrativa	Verwaltungseinheit
la provincia	Provinz
la regione	Region
il capoluogo	Hauptstadt
la capitale	Hauptstadt
il CAP, Codice di Avviamento Postale	Postleitzahl
il sito	Seite (*Internet*)
il numero romano	römische Ziffer
secondo il sistema	nach dem System
gli antichi romani	Römer der Antike
fare somme/sottrazioni	addieren/subtrahieren
semplice	einfach

complesso	komplex
la data	Datum
facile	leicht
difficile	schwer, schwierig

Unità 3 – Per strada

A

Può/puoi ripetere?	Können Sie / Kannst du wiederholen?
Ora è tutto chiaro.	Jetzt ist alles klar.
Scusi, …	Entschuldigen Sie, …
Scusate, …	Entschuldigt / Entschuldigen Sie, …
Mi sa dire…	Können Sie mir sagen …
Dov'è?	Wo ist?
Non ho capito.	Ich habe (das) nicht verstanden.
Passa di qua l'autobus?	Fährt der Bus hier vorbei?
Devi andare…	Du musst … gehen
alla fermata di fronte	zur Haltestelle gegenüber
Ecco a lei.	Hier, für Sie.
Quant'è?	Wie viel kostet es / macht es?
90 centesimi.	90 Cent.
Grazie mille.	Tausend Dank.
Si figuri.	Keine Ursache.

là	dort
di fronte a…	gegenüber von …
davanti a…	vor …
in fondo a…	am Ende von … / hinten in …
vicino a…	in der Nähe von …
la strada	Straße
a destra…	rechts von
all'angolo con…	Ecke …
la farmacia	Apotheke
il semaforo	Ampel
l'ufficio informazioni turistiche	Touristeninformation
turistico	touristisch
andare	gehen, fahren

(io) vado	(noi) andiamo
(tu) vai	(voi) andate
(lui/lei/Lei) va	(loro) vanno

dire	sagen

(io) dico	(noi) diciamo
(tu) dici	(voi) dite
(lui/lei/Lei) dice	(loro) dicono

B

Come posso arrivare…?	Wie komme ich zu/in …?
Scusa,…	Entschuldige, …
Sai dirmi…?	Kannst du mir sagen …?
Grazie tante.	Vielen Dank.
Prego.	Bitte.
Figurati.	Keine Ursache.
Non c'è di che.	Keine Ursache.
Di niente.	Keine Ursache.

l'informazione (f.)	Information
la città	Stadt
la prima strada	die erste Straße
la seconda (strada)	die zweite (Straße)
a piedi	zu Fuß
lontano	weit
girare	abbiegen
a sinistra	nach links
a destra	nach rechts
sempre dritto	immer geradeaus
fino a…	bis zu …
dopo	nach
la piantina	Stadtplan
la piazza	Platz
l'incrocio	Kreuzung
l'ufficio postale	Postamt
il teatro comunale	Städtisches Theater
il ristorante	Restaurant
potere	können

(io) posso	(noi) possiamo
(tu) puoi	(voi) potete
(lui/lei/Lei) può	(loro) possono

dovere	müssen, sollen

(io) devo	(noi) dobbiamo
(tu) devi	(voi) dovete
(lui/lei/Lei) deve	(loro) devono

C

Che cosa c'è in città?	Was gibt es in einer Stadt?
C'è un distributore.	Es gibt eine Tankstelle.
Che altro c'è…?	Was gibt es noch …?
Ci sono due bar.	Es gibt dort zwei Bars.
Molto gentile.	Sehr freundlich.
Seguite le istruzioni.	Folgt / Folgen Sie den Anweisungen / der Wegbeschreibung.
Ognuno guarda… nel suo libro.	Jeder schaut … in sein Buch.

accanto a…	neben …
dietro a…	hinter …
il distributore di benzina	Tankstelle
senza piombo	bleifrei
il meccanico	(Auto)Mechaniker
la gioielleria	Juwelierladen
la chiesa	Kirche
importante	wichtig
posizionare	positionieren
il vigile (urbano)	(Stadt)Polizist, Verkehrspolizist

D

Sapete che cosa vendono?	Wisst ihr / Wissen Sie, was sie verkaufen?
Desidera?	Sie wünschen?

Quanto costa?	Wie viel kostet es?
Quant'è?	Wie viel kostet es?
Quanto viene?	Wie viel macht es?
Sono 62 esatti.	Das macht genau 62 (Cent).
Va bene questo?	Ist dieses in Ordnung?
Ecco a Lei.	Hier, für Sie.
Posso pagare con...?	Kann ich mit … bezahlen?
Non c'è problema.	Kein Problem.
Quella scatola in vetrina.	Diese Schachtel dort im Schaufenster.
Lo sconto del 20%	20 % Ermäßigung/Rabatt
Sono 30 Euro.	Das macht 30 Euro.
Costa 25 Euro.	Er/Sie/Es kostet 25 Euro.
È un po' troppo cara.	Sie ist ein bisschen zu teuer.
Se prende questa...	Wenn Sie diese hier nehmen –
c'è lo sconto.	diese hier ist heruntergesetzt. (wörtl.: gibt es einen Preisnachlass.)

l'edicola	Kiosk
la tabaccheria	Tabakwarenhandlung
la pasticceria	Konditorei
la libreria	Buchhandlung
il biglietto dell'autobus	Busfahrkarte
l'accendino	Feuerzeug
il pacchetto di sale	Päckchen Salz
la cartolina	Postkarte
il francobollo	Briefmarke
la gonna	Rock
la borsa	Tasche
la giacca	Jacke
la collana	(Hals)Kette
l'anello	Ring
la lettera	Brief
la posta ordinaria	gewöhnliche/normale Post
la posta prioritaria	Expresspost
l'Europa	Europa
il vocabolario	Wörterbuch
la vetrina	Schaufenster
caro	teuer
troppo	zu (sehr)
esatto	genau
questo	dieser (hier)
quello	dieser (dort), jener
la scatola di cioccolatini	Pralinenschachtel
perfetto	perfekt
il bancomat	EC-Karte
la carta di credito	Kreditkarte
il regalo	Geschenk
il cliente	Kunde
il prezzo	Preis
il profumo	Parfüm
vendere	verkaufen
comprare	kaufen

E

Suono io!	Ich klingle!
Che ore sono?	Wie spät ist es?
Che ora è?	Wie spät ist es?
Posso passare?	Kann ich vorbei? / Lassen Sie mich vorbei?
Devo scendere.	Ich muss aussteigen.
La multa è di 30 euro.	Das Bußgeld beträgt 30 Euro. / Sie müssen 30 Euro Bußgeld bezahlen.

in autobus	im/mit dem Bus
l'orario	Fahrplan
la fermata	Haltestelle
il posto	(Sitz)Platz, Ort
il campanello	Klingel
il conducente	Fahrer
il controllore	Kontrolleur
la multa	Strafe
È mezzogiorno.	Es ist 12 Uhr mittags.
È mezzanotte.	Es ist Mitternacht.
È l'una.	Es ist ein Uhr.
Sono le due.	Es ist zwei Uhr.
Sone le tre e un quarto	Es ist Viertel nach drei.
Sono le quattro e mezza	Es ist halb fünf.
Sono le sei meno venti.	Es ist zwanzig vor sechs.

F

Dove abita Tobias?	Wo wohnt Tobias?
Non lo so bene.	Ich weiß es nicht genau.
In ritardo	zu spät
Solo 5 minuti	nur fünf Minuten
Non viene molta gente.	Es kommen nicht viele Leute.
Mi sembra una buona idea.	Das scheint mir eine gute Idee zu sein.
Vieni anche tu con noi?	Kommst / Fährst auch du mit uns mit?
Vado con loro.	Ich gehe / fahre mit ihnen mit.
Penso di sì.	Ich denke ja.
A più tardi.	Bis später.
andare a mani vuote	mit leeren Händen hingehen
Che ne dici di...?	Was sagst du dazu, zu …?

prima..., poi...	zuerst …, dann …
il vino	Wein
la festa	Fest
il traffico	Verkehr
la gente	Leute
comunque	jedenfalls
l'enoteca	Weinhandlung
il fumetto	Sprechblase; Comic
abitare	wohnen
venire	kommen

(io) vengo	(noi) veniamo
(tu) vieni	(voi) venite
(lui/lei/Lei) viene	(loro) vengono

sapere	wissen, können
(io) so	(noi) sappiamo
(tu) sai	(voi) sapete
(lui/lei/Lei) sa	(loro) sanno
stasera	heute Abend
simpatico	sympathisch
forse	vielleicht

G

Quale prendo?	Welchen nehme ich?
la casa	Haus
la minigonna	Minirock
rosso	rot

L'angolo...

Da dove parte?	Wo fährt er/sie ab?
il viaggio	Reise
il treno	Zug

Italia Oggi

Come andate al lavoro?	Wie geht ihr / gehen Sie zur Arbeit?
Il traffico è un disastro.	Der Verkehr ist eine Katastrophe.
Collega città anche lontane.	Er verbindet auch weit voneinander entfernte Städte miteinander.
Convalidare il biglietto.	Die Fahrkarte abstempeln.
Vietato fumare.	Rauchen verboten.
Fa poche/molte fermate.	Er hält an wenigen/vielen Bahnhöfen.
in auto (l'automobile, f.)	mit dem Auto
in bici (la bicicletta)	mit dem Fahrrad
in tram (il tram)	mit der Straßenbahn
in autobus (l'autobus, m.)	mit dem Bus
in metro (la metropolitana)	mit der U-Bahn
il centro (storico)	Stadtmitte (Altstadt)
portare a scuola	zur Schule bringen
il tempo	Zeit
organizzare	organisieren
flessibile	flexibel
il mezzo di trasporto pubblico	öffentliches Verkehrsmittel
il meno veloce	der langsamste
il più economico	der billigste
il supplemento	Zuschlag
obbligatorio	obligatorisch
viaggiare	reisen
diversi tipi	unterschiedliche Arten
l'Eurostar	Eurostar
l'Intercity	Intercity
l'Interregionale	Interregio
il Regionale	Regionalbahn
la prenotazione	Reservierung
comodo	bequem
veloce	schnell
lento	langsam
più	mehr
meno	weniger
la macchinetta gialla	gelber Fahrkartenentwerter
l'orario dei treni	Zugfahrplan

Unità 4 – Al ristorante

A

Mi piace di più l'osteria.	Ich mag die Osteria lieber.
Potete accomodarvi qui.	Ihr könnt euch / Sie können sich hier hinsetzen.
Andiamo là in fondo.	Wir gehen dort hinten hin.
Lei che cosa mi consiglia?	Was empfehlen Sie mir?
Per primo…	Als ersten Gang …
E per secondo?	Und als zweiten Gang?
Da bere?	Zu trinken?
Vorrei prenotare…	Ich möchte … reservieren.
un tavolo per quattro	einen Tisch für vier Leute
Per quando…?	Für wann?
È possibile?	Ist es möglich?
C'è ancora posto.	Es ist noch Platz.
Ci mettiamo qui?	Setzen wir uns hier hin?
Questa è la zona fumatori.	Das ist der Raucherbereich.
È meglio là.	Dort ist es besser.
Posso ordinare subito?	Kann ich sofort bestellen?
Sono allergica a...	Ich allergisch gegen …
discutere sul tavolo da scegliere	über die Wahl des Tisches diskutieren

bere	trinken
(io) bevo	(noi) beviamo
(tu) bevi	(voi) bevete
(lui/lei/Lei) beve	(loro) bevono
la pizzeria	Pizzeria
la trattoria	Trattoria, Gastwirtschaft
l'osteria	Osteria, Gastwirtschaft
il cliente	Kunde
la cameriera	Kellnerin
il cameriere	Kellner
il menù	Speisekarte
il tavolo	Tisch
libero	frei
il piatto	Gericht
il consiglio	Rat(schlag), Tipp
prenotare	reservieren
scegliere	auswählen
le tagliatelle	Tagliatelle (Bandnudeln)
le zucchine	Zucchini
la panna	Sahne
i garganelli	Garganelli (kurze Nudeln)
il ragù	Hackfleischsoße
il pomodoro	Tomate
la pasta fatta in casa	hausgemachte Nudeln

la scaloppina al limone	Schnitzel mit Zitronensoße
l'acqua gassata	Mineralwasser (mit Kohlensäure versetzt)

B

Com'è?	Wie ist es (zubereitet)?
Come sono?	Wie sind sie (zubereitet)?
Avete già scelto?	Habt ihr / Haben Sie schon gewählt?
Desiderate ancora qualcosa?	Habt ihr / Haben Sie noch einen Wunsch?
La/le/li/lo fate voi?	Macht ihr / Machen Sie sie/ihn/es (selbst)?

ordinare	bestellen
portare	bringen
i piatti tipici italiani	typisch italienische Gerichte
il menù del giorno	Tagesmenü
l'antipasto	Vorspeise
antipasto misto di affettati	gemischter Aufschnitt als Vorspeise
antipasto misto di mare	gemischte Meeresfrüchte- / Fischvorspeise
prosciutto e melone	Schinken und Melone
la caprese	Tomaten-Mozzarella-Salat
i primi (piatti)	erste Gänge
le penne all'arrabbiata	Penne (kurze schräg abgeschnittene Nudeln) mit scharfer Tomatensoße
le tagliatelle al radicchio	Tagliatelle (Bandnudeln) mit Radicchio
gli spaghetti al pomodoro	Spaghetti mit Tomatensoße
il risotto alla pescatora	Fischrisotto (*wörtl.*: nach Art der Fischerin)
i tortellini	Tortellini
le lasagne	Lasagne
il secondi (piatti)	zweite Gänge
il pesce alla griglia	gegrillter Fisch
il pollo alla diavola	Huhn nach Teufelsart (sehr scharf)
la cotoletta alla milanese	Mailänder Schnitzel (paniert)
le scaloppine al vino bianco	Schnitzel in Weißweinsoße
il prosciutto	Schinken
i funghi	Pilze
i contorni	Beilagen
l'insalata mista	gemischter Salat
la verdura di stagione	Gemüse der Saison
il dessert	Dessert
il dolce	Nachspeise
la crostata di frutta	Obstkuchen (mit Mürbeteig)
la zuppa inglese	Zuppa inglese (Nachspeise)
il tiramisù	Tiramisù
la macedonia	Obstsalat
la frutta	Obst
produzione propria	eigene Herstellung
speciale	besonders, speziell
eccellente	hervorragend
buonissimo	sehr gut

C

A cena…	Zum Abendessen …
preferisco restare leggero.	esse ich lieber wenig.
Scappo fuori.	Ich eile aus dem Haus.
A che ora … ?	Um wie viel Uhr ...?
A mezzogiorno.	Um 12 Uhr mittags.
Alle sette.	Um sieben Uhr.

il punto interrogativo	Fragezeichen
la colazione	Frühstück
il pranzo	Mittagessen
la cena	Abendessen
la mattina	Morgen, morgens
le abitudini alimentari	Ernährungsgewohnheiten
la mensa	Mensa
cenare	abendessen
cucinare	kochen
mangiare	essen
preferire	vorziehen, lieber wollen/mögen

D

Mi piace il risotto.	Ich mag Risotto.
Mi piacciono i tortellini.	Ich mag Tortellini.

i gusti alimentari	Essens-, Geschmacksvorlieben
senza problemi	ohne Probleme

E

Il tavolo è pronto!	Der Tisch ist gedeckt!
Un'altra forchetta.	Noch eine Gabel.
In cucina cè un po' di confusione.	In der Küche ist ein bisschen Chaos.
Ma Giorgio, basta!	Aber Giorgio, das reicht!
Sei proprio snob!	Du bist wirklich ein Snob!
C'è un errore!	Da liegt ein Fehler vor!
Accidenti!	Verflixt!
per niente	überhaupt nicht
Non è colpa mia.	Es ist nicht meine Schuld.

immediatamente	sofort
cotto	gekocht
bruciato	verbrannt
accogliente	gemütlich, freundlich
professionale	professionell
il locale	Lokal
il piatto	Teller
il bicchiere	Glas
la bottiglia	Flasche
la forchetta	Gabel
il cucchiaio	Esslöffel
il coltello	Messer
la tovaglia	Tischdecke
il tovagliolo	Serviette
il vaso	Vase

la rosa	Rose
la bruschetta	Bruschetta (Weißbrot mit Tomatenwürfeln)
protestare	protestieren
sporco	schmutzig
l'insalata di mare	Meeresfrüchtesalat
il conto	Rechnung
lo scontrino	Kassenzettel
la cassa	Kasse

F

Da dove viene?	Woher kommt er/sie/es?
Dove va?	Wo geht er/sie/es hin?
Lo sapete?	Wisst ihr / Wissen Sie es?
l'alternativa	Alternative
la nutella	Nutella
il Giappone	Japan
gli Stati Uniti	Vereinigte Staaten
la Cina	China
l'architetto	Architekt
funzionare	funktionieren
pagare	bezahlen

G

Come dice?	Was sagen Sie?
la grappa	Grappa, Schnaps
il resto	Rest
la mancia	Trinkgeld

L'angolo...

i piatti ordinati	bestellte Gerichte
più soluzioni	mehrere Lösungen
possibile	möglich

Italia Oggi

il panino	Brötchen
il toast	Toast
il modo	Art
il ritmo	Rhythmus
ricco	reich
l'unica cosa	die einzige Sache, das Einzige
la paninoteca	Paninoteca (Sandwich-/Snackbar)
la tavola calda	Bar mit warmen Gerichten
la mensa aziendale	Betriebskantine
il self-service	Selbstbedienung
permettere	erlauben, gestatten
il pasto	Gericht
la pausa pranzo	Mittagspause
la tradizione	Tradition
offrire	anbieten
genuino	ursprünglich, unverfälscht
spendere	ausgeben
costoso	teuer
caro	teuer
una vasta scelta	breite Auswahl
la qualità	Qualität
alto	hoch, tief
l'ambiente elegante	elegante Atmosphäre/Ambiente
la cucina casalinga	Hausmacherkost
la cucina ricercata	raffinierte Küche
il luogo di relax	Ort der Entspannung
le migliori specialità	beste Spezialitäten
gastronomico	gastronomisch
il servizio al tavolo	Bedienung am Tisch
il proprietario	Eigentümer

Unità 5 – A casa

A

Ti disturbo?	Störe ich dich?
Dimmi.	Also, was gibt's? (wörtl.: Sag mir.)
È il mio compleanno.	Es ist mein Geburtstag.
Auguri!	Herzlichen Glückwunsch! / Alles Gute!
Bisogna festeggiare.	Das muss man feiern.
Allora sabato da te?	Also am Samstag bei dir?
A che ora?	Um wie viel Uhr?
A partire dalle 7.	Ab sieben Uhr.
Sei libera?	Hast du Zeit?
Hai qualcosa per scrivere?	Hast du etwas zu schreiben?
Ti do l'indirizzo.	Ich gebe dir die Adresse.
Grazie dell'invito.	Danke für die Einladung.
Quando...?	Wann ...?
È in maggio, il 25 maggio.	Er ist im Mai, am 25. Mai.
il bagno	Bad
la cucina	Küche
il soggiorno	Wohnzimmer
il salotto	Wohnzimmer
la camera (da letto)	Schlafzimmer
la stanza	Zimmer
la foto(grafia)	Foto
utile	nützlich
bello	schön
brutto	hässlich
tranquillo	ruhig
rumoroso	laut
allegro	fröhlich
triste	traurig
scomodo	unbequem
comodo	bequem
grande	groß
piccolo	klein
luminoso	hell
buio	dunkel
organizzare	organisieren
sabato	(am) Samstag
più tardi	später
l'appartamento	Wohnung

l'indirizzo	Adresse
purtroppo	leider
invitare	einladen
preparare	vor-, zubereiten
la telefonata	Anruf
il primo contatto	erster Kontakt
formulare un invito	eine Einladung formulieren
reagire a un invito	auf eine Einladung reagieren
precisare	präzisieren, genauer sagen
fermare l'audio	auf Pause/Stopp drücken
gennaio	Januar
febbraio	Februar
marzo	März
aprile	April
maggio	Mai
giugno	Juni
luglio	Juli
agosto	August
settembre	September
ottobre	Oktober
novembre	November
dicembre	Dezember

B

Che sorpresa!	Was für eine Überraschung!
Mi accompagni?	Begleitest du mich? / Kommst du mit mir mit?
Nel pomeriggio	am Nachmittag
Va bene per te?	Passt dir das?
Ti porto io.	Ich bringe dich hin.
D'accordo.	Einverstanden.
Ho bisogno di un favore.	Kannst du mir einen Gefallen tun? (wörtl.: Ich benötige einen Gefallen)

uscire	ausgehen
(io) esco	(noi) usciamo
(tu) esci	(voi) uscite
(lui/lei/Lei) esce	(loro) escono

fare la spesa	einkaufen
fare una passeggiata	spazierengehen
fare i compiti	Hausaufgaben machen
restare	bleiben
tornare	zurückkommen
nuotare	schwimmen
avere in programma	vorhaben, geplant haben
l'agenzia immobiliare	Immobilienagentur, -makler
ripassare	wiederholen
la piscina	Schwimmbad
la discoteca	Discothek
la settimana	Woche
la moto	Motorrad
la macchina	Auto
l'agenda	Kalender
lunedì (m.)	Montag
martedì (m.)	Dienstag
mercoledì (m.)	Mittwoch
giovedì (m.)	Donnerstag
venerdì (m.)	Freitag
sabato (m.)	Samstag
domenica (f.)	Sonntag
l'allenamento	Training
il dentista	Zahnarzt
l'esame (f.)	Prüfung, Examen
statistica	Statistik
la biblioteca	Bibliothek
ballare	tanzen
la partita della Juve	Fußballspiel von Juve (Juventus Turin, Fußballverein)
accompagnare	begleiten, (mit dem Auto) mitnehmen
insieme	zusammen
fissare un appuntamento	sich verabreden

C

Corro in bagno.	Ich renne ins Bad.
Vado sotto la doccia.	Ich gehe unter die Dusche.
lavare	waschen
vestire	anziehen
svegliare	wecken
pettinare	kämmen
lavarsi	sich waschen
vestirsi	sich anziehen
svegliarsi	aufwachen
alzarsi	aufstehen
pettinarsi	sich kämmen
truccarsi	sich schminken
tardi	spät
presto	früh
tardissimo	sehr spät
l'armadio	Schrank
in fretta	eilig
la cameretta	Zimmerchen

D

Questi sono i miei nonni.	Das sind meine Großeltern.
l'album	(Foto)Album
i genitori	Eltern
lo zio / gli zii	Onkel / Onkel und Tante
il cognato	Schwager
l'albero genealogico	Stammbaum
il familiare	Familienangehöriger

E

Dove abita?	Wo wohnt er/sie?
Con chi abita?	Mit wem wohnt er/sie zusammen?
Com'è la casa?	Wie ist das Haus / die Wohnung?
Quant'è l'affitto?	Wie hoch ist die Miete?

Telefono per l'annuncio.	Ich rufe wegen der Anzeige an.
Vorrei avere…	Ich möchte … haben.
delle informazioni.	Informationen
A che piano si trova?	In welchem Stockwerk befindet sie sich?
Al quarto piano.	Im vierten Stock.
È in buono stato?	Ist sie in gutem Zustand?
Che tipo di casa?	Welche Art von Haus?
In quale zona?	In welcher Gegend / welchem Stadtviertel?
fuori città	außerhalb der Stadt
in campagna	auf dem Land
la sala da pranzo	Esszimmer
il giardino	Garten
il pianterreno	Erdgeschoss
il primo piano	erster Stock
l'ingresso	Eingang
da solo	alleine
il monolocale	1-Zimmer-Wohnung
il palazzo	Palazzo, herrschaftl. Wohnhaus
antico	alt, antik
ristrutturato	restauriert
in affitto	zur Miete
il condominio	Mehrfamilienhaus
il balcone	Balkon
la periferia	Peripherie
l'ascensore	Aufzug
l'annuncio	Anzeige
le spese	Ausgaben, Nebenkosten
il mese	Monat
la zona universitaria	Universitätsviertel
la zona giorno/notte	Wohn-/Schlafbereich
il giorno	Tag
la notte	Nacht
il cucinotto	Kochnische
la porta	Tür
il divano	Sofa
la scrivania	Schreibtisch
la sedia	Stuhl
il letto	Bett
la libreria	Bücherregal
straniero	ausländisch

F

Spegni la luce.	Mach das Licht aus.
il legno	Holz
il foglio	Blatt Papier
l'aglio	Knoblauch
la sveglia	Wecker

L'angolo…

Quale vi interessa di più?	Welche interessiert euch/Sie am meisten?
Quale non vi piace per niente?	Welche gefällt euch/Ihnen überhaupt nicht?
immobiliare	Immobilien…
interessare	interessieren

Italia Oggi

il giovane	junger Mensch
la ragione	Grund
il fenomeno	Phänomen
affettivo	emotional
pratico	praktisch
economico	wirtschaftlich, finanziell
l'economia	Wirtschaft
l'eccezione (f.)	Ausnahme
sposarsi	heiraten
continuare a fare	weiterhin tun
possessivo	besitzergreifend
insostituibile	unersetzbar
l'uomo	Mann, Mensch
la donna	Frau
staccarsi da…	sich lösen von …
la realtà	Realität
lavare i vestiti	Wäsche waschen
pulire	putzen
lo stipendio	Lohn, Gehalt
alto	hoch
il matrimonio	Heirat
metter su casa	einen Hausstand gründen

Unità 6 – All'agenzia viaggi

A

Formate le coppie.	Bildet / Bilden Sie Paare.
stanco	müde
stressato	gestresst
la vacanza	Urlaub
ideale	ideal
il mare	Meer
la montagna	Berg
il lago	See
la meta	Ziel
la stagione	Jahreszeit
l'anno	Jahr
la primavera	Frühling
l'estate (f.)	Sommer
l'autunno	Herbst
l'inverno	Winter
l'emisfero nord (boreale)	Nordhalbkugel
l'emisfero sud (australe)	Südhalbkugel
la frequenza	Häufigkeit
andare a cavallo	reiten
andare a vela	segeln
fare alpinismo	Alpinwanderungen machen
sciare	skifahren
prendere il sole	sich sonnen

fare rafting	raften
leggere un libro	ein Buch lesen
ascoltare musica	Musik hören
visitare mostre d'arte	Kunstausstellungen besichtigen
sempre	immer
tutti i giorni	jeden Tag
qualche volta	manchmal
raramente	selten
non… mai	nie
avere in comune	gemeinsam haben
la pubblicità	Werbung
la presentazione	Präsentation, Darstellung
il tipo	Typ, Art
l'offerta	Angebot
interessare	interessieren
il riquadro	Feld, Viereck
vuoto	leer
la fase	Phase, Abschnitt
una volta	einmal
fino in fondo	bis zum Schluss
il gruppo di parole	Wortgruppen
il dizionario	Wörterbuch
attivo	aktiv
l'avventura	Abenteuer
l'itinerario	Rundweg, -fahrt
l'appassionato	Liebhaber
lo sport estremo	Extremsport
lo zaino	Rucksack
la tenda	Zelt
la guida esperta	erfahrener Führer
il riposo	Erholung, Ruhe
il centro benessere	Wellnesscenter
l'hotel	Hotel
l'albergo	Hotel
la pensione	Pension
4 stelle	vier Sterne
la stella	Stern
la località	Ort(schaft)
il programma	Programm
individuale	individuell
la sauna	Sauna
il campo da tennis	Tennisplatz
la TV satellitare	Satellitenfernsehen
l'aria condizionata	Klimaanlage
la pensione completa	Vollpension
alta/bassa stagione	Hoch-/Nebensaison
metà prezzo	halber Preis
il bambino	Kind
la promozione	Angebot
ottimo	bester
la selezione	Auswahl
il campeggio	Campingplatz
la settimana bianca	Woche im Schnee (wörtl.: weiße Woche)
lo skipass	Skipass

volere	wollen
(io) voglio	(noi) vogliamo
(tu) vuoi	(voi) volete
(lui/lei/Lei) vuole	(loro) vogliono

B

Un attimo solo…	nur einen Moment …
Oddio…	Oh Gott …
Lei ha qualche consiglio?	Haben Sie ein paar Tipps/Empfehlungen?
Cinque notti al posto di sette	fünf Nächte anstelle von sieben
Non è male!	Das ist nicht schlecht!
Ci sono ancora posti?	Ist noch was frei?
È fortunato.	Sie haben Glück.
Vuole prenotare?	Wollen Sie reservieren?
l'anniversario di matrimonio	Hochzeitstag
la data	Datum
il periodo	Zeitraum
il depliant	Flyer, Prospekt
l'elenco	Liste
davvero	wirklich
il pernottamento	Übernachtung
compreso	inklusive
al posto di…	anstelle von …
invece di…	anstatt …
il contesto	Zusammenhang
uguale	gleich
diverso	unterschiedlich
il significato	Bedeutung

C

Mi sembra un sogno!	Das ist ja traumhaft!
Io ci vorrei andare in treno.	Ich möchte mit dem Zug dorthin fahren.
5 giorni sono pochi.	Fünf Tage sind nicht viel.
la particella *ci*	die Partikel *ci* (dorthin)
andarci	dorthin fahren
contento	zufrieden, glücklich
poco	wenig
non proprio	eigentlich nicht
sentirsi	sich fühlen

D

Fare quattro chiacchiere	quatschen, schwatzen, plaudern
Sai niente di Tobias?	Weißt du etwas von Tobias?
Che brutta faccia che hai!	Wie siehst du denn aus!
Non ho potuto dormire.	Ich konnte nicht schlafen.
dare, dato	geben
la notizia	Nachricht, Neuigkeit
le nozze d'argento	Silberhochzeit
incontrare	treffen
fatto (fare)	gemacht, getan
il giro	Tour

dormire	schlafen
cantare	singen
visto (vedere)	gesehen
contento	zufrieden, glücklich
ieri	gestern
ieri sera	gestern Abend
due giorni fa	vor zwei Tagen
fra due giorni	in zwei Tagen
prossimo	nächster
scorso	letzter, vergangener
tutta la notte	die ganze Nacht
partire, sono partiti	abfahren, sie sind abgefahren
sono arrivati (arrivare)	sie sind angekommen
sono andati (andare)	sie sind gegangen/gefahren
sono tornati (tornare)	sie sind zurückgekommen
ultimo	letzter

E

L'infinito che corrisponde a …	Infinitiv, der zu … gehört
perdere, perso	verlieren
il portafoglio	Geldbeutel
rubare	stehlen
succedere, è successo	geschehen
scritto (scrivere)	geschrieben
il racconto	Erzählung
la più bella	die schönste
la vacanza più bella	der schönste Urlaub
mettere insieme	zusammenlegen
la regola	Regel
scelto (scegliere)	(aus)gewählt
il più bello	der schönste
il racconto più bello	die schönste Erzählung

F

Mettete l'accento.	Setzt/Setzen Sie den Akzent.
C'è molto verde.	Es gibt viel Grün hier.
È qui a due passi.	Es ist nur wenige Schritte von hier entfernt.

L'angolo…

finalmente	endlich
l'abbraccio	Umarmung
la neve	Schnee

Italia Oggi

Si affacciano sul mar Ligure.	Sie sind/liegen am Ligurischen Meer.
l'area geografica	geographische Zone/Gegend
la costa	Küste
apprezzato	geschätzt, beliebt
il paese	Dorf, Ortschaft
splendido	herrlich
la vista sul mare	Blick aufs Meer
la bellezza	Schönheit
il turismo	Tourismus
nazionale	national
internazionale	international
ospitare	beherbergen, *hier*: ausrichten
le Olimpiadi	Olympische Spiele
la concorrenza	Konkurrenz
l'alta quota	Höhe
affascinante	faszinierend
la polenta	Polenta (Maisgrießbrei)
il formaggio	Käse
il castello	Burg
medievale	mittelalterlich
perfettamente	perfekt
conservato	bewahrt
il paesaggio	Landschaft
la collina	Hügel
vario	verschiedenartig
certamente	gewiss
il vulcano	Vulkan
l'archeologia	Archäologie
barocco	Barock…
ricco di…	reich an …
naturale	natürlich
la storia	Geschichte

Unità 7 – In albergo

A

Ho prenotato a nome Rossi.	Ich habe auf den Namen Rossi reserviert.
Un attimo che controllo…	Einen Moment, ich sehe nach / überprüfe es …
A che piano?	In welchem Stock?
Al secondo piano.	Im zweiten Stock.
Vince chi fa meno errori.	Wer am wenigsten Fehler macht, gewinnt.
sopra	oberhalb
sotto	unterhalb
il piano	Stockwerk, Etage
la legenda	Legende
il piano bar	Pianobar
la suite	Suite
la sala riunioni	Konferenzraum
la riunione	Versammlung, Meeting
il congresso	Kongress

B

Avete camere libere?	Haben Sie freie Zimmer?
Può andar bene lo stesso?	Ist das trotzdem in Ordnung?
Mi può dire con chi ho parlato?	Können Sie mir sagen, mit wem ich gesprochen habe?
Mando il fax alla Sua attenzione.	Ich schicke das Fax zu Ihren Händen.

la camera singola	Einzelzimmer
la camera matrimoniale	Doppelzimmer (mit Ehebett)
la camera doppia	Doppelzimmer (mit zwei Einzelbetten)
non fumatori	Nichtraucher
per disabili	für Behinderte
la doccia	Dusche
la vasca da bagno	Badewanne
il frigobar	Minibar
l'asciugacapelli	Föhn
la TV satellitare	Satellitenfernsehen
la conferma	Bestätigung
confermare	bestätigen
la prenotazione	Reservierung
i soldi	Geld
il fax	Fax
alla (cortese) attenzione di...	zu Händen von ...
la disponibilità	Verfügbarkeit, *hier:* verfügbare/freie Zimmer
in generale	im Allgemeinen

C

Per chi li hanno comprati?	Für wen haben sie sie gekauft?
A chi l'avete regalato?	Wem habt ihr es/ihn geschenkt?
In quale occasione?	Zu welchem Anlass?, Bei welcher Gelegenheit?
il limoncello	Zitronenlikör
il braccialetto	Armband, -reif
napoletano	neapolitanisch
la statuette di ceramica	kleine Tonstatue
la cintura di pelle	Ledergürtel
il foulard di seta	Seidentuch
le carte da gioco	Spielkarten
il guanto	Handschuh
i guanti da giardinaggio	Gartenhandschuhe
la caffettiera	Espressokännchen
l'occasione (f.)	Gelegenheit, Anlass
la festività	Festivität
il concerto	Konzert
l'abbonamento per il teatro	Theaterabonnement
il Natale	Weihnachten
la Pasqua	Ostern
il Capodanno	Neujahr
San Valentino	Valentinstag

D

Che piacere vederti!	Wie schön, dich zu sehen!
Noi non abbiamo fatto ancora le vacanze.	Wie haben noch keinen Urlaub gemacht.
Il problema è che...	Das Problem ist, dass ...
Beato/-a te!	Du Glücklicher/Glückliche!
A proposito...	A propos ...
Insomma.	Na ja.
Non vede l'ora di...	Er kann es kaum erwarten, ... zu ...
abbronzato	braun
preso (prendere)	genommen
approfittare di...	nutzen, Gebrauch machen von ...
scusarsi	sich entschuldigen
in ferie (le ferie)	in Ferien (Ferien)
riposarsi	sich erholen
faticoso	anstrengend
il vagone letto	Schlafwagen
la valigia	Koffer
addormentarsi	einschlafen
l'emozione (f.)	Emotion, Aufregung
incontrarsi	sich treffen
la calma	Ruhe
il giorno prima	tags zuvor
farsi la barba	sich rasieren

E

Che tempo fa?	Wie ist das Wetter?
Com'è il tempo...nel vostro paese?	Wie ist das Wetter ... in eurem/Ihrem Land?
Aumenta la nuvolosità.	zunehmende Bewölkung
temperatura in diminuzione	fallende Temperatur
Piove.	Es regnet.
Nevica.	Es schneit.
Fa freddo/caldo.	Es ist kalt/warm.
C'è vento/nebbia.	Es ist windig/neblig.
Un bacione.	Ein dicker Kuss.
le previsioni del tempo	Wettervorhersage
il giorno dopo	am Tag danach
il tempo (atmosferico)	Wetter
la temperatura	Temperatur
prevedere (previsto)	vorhersagen
la penisola	Halbinsel
il nord	Norden
il sud	Süden
il centro	*hier*: Mittelitalien
attorno	um
sereno	heiter
variabile (il tempo)	wechselhaft (*beim Wetter)*
nuvoloso	bewölkt
mite	sanft
secco	trocken
umido	feucht
la visita	Besuch
il centro storico	Altstadt
il museo archeologico	Archäologisches Museum
assolutamente	absolut, unbedingt
le terme	Thermen
i colori	Farben
variabile	veränderlich
invariabile	unveränderlich

vestirsi	sich anziehen
mettersi	sich anziehen
i vestiti	Kleider, Kleidung
rosso	rot
giallo	gelb
nero	schwarz
grigio	grau
bianco	weiß
azzurro	hellblau
verde	grün
arancione	orange
marrone	braun
rosa	rosa
blu	dunkelblau
beige	beige
viola	violett
chiaro	hell…
scuro	dunkel…
la stoffa	Stoff
a pois	getüpfelt
a righe	gestreift
a quadretti	kariert
in tinta unita	einfarbig
di cotone (il cotone)	aus Baumwolle
di lana (la lana)	aus Wolle
di seta (la seta)	aus Seide
la camicetta	Bluse
il tailleur	Kostüm
la maglietta	T-Shirt
i pantaloni	Hose
il maglione	Pullover
le scarpe	Schuhe
col tacco (il tacco)	mit Absatz
l'abito da sera	Abendkleid
la camicia	Hemd
il giubbotto	Jacke
l'abito (da uomo)	Anzug
il pullover	Pullover
l'impermeabile	Regenmantel
la cravatta	Krawatte
i mocassini	Mokassins
l'ombrello	Regenschirm
decidere (deciso)	entscheiden
sportivo	sportlich

F

divertirsi	sich vergnügen/amüsieren
lo scioglilingua	Zungenbrecher
i trentini	Trientiner, Einwohner von Trient
entrare	hereinkommen
trotterellare	trippeln, traben

L'angolo…

adatto	geeignet
il viaggio d'affari	Geschäftsreise
il giovane	junger Mensch
innamorato	verliebt

Italia Oggi

alternativo	alternativ
la partenza	Abreise
intelligente	intelligent
l'agriturismo	Ferien auf dem Bauernhof
l'animale	Tier
il 30% (percento)	30 Prozent
la veterinaria	Tierheilkunde
l'erboristeria	Kräuterheilkunde
insomma	also
rilassarsi	sich entspannen
artistico	Kunst…
il successo	Erfolg
aumentare	vergrößern, steigern
accorgersi	bemerken
divertente	unterhaltsam, lustig
aperto	geöffnet
chiuso	geschlossen
il giorno festivo	Feiertag
Ferragosto (il)	15. August (Mariä Himmelfahrt)
la Repubblica	Republik
la liberazione	Befreiung
il ponte	Brücke, *hier:* Brückentag
soprattutto	vor allem
critico	kritisch

Unità 8 – In visita dai nonni

A

Quante volte vedevate…?	Wie oft habt ihr … gesehen?
da bambini…	als Kinder …
una volta alla settimana	einmal pro Woche
ogni due mesi	alle zwei Monate
il ricordo	Erinnerung
l'infanzia	Kindheit
spesso	oft

B

Va a Rimini questo treno?	Fährt dieser Zug nach Rimini?
Il regionale per Rimini parte dal binario 4.	Der Regionalzug nach Rimini fährt auf Gleis 4 ab.
È in arrivo al binario 4.	Er fährt auf Gleis 4 ein.
Viaggia con circa 10 minuti di ritardo.	Er hat circa zehn Minuten Verspätung.
la situazione	Situation
andata e ritorno	Hin- und Rückfahrt, hin und zurück
il binario	Gleis
proveniente da…	aus … (kommend)
il ritardo	Verspätung
il finestrino	Fenster

C

Vi auguriamo buon viaggio.	Wir wünschen Ihnen eine gute Reise.
Da quanto tempo?	Seit wann?, Wie lange?
Da quando…?	Seit wann …?
da bambino…	als Kind …
Io ero molto piccolo.	Ich war sehr klein.
Facevamo tanti bagni.	Wir haben sehr oft gebadet.
Quanti anni avevi?	Wie alt warst du?
Da più di vent'anni.	Seit mehr als zwanzig Jahren.
Ogni volta che…	Jedesmal, wenn …
Strano, eh?	Komisch, nicht wahr?
Boh! Non so…	Keine Ahnung! Ich weiß (es) nicht …
Ehi, guarda la bionda.	Hej, schau mal die Blonde.
la locomotiva	Lokomotive
la prima/seconda classe	erste/zweite Klasse
la carrozza	Waggon
il servizio ristorante	Speisewagen
in testa/in coda	an der Zugspitze / am Zugende
credere	glauben
esattamente	genau
lungo	lang
strano	seltsam
andare a trovare	besuchen
il fine settimana	Wochenende
innamorato	verliebt
la fidanzatina	Verlobte
l'abitudine (f.)	Gewohnheit

D

Ti presento…	Ich stelle dir … vor.
Entrate!	Tretet ein!, Kommt herein!
Prima ci andavo io.	Früher ging ich dorthin.
Mi fa male una gamba.	Mir tut ein Bein weh.
Qualcosa è cambiato.	Etwas ist anders / hat sich verändert.
ripetersi	sich wiederholen
il pane	Brot
prima … ora…	früher … jetzt …
il cambiamento	Veränderung
la vita	Leben

E

Continuate voi.	Macht / Machen Sie weiter.
Non stanno più insieme.	Sie sind nicht mehr zusammen.
Lui è così: gli piace…	Er ist so: Er mag …
Lei è così: le piace…	Sie ist so: Sie mag …
Sembrava così.	Es schien so.
Alla fine	am Ende, schließlich
Ora sta con…	Jetzt ist sie mit … zusammen.
Non importa.	Das macht nichts., Das ist nicht wichtig.

dare		geben	
(io) do		(noi) diamo	
(tu) dai		(voi) date	
(lui/lei/Lei) dà		(loro) danno	

stare		sein, sich befinden, stehen	
(io) sto		(noi) stiamo	
(tu) stai		(voi) state	
(lui/lei/Lei) sta		(loro) stanno	

il tempo libero	Freizeit
giocare a tennis	Tennis spielen
l'escursione (f.)	Ausflug
scoprire	entdecken
sufficiente	ausreichend
separarsi	sich trennen
litigare	streiten
neanche	nicht einmal
lasciare	(ver)lassen
il maggior numero	Mehrzahl, die meisten
la sintesi	Zusammenfassung
l'opinione (f.)	Meinung
felice	glücklich
a lungo	lange (Zeit)
oppure	oder
aggiungere	hinzufügen
gli interessi culturali	kulturelle Interessen

F

il freddo	Kälte

L'angolo…

il titolo	Titel
il sottotitolo	Untertitel
interessante	interessant
immaginare	sich vorstellen

Italia Oggi

Contiene alcuni dati forniti dall'IRPPS.	Er enthält einige Daten der IRPPS:
IRPPS: Istituto di ricerche sulla popolazione e le politiche sociali	Forschungsinstitut für Bevölkerung und Sozialpolitik
oltre i sessanta	über sechzig Jahre
di solito	gewöhnlich, normalerweise
l'anziano	Senior, alter Mann
l'imbarazzo	Verlegenheit
la sensazione	Gefühl
positivo	positiv
negativo	negativ
invidiare	beneiden
in media	im Durchschnitt
il pensionato	Pensionär, Rentner
il volontariato	ehrenamtliche Tätigkeit
tradizionale	traditionell
la difficoltà	Schwierigkeit
quotidiano	(all)täglich
stimolante	anregend

dedicarsi a…	sich widmen
il sesso	Geschlecht
il titolo di studio	Schulbildung
l'assistenza	Pflege, Hilfe
sindacale	gewerkschaftlich
la vigilanza	Aufsicht
impegnato	engagiert, beschäftigt
l'energia	Energie

Unità 9 – A una festa

A

Che cosa stanno facendo?	Was tun sie gerade?
Sto scrivendo…	Ich schreibe gerade …
Sto ascoltando…	Ich höre gerade … (an).
Ti stai divertendo?	Amüsierst du dich gut?
Perché non mi spieghi?	Warum erklärst du es mir nicht?
Serve a evidenziare che l'azione si svolge proprio nel momento	Es dient dazu hervorzuheben, dass die Handlung gerade in diesem Moment geschieht..
riconoscere, riconosciuto	wiedererkennen
l'sms /esse emme esse/ (m.)	SMS
la canzone	Lied
cambiare discorso	Gesprächsthema wechseln
spiegare	erklären
scherzare	scherzen
raggiungere, raggiunto	erreichen
la terrazza	Terrasse
frequente	häufig
l'italiano parlato/scritto	italienische Umgangssprache/Schriftsprache
mimare	pantomimisch darstellen
la squadra avversaria	gegnerische Mannschaft

B

Ho un impegno.	Ich habe etwas vor.
Perché non facciamo…?	Warum machen wir nicht …?
Ottima idea!	Hervorragende Idee!
Mettetevi d'accordo!	Einigt euch!, Sprecht euch ab! / Einigen Sie sich!, Sprechen Sie sich ab!
interpretare il mini dialogo	den Minidialog spielen, nachsprechen
infine	schließlich
accettare	annehmen
rifiutare	ablehnen
la proposta	Vorschlag
la controproposta	Gegenvorschlag
il cinema	Kino
la laurea	Magister-, Staatsexamen
pulire la casa	das Haus / die Wohnung putzen
mettersi d'accordo	sich einigen, sich absprechen
dividersi i compiti	sich die Aufgaben aufteilen
mettere, messo	legen, setzen, stellen
dividere, diviso	teilen

C

Correvo come un matto.	Ich bin wie ein Verrückter gerannt.
Sono stanco morto.	Ich bin todmüde.
Chi ha ragione?	Wer hat Recht?
arrabbiato	wütend
deciso (decidere)	entschieden
chiesto (chiedere)	gefragt
ingenuo	unschuldig, naiv
il panino	Brötchen
il trucco	Schminke
intanto	in der Zwischenzeit
contemporaneamente	gleichzeitig
adesso	jetzt
andare d'accordo	sich verstehen
a tutto volume	in voller Lautstärke
un bagno rilassante	Entspannungsbad
arrabbiarsi	wütend werden, sich ärgern
la stessa stanza	dasselbe Zimmer
l'esperienza	Erfahrung
la soluzione	Lösung

D

Che eleganza!	Welche Eleganz!
Tutti sono vestiti al meglio.	Alle sind bestens gekleidet.
È alto però!	Er ist aber groß!
È un pessimista assoluto!	Er ist ein totaler Pessimist!
Peccato!	Schade!
Ha l'aria intelligente.	Er sieht intelligent aus.
Né l'uno né l'altro?	Weder das eine noch das andere?
l'aspetto fisico	Äußeres
il carattere	Charakter
il commento	Kommentar
la sposa	Braut
lo sposo	Bräutigam
gli occhi chiari	helle Augen
portare gli occhiali	eine Brille tragen
basso	klein
alto	groß
magro	dünn, mager
minuto	winzig
snello	schlank
robusto	stark, kräftig
grassottello	mollig, dicklich
il grassone	Dickwanst
estroverso	extrovertiert
introverso	introvertiert
timido	schüchtern
il coraggio	Mut

allegro	fröhlich
sorridente	lächelnd
ottimista	Optimist/-in; optimistisch
pessimista	Pessimist/-in; pessimistisch
vivace	lebhaft
educato	erzogen
maleducato	schlecht erzogen, ungezogen
simpatico	sympathisch
antipatico	unsympathisch
arrogante	arrogant
il contrario	Gegenteil
la barba	Bart
i baffi	Schnurrbart
avaro	geizig
generoso	großzügig
bugiardo	falsch, verlogen
sincero	ehrlich
distratto	zerstreut
attento	aufmerksam
ordinato	ordentlich
disordinato	unordentlich
pigro	faul
attivo	aktiv
il pregio	Vorzug
il difetto	Fehler
sembrare	scheinen
semplicemente	einfach
la caratteristica	(Charakter)Eigenschaft

E

Fa il bello e il cattivo tempo.	Sie gibt den Ton an. Sie spielt die erste Geige.
Un mal di testa da morire	ein entsetzliches Kopfweh
Fa tutto quello che vuole.	Er/Sie tut, was er/sie will.
Scrivete la frase in cui trovate l'espressione.	Schreibt / Schreiben Sie den Satz, in dem ihr/Sie den Ausdruck findet/finden.
bevuto (bere)	getrunken
sicuro	sicher
laurearsi	Examen machen, promovieren
il luogo	Ort
tardi	spät
presto	früh
fidanzarsi	sich verloben
forte	stark

F

La più brava di tutti	die Allerbeste
Non dico di no.	Ich sage nicht nein.
orgoglioso	stolz
il genio	Genie
la volontà	Wille
simile	ähnlich
il progetto	Entwurf, Plan, Projekt
il film	Film
per prima cosa	als erstes
il personaggio	Person, Persönlichkeit

G

la luna	Mond
la gomma	Radiergummi
la matita	Bleistift
la pera	Birne
la palla	Ball
la tazza	Tasse

L'angolo...

commerciale	Handels..., Geschäfts..., kommerziell

Italia Oggi

(*Le facoltà di*)	(Die Fakultäten für)
Medicina (f.)	Medizin
Ingegneria (f.)	Ingenieurwesen
Scienze della...	...wissenschaften
Scienze della comunicazione	Kommunikations-wissenschaften
Scienze del servizio sociale	Sozialpädagogik
l'università	Universität
la tendenza	Tendenz
la definizione	Definition
il laureato	Akademiker
il laureando	Examenskandidat, Doktorand
la matricola	Erstsemester
il numero di matricola	Immatrikulationsnummer
gli studi	Studium
la tesi di laurea	Magister-, Doktorarbeit
iscriversi, iscritto	sich einschreiben
il/i fuori corso	Langzeitstudent/-en
il corso di laurea	Studiengang
breve	kurz
il curriculum	Studienplan
la frequenza	Häufigkeit, Frequenz
la durata	Dauer
l'innovazione (f.)	Neuerung, Innovation
la riforma	Reform
la scienza	Wissenschaft
l'indagine	Untersuchung, Nachforschung
prendere in esame	untersuchen, analysieren
l'esame (m.)	Examen, Prüfung
il problema maggiore	Hauptproblem
la percentuale	Prozentsatz
il/la protagonista	Protagonist
la femmina	Frau, Mädchen
il maschio	Mann, Junge
il voto	Note
abbandonare	verlassen, abbrechen

lo studente lavoratore	Student, der nebenher jobbt; berufstätiger Student
esistere	existieren
rispetto a...	im Vergleich zu ...
in media	im Durchschnitt
l'elemento	Element
il maggior numero	Mehrzahl
calcolare	(be)rechnen
il punteggio	Punktzahl
il link	Link

Unità 10 – Nei negozi

A

Non c'entra niente!	Das hat damit nichts zu tun!, Das passt nicht dazu!
Sapete come si chiama?	Wisst ihr / Wissen Sie, wie es heißt?
la profumeria	Parfümerie
il negozio di ottica	Optiker
l'elettrodomestico	Haushaltsgerät
la cartoleria	Papierwarengeschäft
il prodotto	Produkt
il bagnoschiuma	Badeschaum
la matita	Bleistift
il prosciutto	Schinken
il binocolo	Fernglas
gli occhiali da vista	Brille
gli occhiali da sole	Sonnenbrille
la radio	Radio
il tostapane	Toaster

B

la lista della spesa	Einkaufszettel
il prodotto alimentare	Lebensmittelprodukt
la bistecca di vitello	Kalbssteak
il burro	Butter
la carne macinata	Hackfleisch
il pomodoro	Tomate
il latte	Milch
il formaggio	Käse
pecorino	Pecorino (*Hartkäse aus Schafsmilch*)
le uova (l'uovo)	Eier
la confezione di biscotti	Packung Kekse
il pezzo	Stück
la fetta	Scheibe
il litro (1l)	Liter
l'etto (1 hg)	100 g
il chilo (1 kg)	Kilo
il mezzo chilo (1/2 kg)	ein halbes Kilo
il negozio di alimentari	Lebensmittelgeschäft
il farmacista	Apotheker
il tabaccaio	Tabakwarenhändler
il fruttivendolo	Obst- und Gemüsehändler
l'edicola	Kiosk
il macellaio	Metzger
la macelleria	Metzgerei
la panetteria	Bäckerei
il gioielliere	Juwelier
l'acqua	Wasser
l'olio	Öl

C

Quanti ne vuole?	Wie viel wollen Sie?
Ne volevo ½ chilo.	Ich möchte ein halbes Kilo.
Li prendo tutti.	Ich nehme sie alle.
Le mele sono in offerta.	Die Äpfel sind im Angebot.
Ne prendo poche.	Ich nehme wenige.
Non è restato altro.	Es ist nicht mehr übrig geblieben.
il melone	Melone
un po' di...	ein bisschen ...
un pezzo di...	ein Stück ...
la confezione da ½ l	Halbliterpackung
il prosciutto crudo	roher Schinken
il salame	Salami
l'ingrediente	Zutat
l'etichetta	Etikett

D

Dipende dagli interessi.	Das hängt von den Interessen ab.
"Il nome della rosa"	"Der Name der Rose"
"Cent'anni di solitudine"	"100 Jahre Einsamkeit"
"Il piccolo principe"	"Der kleine Prinz"
"La critica della ragion pura"	"Kritik der reinen Vernunft"
il reparto	Abteilung, Bereich
l'edizione (f.)	Ausgabe
il romanzo	Roman
l'attualità	Aktualität
la politica	Politik
la saggistica	Sachbuch
i tascabili	Taschenbücher
la scultura	Skulptur
la narrativa	Belletristik
la letteratura	Literatur
la poesia	Dichtung
il teatro	Theater
la filosofia	Philosophie
la psicologia	Psychologie
la guida	Reiseführer
il manuale	Handbuch
pratico	praktisch
il giardinaggio	Gartenbau
indiano	indisch
l'artista	Künstler
l'arte	Kunst
il giallo	Krimi
la rivista	Zeitschrift

la storia poliziesca	Kriminalgeschichte
il detective	Detektiv
indagare	untersuchen
il delitto	Vergehen, Verbrechen
il crimine	Verbrechen
la copertina	Buchdeckel

E

Che tipo di libro?	Welche Art von Buch?
Ma che dici?	Aber was sagst du da!
"Tristano muore"	"Tristan stirbt"
Non volevo dirti una bugia.	Ich wollte dich nicht anlügen.
Evitare domande tipo	Fragen vermeiden wie:
"Allora sei innamorato?"	"Du bist also verliebt?"
Esistono bugie buone?	Gibt es gute Lügen?
credere a...	glauben
consigliare a...	jemandem empfehlen, raten
l'imbarazzo	Verlegenheit
la sorpresa	Überraschung
la fantascienza	Science Fiction, Fantasy
l'autore	Autor
meraviglioso	wunderbar
letto (leggere)	gelesen
la verità	Wahrheit
la bugia	Lüge
in altro modo	auf andere Art und Weise, anders
provare a...	versuchen zu ...

F

Ho finito il credito.	Die (Handy)Karte ist leer.
La batteria è scarica.	Der Akku ist leer.
Non c'è campo.	Es gibt kein Netz.
Non è in collegamento.	Es ist nicht in Verbindung mit ...
non... ancora	noch nicht
il messaggio	Nachricht
il messaggino	Kurznachricht, SMS
il cellulare	Handy
la spiegazione	Erklärung
la rete telefonica	Telefonnetz
il conto "prepagato"	Prepaid-Karte
principale	Haupt...
la funzione	Funktion
sociale	sozial
anonimo	anonym
il centro commerciale	Einkaufszentrum
negare	leugnen
risparmiare	sparen
il luogo di incontro	Treffpunkt
il centro storico	Altstadt
il sondaggio	Umfrage

G

sottovoce	leise
ad alta voce	laut
la registrazione	Aufnahme

L'angolo

l'igiene personale	Körperpflege
la catena di supermercati	Supermarktkette
il supermercato	Supermarkt
pronto	fertig

Italia Oggi

"Va' dove ti porta il cuore"	"Geh, wohin dein Herz dich trägt"
"Novecento"	"Novecento"
"Io non ho paura"	"Ich habe keine Angst"
il regista	Regisseur
recuperare	wieder aufnehmen, aufholen
rovinato	ruiniert, zerstört
l'evento	Geschehnis
la passione	Leidenschaft
tragico	tragisch
il rapporto	Beziehung
intimo	intim
l'emozione (f.)	Gefühl, Emotion
la prosa	Prosa
migliaia di lettori	Tausende von Lesern
il transatlantico	Dampfer
percorre	er/sie/es durchfährt
a bordo	an Bord
il pianista	Pianist
fuori dal comune	außergewöhnlich
la terraferma	Festland
infinito	unendlich
la certezza	Gewissheit
è ambientato in...	er spielt in ...
immaginario	imaginär, Fantasie...
la gita	Ausflug
rapito	entführt, gekidnappt
il prigioniero	Gefangener
la banda	Bande
il criminale	Verbrecher
l'orrore (m.)	Schrecken, Horror
la fantasia	Fantasie
la scoperta di sé stessi	Selbsterkenntnis
la solidarietà	Solidarität
superare	überwinden
obbligare	verpflichten
la macchina da presa	Kamera
il kolossal	Kolossalfilm (*Film, der mit großem finanziellen Aufwand und Staraufgebot gedreht wurde)*
la sfida	Herausforderung
denso di...	voll von ..., reich an ...
il sentimento	Gefühl, Empfindung
tradurre in immagini	in Bilder übertragen

Italienisch im Unterricht

Nützliche Ausdrücke und Wendungen

Le frasi...	**Sätze ...**
Ascoltate il dialogo.	Hören Sie den Dialog.
Ascoltate di nuovo.	Hören Sie noch einmal.
Associate le foto ai dialoghi.	Ordnen Sie die Fotos den Dialogen zu.
Attenzione!	Achtung!
Cercate le forme dei verbi.	Suchen Sie die Verbformen.
Chiedete aiuto all'insegnante.	Bitten Sie den Kursleiter um Hilfe.
Completate la tabella.	Füllen Sie die Tabelle aus.
Completate con i verbi.	Setzen Sie die Verben ein.
Confrontate le risposte con…	Vergleichen Sie Ihre Antworten mit ...
Controllate le risposte.	Kontrollieren Sie die Antworten.
Evidenziate le parole nuove.	Markieren Sie die neuen Wörter.
Fate delle frasi.	Bilden Sie Sätze.
Fate delle ipotesi.	Äußern Sie Vermutungen.
Guardate le immagini.	Schauen Sie die Bilder an.
Leggete le frasi.	Lesen Sie die Sätze.
Mettete l'articolo.	Setzen Sie den Artikel ein.
Mettiamo a fuoco.	Wir schauen genau hin. (wörtl.: Wir stellen scharf ein.)
Parlate della vostra famiglia.	Sprechen Sie über Ihre Familie.
Ora tocca a voi.	Jetzt sind Sie an der Reihe.
Raccontate come...	Erzählen sie, wie ...
Riferite alla classe.	Berichten Sie der Klasse.
Ripetete.	Wiederholen Sie.
Rispondete alle domande.	Beantworten Sie die Fragen.
Scambiatevi le informazioni.	Tauschen Sie die Informationen aus.
Scrivere al massimo 50 parole.	Schreiben Sie max. 50 Wörter.
Scrivete i nomi.	Schreiben Sie die Wörter auf.
Sottolineate le parole che conoscete.	Unterstreichen Sie die Wörter, die Sie kennen.
Trovate la soluzione.	Finden Sie die Lösung.
Verificate le vostre ipotesi.	Überprüfen Sie Ihre Vermutungen.

... e le parole	**... und Wörter**
a catena / a coppie / in gruppi / a squadre / a turno	als Kettenübung / paarweise / in Gruppen / in Mannschaften / reihum
l'argomento	Thema
associare / collegare	verbinden
l'(auto)valutazione	Selbstevaluierung / -einschätzung
il bilancio	Bilanz, Ergebnis
la casella	Feld
la colonna	Spalte
cercare	suchen
in cifre	in Ziffern
completare	ergänzen
il contenuto	Inhalt
il contrario	Gegenteil
correggere	korrigieren
descrivere	beschreiben
dettare	diktieren
il dialogo	Dialog
dire	sagen
il disegno	Zeichnung
la domanda	Frage
l'elenco	Liste
l'esempio	Beispiel
l'errore	Irrtum, Fehler
l'espressione	Ausdruck
esprimere	ausdrücken
il foglio	Blatt
frequente	häufig
giusto	richtig
guardare	anschauen, betrachten
l'immagine	Bild
imparare	lernen
indicare	angeben
in lettere	in Buchstaben
memorizzare	auswendig lernen
mettere in ordine	ordnen, in Ordnung bringen
mostrare	zeigen
la pagina	Seite
la parola	Wort
prendere appunti	Notizen machen
il quaderno	Heft
raccontare	erzählen
reagire	reagieren
riassumere	zusammenfassen
il riassunto	Zusammenfassung
la riga	Zeile
la rima	Reim
il ripasso	Wiederholung
ripetere	wiederholen
rispondere	antworten
la risposta	Antwort
sbagliato	falsch
lo scambio di idee	Brainstorming
scegliere	(aus)wählen
scrivere	schreiben
sentire	hören
la soluzione	Lösung
sostituire	ersetzen
sottolineare	unterstreichen
il testo	Text
il titolo	Titel
trasformare	umformen
trovare	finden
usare	benutzen
verificare	überprüfen
vincere	gewinnen